HISTOIRE

DE

L'UNIVERSITÉ.

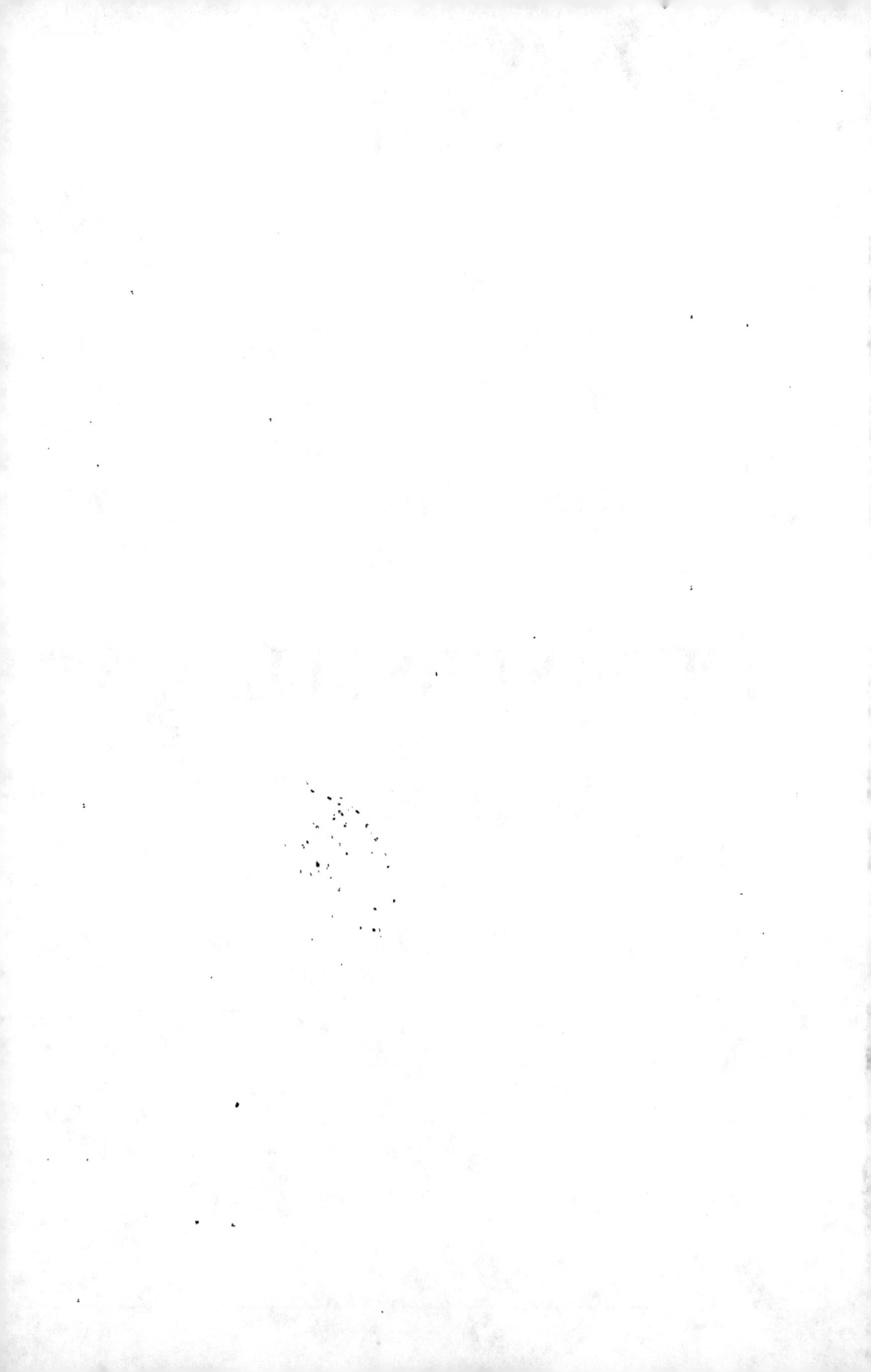

HISTOIRE

DE

L'UNIVERSITÉ

DE PARIS,

PAR M. E. DUBARLE,

JUGE D'INSTRUCTION AU TRIBUNAL DE LA SEINE,
MEMBRE DU CONSEIL GÉNÉRAL DE SEINE-ET-MARNE.

NOUVELLE ÉDITION REVUE ET AUGMENTÉE.

..... Mihi pulchrum imprimis videtur,
non pati occidere, quibus æternitas debeatur.

C. PLINII *Epist.*, lib. v, cap. viii.

Tome Premier.

PARIS,

TYPOGRAPHIE DE FIRMIN DIDOT FRERES,

IMPRIMEURS DU ROI ET DE L'INSTITUT,

RUE JACOB, 56.

1844.

Ce livre a été publié pour la première fois il y a quinze ans, à une époque où, comme aujourd'hui, l'Université était l'objet d'attaques vives et passionnées. S'il avait un mérite au moment de son apparition, c'était celui de l'opportunité; ce mérite, nous croyons qu'il l'a encore, et c'est ce qui détermine cette seconde publication.

Ce livre n'a donc pas été fait pour les circonstances au milieu desquelles nous nous trouvons, et cependant il doit en recevoir un nouvel et plus grand intérêt. OEuvre de conscience, travail de plusieurs années, il a été écrit en dehors des préventions qui agitent tant d'esprits, et l'auteur n'a rien à effacer, rien à rétracter de ce qu'il imprimait sous la Restauration.

Au moment où la question de la *liberté de l'enseignement* préoccupe à bon droit tous les hommes qui ont souci de l'avenir de la France; au milieu des fâcheux débats qu'elle suscite, c'est peut-être une pièce importante du procès que l'histoire de cette Université célèbre qui touche presque au berceau de la monarchie, et sur laquelle est venu se enter, en quelque sorte, le grand établissement impérial.

Les leçons de l'histoire appartiennent aux générations qui suivent; elles font leur expérience. Si l'Université de Paris, cette fille aînée des rois, exerça pendant tant de siècles le monopole presque entier de l'enseignement, quel danger en est-il advenu pour la religion de nos pères, pour le progrès des lettres et des sciences, pour le bien de l'État? Si tant de

fois, avec tant de persévérance, l'Université s'opposa à l'introduction dans son sein des corps religieux, l'histoire est encore
là pour dire que sa résistance était principalement inspirée
par les sentiments les plus purs de l'orthodoxie et du patriotisme.

Ces luttes de nos pères ne doivent pas être oubliées : qu'on
ne perde jamais de vue les remarquables et prophétiques
paroles d'Étienne Pasquier lorsque, plaidant en 1564 pour
l'Université contre les Jésuites, il s'écriait devant le Parlement : « Et si toutes ces remonstrances ne vous esmeuvent,
« nous appellons Dieu à tesmoin et protestons à la face du
« monde, que nous n'avons failly à nostre devoir, afin que si
« nos craintes se réalisent, au moins la postérité cognoisse que
« ce siecle n'a été despourveu d'hommes qui de longue main
« ont preveu la tempeste future. »

PRÉFACE

« . . . . Et certes, qui voudra repasser par
« toutes les universitez de l'Europe, il n'en
« trouvera une seule qui revienne au paran-
« gon de cette-cy, laquelle nous pouvons dire
« que, tout ainsi que du cheval de Troye,
« sortirent innumérables princes et braves
« guerriers, aussi nous a-t-elle produit une
« infinité de grands personnages, dont la
« postérité bruira tant que le monde sera
« monde. » Cet éloge que l'avocat de l'Université de Paris, le judicieux Étienne Pasquier,
lui adressait en 1564, en plaidant pour elle
devant le Parlement, l'Université le mérite
toujours. Elle a conservé dans l'Europe savante la supériorité acquise à son illustre
devancière par ses lumières et son ancienneté.

I.   a

Chargée de la noble mission de former et d'instruire les générations qui s'élèvent, l'Université fixe aujourd'hui les regards de la France ; c'est sur elle que reposent nos espérances. Elle a grandi avec le dix-neuvième siècle, et elle embrasse maintenant dans son vaste ensemble une nation tout entière. Formée, sur une plus grande échelle, des débris de l'Université parisienne, les maîtres qui la composent ont succédé à la réputation de leurs devanciers ; ils ont hérité de leurs doctrines et de leur savoir, et rien de ce qui appartient à l'ancienne Université ne peut leur rester étranger ; ils la considèrent comme leur mère.

Elle est digne en effet d'occuper nos souvenirs. Indépendamment de la reconnaissance qu'on lui doit pour avoir conservé dans son sein les lumières qui, sans elle, se seraient éteintes, son histoire palpitante d'intérêt offre peut-être l'exemple unique d'une compagnie savante, qui a traversé une période de dix siècles, environnée sans cesse de la considération publique et de la faveur des rois.

Cette considération dont elle jouissait, la puissance morale qu'elle exerçait sur les esprits, dans des temps grossiers où l'ignorance abrutissait tous les hommes, n'avaient pas tardé à lui créer un existence en quelque sorte politique.

Favorisée par la cour de Rome, qui se plaisait à traiter avec bienveillance une école qu'elle regardait comme un des remparts de la religion, elle dut à la bonté des pontifes romains les premiers éléments de sa prospérité. Ils accablèrent les maîtres et les écoliers de priviléges et d'avantages que les rois augmentèrent encore.

Quiconque a lu nos annales, quiconque a étudié avec soin notre histoire, a pu y puiser une idée du rôle important que l'Université a rempli pendant des siècles. On la vit prendre part à tous les événements qui agitèrent la France, à tous nos troubles civils; mais on la vit toujours user de son influence pour le rétablissement de l'ordre ou le maintien de la paix.

Liée intimement à l'histoire nationale, l'histoire de l'Université lui donne un attrait puissant, car on aime à voir les sciences et les lettres occuper une place convenable dans les fastes des nations.

Reconnaissante envers le trône dont elle était appelée *la fille aînée*, l'Université lui prêta un appui souvent utile dans ses luttes contre la puissance ecclésiastique. Jamais ses maîtres n'oublièrent qu'ils étaient chrétiens, mais jamais aussi ils n'oublièrent qu'ils étaient Français. Défenseurs de la tiare, lorsque ses droits étaient menacés, lorsqu'on voulait porter atteinte à la pureté des dogmes de l'Église, ils savaient la combattre lorsqu'abandonnant les fonctions sacrées, elle s'efforçait d'arracher aux rois de la terre le glaive de la puissance temporelle.

Envisagée sous le double point de vue po-

litique et religieux, l'histoire de l'Université,
par son contact fréquent avec les événements
dont la France ou l'Église furent le théâtre,
présente un développement auquel on était
peut-être loin de s'attendre. L'intérêt qu'elle
peut inspirer, ne se borne cependant point à
ces rapports. Sous une autre face, elle se
trouve étroitement unie avec l'histoire de la
civilisation; elle marche avec elle, elle la
précède, elle la prépare pour ainsi dire.

Parmi les titres que l'Université de Paris
possède à notre estime, le principal et le plus
beau sans doute est d'avoir avancé l'époque
de notre régénération intellectuelle, et d'avoir
déterminé cette heureuse révolution dont le
quinzième siècle vit les premiers symptômes,
et dont nous recueillons aujourd'hui les fruits.
Le grand nombre de maîtres et d'écoliers qui
sortaient chaque année de son sein pour se
répandre dans toute la France, contribua puissamment à propager le goût des études et à faire
naître ce sentiment du beau, auquel les chefs-

d'œuvre du dix-septième et du dix-huitième
siècle durent leur naissance. La multitude de
maisons que la libéralité des gens riches con-
sacrait aux étudiants malheureux, donne une
idée de l'influence de l'Université, et de la direction qu'elle avait su imprimer aux esprits.
La relation exacte de toutes ces fondations de
colléges offrira une preuve mathématique de
ce que nous avançons.

En l'examinant sous un quadruple rapport:
dans sa liaison avec l'histoire politique et
religieuse, avec l'histoire de la civilisation et
avec l'histoire de la ville de Paris, à laquelle
elle se rattache par l'établissement de ses
colléges, par ses démêlés avec l'administration municipale, et par les lois de police que
l'effervescence des écoliers rendit quelquefois
nécessaires, l'importance de l'histoire de l'U-
niversité sera facilement sentie.

C'est sous ces divers aspects que j'ai considéré le sujet que je me proposais de traiter;
j'y ai consacré pendant trois années mes tra-

vaux et mes soins, et vivement persuadé de l'intérêt qu'on pouvait y répandre, j'ai souvent regretté qu'une plume plus habile ne fût pas venue lui prêter le secours et l'autorité de son talent.

Avant moi, deux écrivains, qui tous les deux appartenaient au corps de l'Université, avaient également pensé que l'histoire d'une compagnie que nos ancêtres regardaient comme la mère de toutes les sciences, d'une compagnie dont l'origine remonte presque à celle de la monarchie, et dont nos chroniques nous vantent et le courage et la fidélité, devait être aussi instructive qu'utile. Cette pensée avait produit deux ouvrages : l'un, de Duboullai, sous le titre d'*Historia Universitatis*, en six volumes in-folio écrits en latin ; l'autre, qui n'est que l'abrégé du premier, est intitulé *Histoire de l'Université*, et appartient à Crévier. Mais ces deux ouvrages, dus à des auteurs estimables, sont néanmoins restés ensevelis dans la poussière des bibliothèques:

leur étendue effrayait le lecteur, leur défaut
d'ordre le rebutait, et on abandonnait un
livre qui exigeait trop de fatigue et d'attention.

Par la manière dont elles étaient conçues,
l'histoire de Duboullai et celle de Crévier ne
pouvaient présenter aucun attrait. Ils s'étaient
uniquement attachés à reproduire l'intérieur
de l'Université, négligeant entièrement la
partie philosophique de leur sujet, celle qui
devait surtout fixer les regards des hommes
qui aiment à suivre les progrès de l'esprit
humain, et à examiner leurs effets sur la
marche des siècles.

J'ai adopté un autre plan, sans cependant
rien omettre de ce que les statuts ou règle-
ments de la compagnie peuvent avoir d'utile
pour les études ou pour les mœurs.

J'offre aujourd'hui le résultat de mon travail au corps enseignant de la France.

Peut-être aurais-je ajourné à long-temps
cette publication; je craignais de ne pas lui

donner toute la perfection dont elle était
susceptible, et les travaux de ma profession
m'en laissaient à peine le loisir : mais les événements actuels ont levé mes irrésolutions.
Au moment où des voix ennemies se sont fait
entendre contre l'Université, au moment où
les services qu'elle a rendus sont méconnus
avec mauvaise foi, il m'a semblé que le meilleur moyen de venger de ces clameurs le
corps illustre qu'on attaquait, était d'en présenter l'histoire.

Élève de l'Université, je m'estimerai heureux, si mes premiers essais pouvaient servir
à la défendre.

J'ai vu, avec douleur, des écrivains que
des espérances déçues avaient sans doute ai-
gris, accumuler contre l'Université les imputa-
tions les plus odieuses. L'un deux, rappelant
le titre qui fait sa gloire, le parodiait avec
une ironie amère. Un autre, oubliant que
le caractère sacré dont il est revêtu lui
faisait une loi de la modération et de l'indul-

gence, la signalait aux pères de famille
comme « un foyer de corruption, un sémi-
« naire d'athéisme, un vestibule de l'enfer. »
Il dévouait à l'exécration de la France tous les
maîtres qui la composent, et, confondant dans
une même proscription la génération actuelle
et la génération qui s'élève, il s'efforçait de
les flétrir en leur prêtant tous les vices.

Ce langage que nous nous abstenons de
qualifier, ce langage tenu à la face de la jeunesse française, qui lui donne le démenti le
plus formel, trouvera sans doute parmi les
membres de l'Université quelqu'un qui en
fera justice.

En attendant, qu'ils apprennent, ces hommes qui s'efforcent de déverser le mépris et
l'injure sur l'élite de la nation, qu'ils apprennent de la bouche d'un des élèves de cette
Université qui *n'enfanta que des révolution-
naires*, que la jeunesse française ne professe
pas le matérialisme, qu'elle est religieusement
attachée au culte de ses pères, que le dix-

neuvième siècle, en reculant les bornes de la
pensée, ne lui a pas enlevé la doctrine conso-
lante de l'immortalité de l'ame, que son
amour pour la divinité s'unit dans son cœur
à son amour pour ses rois, et qu'on la verrait au jour du danger se presser autour du
trône, pour le défendre s'il était menacé. Ce
sont là les principes de cette Université
déplorable, ce sont là les sentiments qu'inspirent à la jeunesse des maîtres qui unissent aux
dons du savoir les vertus de la morale et du
cœur. Aussi ont-ils tous laissé dans l'ame de
leurs élèves des souvenirs qui dureront autant
qu'eux.

Mon but, au reste, n'est pas de faire ici
l'apologie de l'Université. Elle existe d'ailleurs
cette apologie dans les discours du chef de
l'instruction publique en France, du ministre
du Roi qui à la tribune a pris si énergiquement sa défense. Elle existe encore dans
l'hommage public et honorable que lui a
rendu un des Princes de la famille royale,

en lui confiant l'éducation de ses enfants.

Quant à moi, historien de l'Université de Paris, je n'oublierai pas les devoirs que cette qualité m'impose, je me souviendrai que ma mission est de raconter, non d'applaudir. Je montrerai sa formation successive; j'indiquerai les progrès que firent dans son sein les sciences et les lettres, aussi bien le droit et la médecine que la théologie et les arts. Mais je ne cacherai rien de ce que ses passions ont pu avoir de répréhensible, de ce que ses prétentions ont quelquefois eu d'exagéré.

Je n'ai traité dans cet ouvrage aucune de ces questions importantes qui se rattachent au droit public par leur nature, qui intéressent les gouvernements eux-mêmes, et dont le développement fixe l'attention de tout le monde, parce que leur solution tend à améliorer l'éducation nationale. Ces questions, par leur gravité et leur étendue, m'ont paru ne devoir pas entrer dans un livre où l'on avait déja une masse immense de faits. Cependant j'ai consacré à leur examen un temps et des recherches considérables ; je les ai envisagées dans leurs rapports avec notre législation , avec l'esprit de notre siècle , avec les besoins de la civilisation ; j'ai spécialement dirigé mes études vers toutes les questions universitaires, et, si un jour je pouvais croire que mes travaux dussent être utiles, je me ferais un devoir de les publier.

Aujourd'hui je me borne à livrer à l'impression l'histoire de l'Université , seule et dégagée de ces importants accessoires ; seulement je l'ai fait précéder d'une introduction, dans laquelle j'ai tâché de donner une idée rapide, mais exacte, des diverses révolutions que l'instruction a éprouvée en France à des époques antérieures à notre histoire. J'ai présenté tour à tour aux yeux du lecteur les colléges des Druides, les lycées des Romains et les écoles des monastères.

Cet aperçu qui renferme en quelque sorte une histoire physique des progrès et de la décadence des lumières dans les Gaules avant le règne de Charlemagne, m'a semblé devoir être favorablement accueilli de ceux pour qui tout ce qui concerne leur pays n'est pas indifférent. Il forme en outre le complément de mon travail; il est le premier anneau d'une chaîne qui commence avant l'ère chrétienne, et qui finit au dix-neuvième siècle, en 1828, à la formation du ministère de l'instruction publique.

Tel est l'ensemble de mon livre. Il laissera sans doute beaucoup à désirer; mais je compte sur l'indulgence du corps auquel il est spécialement destiné; il ne me refusera pas, je l'espère, les conseils de son expérience et de ses lumières.

Qu'il me soit permis à ce sujet d'acquitter une dette chère à mon cœur, et d'offrir, à l'un des maîtres de cette Université si calomniée, l'expression de ma profonde reconnaissance pour les soins qu'il m'a donnés lorsque j'étais à Louis-le-Grand au nombre de ses élèves, et

pour l'amitié dont il m'honore aujourd'hui.
M. Malleval, dont le provisorat fut signalé
dans les annales des concours généraux par
la splendeur constante du collége de Louis-
le-Grand, et dont l'administration vigilante
et ferme peut servir de modèle aux hommes
qui se consacrent à la noble profession d'élever la jeunesse, a bien voulu m'aider de ses
conseils, m'encourager par son approbation.
J'aime à croire que je trouverai la même bienveillance dans cette foule de savants distingués que l'instruction publique renferme, je
recevrai avec plaisir tous les avis qu'il leur
plaira de m'adresser, et si quelques éloges
venaient s'y joindre, je m'empresserai d'en
faire hommage à l'Université qui m'a mis à
même de les obtenir.

INTRODUCTION.

Avant que les Romains eussent porté dans les
Gaules leurs armes et leur civilisation, cette partie
de l'Europe, autant que nous en pouvons juger par
le peu de monuments qui nous restent, n'était déja
plus plongée dans cette barbarie profonde qui forme
ordinairement le premier âge des nations.

Divisée en plusieurs sociétés, qui chacune avait son
chef, son gouvernement et ses lois, la Gaule était
réunie sous l'empire des mêmes principes religieux :
les Druides, dont le nom ne nous est arrivé qu'accompagné de la sombre terreur qu'inspire un culte

I.   1

sanguinaire, étaient leurs prêtres et leurs législateurs.
Dépositaires des lumières de la nation, ils en formaient, à eux seuls, un des corps; et leurs nombreux
colléges, répandus sur la surface du territoire, à
Dreux, à Autun, dans la Guyenne, la Champagne et
la Beauce, attestaient leur puissance.

Chargés de l'éducation de la jeunesse, ils savaient
prendre sur elle une influence qui se prolongeait
pendant toute la durée de la vie; prêtres et instituteurs tout à la fois, ils habituaient leurs élèves à vénérer les ministres d'un dieu qu'ils représentaient
comme terrible, et peu à peu ils avaient ainsi attiré
vers eux un pouvoir d'autant plus redoutable, qu'il
prenait sa source dans la crainte qu'inspirait la divinité. La croyance à une autre vie, la crainte des
dieux vengeurs formaient la base de leur doctrine
religieuse; mais ces idées salutaires qui auraient pu
fonder la morale nationale et tourner à l'avantage de
la société, exploitées habilement par les Druides,
ne servirent qu'à consolider leur pouvoir.

L'ascendant qu'ils avaient su prendre sur la masse
du peuple, leurs priviléges, les honneurs dont ils
étaient entourés, amenaient dans leurs colléges, de
toutes les parties de la Gaule [1], des jeunes gens jaloux
d'y participer, et qui venaient y chercher une éducation que les Druides eux-mêmes allaient, dit-on,
puiser au milieu des forêts de la Grande-Bretagne [2].

[1] BULLEUS, *de Academiis Druidarum*, page 7.
[2] CÉSAR, *Comm.*, liv. VI.

Une philosophie imparfaite, une religion adaptée
à leurs intérêts, la connaissance des lois grossières
qui les régissaient, formaient à peu près l'ensemble
de leur enseignement, qu'ils confiaient toujours à la
mémoire de leurs élèves, et qu'ils transmettaient ainsi
d'âge en âge. Il paraît qu'ils y joignaient aussi quelque teinture des belles-lettres ; et l'Hercule gaulois
dont la bouche laissait échapper des chaînes d'or, à
l'aide desquelles il attachait les auditeurs, prouve
que la nation n'était pas insensible aux charmes de
l'éloquence.

Un mélange de liberté et d'esclavage, de civilisation et de superstitions grossières, de courage et de
basses terreurs, fut le résultat du pouvoir des Druides [1] ; et le Gaulois, arrêté dans ses progrès par la
barrière sacrée de la religion, placé dans un état
mixte entre la barbarie et la civilisation, sans appartenir à l'une ni à l'autre, devait rester long-temps
stationnaire, lorsque les conquêtes des Romains vinrent changer son existence, et lui apporter les arts de
l'Italie en échange de son indépendance et de sa liberté.

Déja, cependant, ces arts lui étaient connus. Depuis le sixième siècle avant l'ère chrétienne, la Grèce
avait importé dans la Gaule ses connaissances et sa
civilisation ; et Marseille, fondée par une colonie de
Phocéens sur les côtes de la Provence, était devenue
en peu de temps, sur les mers, la rivale de Tyr et

---

[1] SIMONDE DE SISMONDI, *Histoire des Français*, I, pag. 3.

de Carthage. Le commerce n'avait pas seul assuré
sa grandeur ; elle avait conservé dans son émigration
une partie de cette supériorité intellectuelle à laquelle
la mère patrie devait sa célébrité, et ses écoles avaient
acquis tant d'éclat que Cicéron la nommait la nouvelle Athènes [1].

Justin [2] attribue aux Phocéens la civilisation des
Gaules, il paraît néanmoins que leur présence n'y
contribua que d'une manière imperceptible, et que
les peuples qui les entouraient, mus peut-être par
un sentiment de défiance que les Druides excitaient
sans doute encore, opposaient aux arts de la colonie
étrangère des mœurs et des habitudes que les siècles
avaient fortifiées ; seulement les relations forcées que
le voisinage fit établir, durent introduire dans la
langue nationale des mots d'origine grecque, dont
les érudits prétendent aujourd'hui même retrouver
les traces.

Dix années suffirent pour opérer le changement
que l'établissement de Marseille n'avait pu faire en
cinq siècles, pour changer la physionomie d'un peuple
tout entier, et lui enlever sa religion, ses lois et jusqu'à son nom. Succombant sous l'ascendant des armes romaines et le génie de Jules César, la Gaule,
après une résistance opiniâtre et cent fois renouve-
lée, après avoir vu périr tour à tour l'élite de ses
guerriers, fut inscrite au rang des provinces romaines.

---

[1] CIC., *Orat. pro Flacco.*
[2] Liv. XLIII, chap. 3.

Alors disparurent les noms de vingt peuples qui vinrent se confondre dans une classification nouvelle, et des proconsuls gouvernèrent les contrées où les Éduens, les Sénonais, les Aquitains avaient si long-temps dominé. Toutes les distinctions précédentes s'effacèrent pour faire place à une seule qualité. Le Gaulois, oubliant son nom national, ne voulut plus être que sujet romain, et bientôt la communauté de lois, d'intérêts et de langage, ne permit plus de distinguer le vainqueur du vaincu.

Participant dès-lors à la civilisation perfectionnée de l'Italie, la Gaule eut comme elle des villes importantes, remarquables par leurs richesses, leur population et la magnificence des édifices. Trèves, Cologne, Marseille, Arles, Lyon, rivalisaient avec les plus célèbres cités de l'Empire ; les arts et les sciences y étaient cultivés, et une jeunesse nombreuse se pressait dans leur enceinte pour venir entendre les leçons des maîtres fameux qui les professaient. La réputation des écoles des Gaules, les hommes distingués qu'elles produisaient, y attiraient de tous les points de l'Empire, sans en excepter même la capitale, des élèves avides d'instruction ; et leur histoire, à partir de cette époque, n'est pas dépourvue d'intérêt, parce qu'elle nous montre les progrès rapides que firent nos ancêtres dans tout ce qui tient à l'intelligence de la pensée.

Parmi les villes qui comptèrent dans leur sein des académies fameuses, Marseille, Autun, Narbonne, Toulouse, Lyon et Bordeaux sont au premier rang :

Marseille, dont les habitants étaient appelés *Trilingues* [1], parce qu'on y parlait les langues grecque, latine et gauloise, disputait à Athènes la préséance littéraire, et s'honorait d'avoir vu naître dans ses murs Pétrone, Favorin, Trogue-Pompée, Césaire et Salvien.

L'ancienne capitale des Éduens, Autun, jadis la métropole des Gaules et le siége de la religion des Druides, était, après Marseille, la plus ancienne des villes où les belles-lettres fussent enseignées; ses écoliers étaient si nombreux que, lorsque, sous le règne de Tibère, Sacrovir, le dernier des Gaulois, eut tenté un infructueux effort pour rendre sa patrie à la liberté, ils prirent les armes en sa faveur, et composèrent une partie de son armée [2]. Autun, ravagé en 285 par les Bagaudes, que la tyrannie romaine avait soulevés, avait vu disparaître ses écoles, lorsqu'elles furent rétablies avec magnificence sous le titre d'écoles Méniennes par le César Constance Chlore. Un des officiers de ce prince, Eumènes, dont l'aïeul avait enseigné avec éclat dans la ville des Druides, voulut s'associer à la noble libéralité de l'empereur, et consacra une partie de sa fortune à leur rétablissement [3].

Ces deux villes étaient les seules qui eussent quelque renommée scientifique avant l'arrivée des Ro-

[1] VARRON. — BULLEUS, *de Academia Massiliensi*.
[2] TACIT., *Ann.*, livre III.
[3] BULLEUS, *de Academia Eduensi*.

mains ; les autres durent leur splendeur littéraire au
peuple qui les avait soumis ; et les empereurs, suivant l'exemple que leur avait légué la République,
s'efforcèrent de répandre l'instruction et le goût des
belles-lettres dans toutes les parties de leurs vastes
États. La Gaule ne fut pas oubliée, et, lorsque plus
tard elle devint la résidence d'un des Césars, on les
vit établir dans toutes les villes importantes, des professeurs payés par le trésor impérial [1].

La protection puissante que le trône accordait
aux beaux arts, la gloire, qui était la récompense
du talent, rendaient universel le désir de s'instruire,
et toutes les écoles devenaient florissantes. Narbonne,
la première des colonies romaines au delà des Alpes,
indépendamment de l'honneur qu'elle réclame d'a-
voir été la patrie originaire du prince des orateurs,
avait produit Varron, Exupère, les deux Conscenses.
Bordeaux était la patrie d'Ausone, que ses talents et
l'amitié de Gratien portèrent aux honneurs du con-
sulat ; de Minervius, qu'on appelait le second Quintilien ; et de Proæresius, à qui les Romains élevèrent
une statue avec cette inscription :

ROME, AU ROI DE L'ÉLOQUENCE.

Clermont s'honorait d'avoir eu les Fronton au nombre de ses professeurs ; et Lyon, illustre par son prix
d'éloquence que les plus grands orateurs venaient

[1] *Rescript. Gratiani*, Cod. Theodos.

disputer, comptait parmi ses élèves Julius Florus,
Sidonius Apollinaris et Saint-Remi.

Toutes ces écoles, dues à la munificence impériale,
étaient renfermées dans des édifices spéciaux consa-
crés à tous les genres d'enseignement, telles que les
écoles Méniennes à Autun, celles du Capitole à Rome,
et de la citadelle à Marseille; et disposées de manière que les maîtres ne pussent réciproquement se
nuire en faisant leurs leçons [1]. Le nombre des professeurs qui faisaient ainsi des cours publics, était
fixé pour chaque science par les constitutions impériales; et ils recevaient seuls un traitement du trésor
public; traitement que Vespasien le premier avait
accordé aux maîtres qui enseignaient à Rome, et
qu'après lui Antonin-le-Pieux étendit à ceux des provinces [2]. Ce traitement était de mille écus d'or; et
jamais, même dans des temps de calamités pour
l'Empire, les empereurs ne voulurent qu'on y fît le
moindre retranchement; bien plus, Cassiodore nous
rapporte qu'ils ordonnèrent qu'ils fussent payés tous
les six mois [3].

Ce n'était pas là les seuls avantages accordés à
cette profession, au-dessus de laquelle Quintilien n'en
trouvait pas d'autre. Ils possédaient encore de nombreux priviléges; ils étaient exemptés, eux, leur
famille et leurs propriétés, de toutes les charges pu-

[1] Cod. Théod., loi XIV, tit. 8.
[2] Capitolin. — Sueton., *Vita Vesp.*
[3] Bulleus, *de Regimine veterum Academiarum.*

bliques, telles que les tutelles [1], les logements militaires, etc. etc. On ne pouvait pas les citer devant
un autre juge que celui de leur domicile; et quiconque les aurait insultés était puni d'une peine que la
loi laissait à l'arbitraire des magistrats.

Si de tels priviléges étaient le partage de ceux qui
se consacraient à l'enseignement, on voulait au moins
qu'ils en fussent dignes. Pour s'en assurer, on les
soumettait à l'épreuve d'un double concours [2], et ils
n'obtenaient l'assentiment nécessaire du prince ou du
sénat qu'après un examen public, dans lequel on
avait constaté leur capacité [3].

Les écoles, embrassant tous les genres des connaissances humaines, et renfermant un grand nombre, non seulement d'étudiants, mais encore de
maîtres, on avait jugé utile, dans l'intérêt des études
et de l'administration, de leur donner un chef nommé
Gymnasiarque, dont l'autorité et la surveillance s'é-
tendaient également sur les professeurs et les écoliers.
Il avait sous lui, pour l'aider dans ses travaux, des
assesseurs ou substituts qu'on appelait Proscholes,
Antescholes et Hippodidascales; leurs fonctions, par
opposition à celles des professeurs, consistaient plutôt à diriger l'éducation physique de la jeunesse, à
laquelle les Romains attachaient tant d'importance:

[1] JUSTINIANI INSTIT., lib. 1, tit. 26. — Voy. au *Cod.*, tit. 46,
47, 49.

[2] COD. *de Professorib.*, loi, *Si Quis.*

[3] CASSIODORE, liv. IX, épît. 21. — COD. *de Professoribus*, loi
X. — BULLEUS, *de Acad. Lugdunensi.*

ils veillaient, dit Schrevelius [1], sur leurs mœurs, sur
leurs habitudes, sur leurs manières de se vêtir et de
marcher ; et il y avait à l'entrée des écoles un lieu
appelé Proscholium, d'où le surveillant examinait les
élèves, et reprenait ceux qui s'écartaient des leçons
qu'ils avaient reçues.

Ces élèves, qui appartenaient pour la plupart à
des contrées étrangères, étaient divisés en trois classes ; les externes qui formaient le plus grand nombre,
et qui, pour se prêter un appui réciproque et effi-
cace, se réunissaient en nations [2] ; les convictores ou
pensionnaires, et les alimentarii : ces derniers, qu'on
peut comparer à nos boursiers, étaient élevés aux
frais de l'État ; souvent même des particuliers léguaient
leur fortune pour ce noble usage, Pline le Jeune nous
en offre un exemple. Tous ces jeunes gens, quels
qu'ils fussent, fixaient l'attention du gouvernement,
et le code renferme plusieurs dispositions qui les
concernent. Valentinien, dont la plupart des lois
étaient empreintes de sévérité, voulut [3] qu'ils fussent tous munis d'un passeport contenant leur nom,
celui de leurs parents, le lieu de leur naissance ;
que leur nom fût inscrit sur un registre spécial,
avec leur déclaration de la science qu'ils voulaient
étudier ; que les censeurs visitassent leurs domiciles,
et s'informassent s'ils se livraient assiduement à l'é-

[1] *In Diatribis scholasticis*, orat. 5.
[2] BULLEUS, *de Regimine veterum Academiarum*.
[3] RESCRIPT. VALENT., *ad Olybrium*.

tude, ou plutôt s'ils ne fréquentaient pas les spectacles et les mauvaises compagnies. Celui qui ne se conduisait pas d'une manière honorable devait être immédiatement chassé de la ville ; et enfin l'empereur ordonnait que leurs noms lui fussent envoyés avec des notes, afin qu'il pût récompenser et appeler aux charges de l'État ceux dont les antécédents avaient mérité des éloges, et donné des espérances [1].

Telle fut la situation des écoles dans les Gaules pendant les premiers siècles de l'ère chrétienne ; alors que, protégées par la puissance romaine, elles jouissaient d'une tranquillité que les enfants de la Germanie, encore contenus dans leurs forêts, ne pouvaient lui ravir : mais cette situation ne devait pas être long-temps florissante, l'empire romain perdait chaque jour de ses forces et de sa majesté ; et le trône des Césars, ébranlé par les révolutions fréquentes qui donnaient et arrachaient tour à tour le sceptre à des mains souvent incapables de le soutenir, penchait sur son déclin. Rome avait bien encore du sang à verser dans les guerres civiles, mais elle n'en avait plus pour défendre la patrie contre les Barbares ; de toutes parts ils pénétraient dans les provinces, et les efforts de quelques empereurs valeureux pouvaient bien arrêter leurs ravages, mais non pas les faire cesser. La Gaule, comme frontière du Nord, était la plus exposée ; c'était par là qu'ils pénétraient jusqu'au sein de l'Empire, devancés par la

BULLEUS, *de Regimine veterum Academiarum.*

terreur, et suivis par la mort. A mesure que les moyens de défense s'affaiblissaient, et que la vie abandonnait jusqu'aux parties les plus reculées de ce grand corps, la civilisation disparaissait devant les hordes barbares, et les Gaules ressentirent les premières cette funeste influence. Ses écoles, jadis si prospères, devinrent peu à peu désertes, et on ne voyait plus une jeunesse nombreuse circuler sous des portiques à chaque instant menacés par des invasions. Les habitants eux-mêmes, plongés dans cette sorte d'apathie qui naît du danger, n'avaient conservé d'autre besoin que celui de leur sûreté; les arts, les sciences n'avaient plus d'attrait pour eux, ils repoussaient toute occupation d'esprit; car, dans ces siècles désastreux, toute méditation devait produire des souffrances, et jamais l'ignorance ne fait de progrès si rapides que lorsque la science est une occasion de douleur [1]. Enfin, le 31 décembre 406, arriva le moment de la dissolution; le Rhin fut franchi par les peuples du Nord, pour ne plus être repassé; et, un demi-siècle après, l'empire romain en Occident avait disparu : les Barbares s'étaient partagé ses dépouilles, et avec eux les ténèbres de l'ignorance envahissaient la patrie des Virgile et des Cicéron.

---

[1] SIMONDE DE SISMONDI, *Histoire des Français*, I, 53.

Lorsque la domination romaine expira dans les Gaules, les traditions scientifiques qui depuis long-temps marchaient vers une décadence rapide, ne s'éteignirent cependant pas tout à coup. Leur décroissance, il est vrai, fut prompte, mais néanmoins progressive. En effet, les peuples qui les premiers formèrent des établissements durables dans cette partie de l'Empire, les Visigoths et les Bourguignons, avaient acquis plus de goût que les autres barbares pour les douceurs de la vie sociale [1]; ils traitèrent avec quelque humanité les vaincus, conservèrent leurs établissements, leurs mœurs, leurs lois, et le Gaulois de la Narbonnaise et de l'Aquitaine put à peine s'apercevoir qu'il avait passé sous la domination de nouveaux maîtres, et que ces maîtres étaient des Germains. La plupart des villes du midi de la Gaule gardèrent quelques vestiges de leur splendeur passée; Lyon, Vienne, Toulouse, Narbonne possédaient toujours ces écoles publiques auxquelles elles avaient dû tant d'éclat; et des professeurs dont les contemporains nous ont transmis les noms et les louanges, enseignaient encore à la jeunesse les chefs-d'œuvre de la littérature et de la philosophie grecque et latine [2].

Ces efforts que le siècle faisait pour lutter contre les envahissements de la barbarie, et conserver le peu qui lui restait de ses lumières, ne furent cependant pas sans une apparence de succès; le contact fréquent

---

[1] Simonde de Sismondi, *Histoire des Français*, I, 140.
[2] *Hist. Littéraire de la France, par les Bénédictins*, II, 39.

des vainqueurs et des vaincus avait adouci les mœurs
des premiers; ils s'étaient attachés aux arts de leurs
sujets, avaient adopté leurs usages, et s'étaient, en
quelque sorte, incorporés avec eux. Les recueils qui
nous ont été conservés des lois visigothes et bourguignones nous montrent, toutes grossières qu'elles sont,
les progrès que les conquérants avaient déja faits vers
la civilisation, ils étaient presque devenus Romains; et
le monarque de l'Italie, le grand Théodoric, écrivant
à la fin du cinquième siècle à tous les provinciaux des
Gaules, leur recommandait de se montrer dignes de
la toge, et de se dépouiller d'une barbarie étrangère [1].

Peut-être, s'il eût été donné aux Visigoths et aux
Bourguignons de reconstituer la monarchie gauloise,
n'aurions-nous pas traversé ces ténèbres qui obscur-
cissent et qui souillent les premières pages de nos annales; mais un nouveau peuple, les Francs, avait
paru sur la scène du monde pour partager les débris
de l'empire d'Occident: le trône des Visigoths succomba sous Clovis; celui des Bourguignons s'écroula
devant ses enfants, et les Francs furent appelés à re-
cueillir la succession des Romains dans les Gaules.

Plus barbares que leurs devanciers, on vit s'éteindre, sous leur domination, le peu qui restait de la
civilisation romaine: les écoles, qui jusqu'alors étaient
restées debout, disparurent; la langue latine, qu'on
cultivait et qu'on parlait des bords du Rhin aux rives
de la Durance, corrompue par le mélange des idiomes

---

[1] CASSIODORE, liv. III, ép. 17.

du nord, perdait de jour en jour de sa pureté [1] ; dé-
figurée par l'introduction d'une multitude de mots
barbares, elle fut bientôt méconnaissable, et le cinquième siècle était à peine écoulé, que déja il n'y
avait plus personne qui pût entendre les bons auteurs.
Grégoire de Tours, le dernier des historiens, n'avait
pu échapper à cette barbarie qu'il déplorait; et, malgré ses nombreux défauts, les chroniqueurs qui lui
succédèrent avouaient leur infériorité, et se reconnais-
saient incapables de l'égaler. « J'aurais voulu, disait
« Frédégaire, pouvoir lui ressembler; mais le monde
« vieillit, et la sublimité de la science tombe parmi
« nous : il n'y a plus personne qui puisse atteindre à
« la manière d'écrire des anciens orateurs; il n'y a
« même personne qui en ait la prétention [2] ». Cet état
d'anéantissement des belles-lettres et de tout ce qui
tend à élever l'esprit humain, était la suite de l'indif-
férence que les Francs montraient pour elles : accoutumés à tout rapporter à leur épée, ils ne prenaient
à la civilisation que son luxe et ses commodités pour
les usages de la vie, et ils rejetaient avec mépris les
connaissances et les arts, qu'ils considéraient comme
inutiles à l'intérêt de leurs passions.

Cependant, tous les princes qui régnèrent sur les
Francs dans les commencements de la monarchie, n'é-
taient pas plongés dans une ignorance profonde. On

---

[1] *Histoire Littéraire de la France*, II, 28.
[2] FRÉDÉGAIRE, *Prologus Hist. Francorum*, et *Collection des
Mémoires relatifs à l'Histoire de France*, publiée par M. Guizot, II, 164. — *Histoire Littéraire*, III, 422.

a même prétendu qu'ils avaient attaché à leur palais une école où ils faisaient élever et instruire les enfants des nobles qui les entouraient [1]. Parmi les rois qui se distinguèrent ainsi par l'étendue de leur instruction, le plus célèbre est celui dont la mémoire ne nous est parvenue que souillée des plus grands crimes, dont le nom s'associe à celui de Frédégonde, son épouse, et que Grégoire de Tours a flétri de l'épithète de *Néron de la France*; Chilpéric Ier faisait bien les vers, et digne émule de celui à qui on l'a comparé, il voulait obtenir tous les genres de succès. Tout le monde sait les efforts qu'il fit pour introduire quatre lettres nouvelles dans l'alphabet. A l'exemple du monarque, les courtisans se livrèrent à l'étude; mais leurs efforts ne produisirent aucun résultat. Le siècle n'en fut pas moins barbare, parce que, pour fonder la civilisation d'un peuple, il faut plus que l'exemple d'un prince; il faut des institutions durables.

C'était là précisément ce qui manquait: soumise aux caprices du pouvoir, sans institutions protectrices, la France était malheureuse et esclave; nulle école ne s'élevait où l'homme, abruti sous le despotisme militaire, pût acquérir des connaissances qui eussent retrempé son ame, et qui lui eussent appris à connaître ses droits et sa dignité; et les descendants de Clovis, occupés sans cesse à se combattre et à s'entre égorger, ne songèrent jamais à ouvrir des écoles et à donner aux hommes qu'ils commandaient une

[1] *Histoire Littéraire de la France*, II, 424.

instruction dont ils ne concevaient pas l'utilité. C'est ainsi que s'éteignirent dans les Gaules les derniers débris de la science et de la civilisation, et c'est dans cet état que s'écoulèrent le septième siècle et une partie du huitième, que les savants auteurs de l'*Histoire Littéraire de la France* ont signalés à la postérité comme le siècle de l'ignorance et de la barbarie [1].

Tout ce qui resta encore de savoir et d'érudition se réfugia dans les églises et dans les couvents; la vie monastique était devenue à cette époque pour la France l'objet d'une passion nationale; la piété consistait à fonder et à enrichir des monastères; les hommes riches et puissants croyaient satisfaire aux vœux de la religion, en créant ainsi des asyles qu'un zèle ardent remplissait aussitôt; et il n'était pas rare de voir des abbés compter par centaines les moines qu'ils gouvernaient [2]; c'est à ces maisons que nous devons le peu de documents qui nous sont parvenus sur les premiers siècles de notre histoire; c'est à elles également que nous devons les chefs-d'œuvre de l'antiquité qui nous ont été conservés. Les moines, quoique participant de la barbarie de leur âge, gardèrent quelques étincelles qui servirent à rallumer le flambeau de la science lorsque l'esprit humain chercha à prendre un nouvel essort : « L'Église et l'ordre mo-
« nastique, dit Fleuri, furent les ports où se sauvè-
« rent dans leur naufrage les débris des lettres et des

---

[1] *Histoire Littéraire*, III, 423.
[2] SIMONDE DE SISMONDI, *Histoire des Français*, II, 55, 59.

I.   2

« sciences ; et , sans ces asyles assurés , elles seraient
« péries sans ressource [1]. » Le clergé régulier ne resta
pas étranger non plus à ces actes de conservation, et
il doit avoir sa part de notre reconnaissance.

A cette époque, en effet, les écoles publiques qui
existaient dans différentes parties de la Gaule, et qui
s'étaient soutenues quelque temps encore sous la domination des Barbares , avaient entièrement disparu,
et il n'y avait plus , pour transmettre à la jeunesse
les bienfaits de l'instruction , que les écoles épiscopales et celles des couvents.

Ces écoles, créées par les évêques, placées sous
leur surveillance immédiate , et situées dans l'intérieur même des palais épiscopaux, ou près des églises
(d'où est venu le nom de parvis [2], qu'on donne en
plusieurs endroits à une partie de ces édifices),
étaient ouvertes non seulement aux clercs , mais encore à la jeunesse séculière. Les évêques y enseignaient
d'abord eux-mêmes, et souvent par leurs talents ils
leur assuraient une grande renommée ; c'est ainsi
que les écoles de Paris, de Tours, de Rheims, de
Poitiers, et beaucoup d'autres, devinrent célèbres sous
saint Germain , saint Grégoire , saint Remi et
Fortunat [3]. Mais les devoirs du sacerdoce et le grand
nombre des écoliers les obligèrent bientôt de se

---

[1] FLEURY, *Discours III sur l'Histoire Ecclésiastique.* —
Histoire Littéraire, III, 29.

[2] Ab edocendis *parvis*. BULLEUS, *de Scholis Episcopalibus.*

[3] *Histoire Littéraire*, III, 24, 428 et suiv.

démettre de ces travaux sur des prêtres ou des diacres de leur diocèse, dont le chef, chargé de diriger
tout ce qui concernait le soin des études, reçut les
divers titres de Primicier, de Capischoles, d'Éco-
lâtre ou de Chancelier [1], titres qui existent encore
aujourd'hui même que les fonctions ont cessé. On
enseignait dans ces diverses écoles non seulement la
théologie, mais aussi les éléments de la grammaire,
de la rhétorique, de la géométrie et de l'arithmétique [2]; et malgré les défauts d'une bonne méthode,
et l'absence d'une instruction profonde et raisonnée,
il est probable qu'elles auraient produit quelques
heureux résultats; mais ces avantages n'existaient
malheureusement que pour les clercs qui se destinaient à l'état ecclésiastique, et qui, dirigeant
uniquement leur esprit vers la science sacrée, aban-
donnaient de bonne heure des études qu'ils considéraient comme peu nécessaires, souvent même comme
profanes et incompatibles avec la sainteté de leur ministère [3], ou bien pour un petit nombre de nobles,
qui se hâtaient de quitter leurs travaux scientifiques
à peine ébauchés, pour se livrer à la profession des
armes. Mais la masse de la nation restait esclave,
sans existence sociale, et son ignorance toujours
croissante, finit par s'étendre jusque sur les classes

---

[1] BULLEUS, *de Scholis Episcopalibus.* — *Histoire Littéraire,*
III, 24.

[2] *Histoire Littéraire,* III, 22.

[3] GRÉGOIRE-LE-GRAND, *Épîtres,* liv. IX, ép. 48.

supérieures et le clergé : en outre on voyait de jour
en jour disparaître ces prélats qui, par leurs travaux
et leur zèle, s'efforçaient de donner quelque lustre à
leurs écoles ; et leurs successeurs, loin d'imiter leur
belle conduite, négligeaient les soins de leur église
pour s'adonner à la chasse et aux plaisirs ; les écoles
périssaient faute de culture ; et en 822, dans les États
d'Attigny, Louis-le-Débonnaire était obligé d'ordonner au clergé d'établir dans des lieux convenables
des écoles où la jeunesse pût recevoir quelque instruction [1].

Ainsi, les avantages que la civilisation aurait pu
retirer de ces établissements se réduisirent à peu de
chose. Il en fut de même des écoles claustrales ; cependant elles eurent, de plus que les premières, le
privilége de se perpétuer et de produire des hommes
qui, bien qu'entachés des défauts de leur siècle, l'em-
portaient cependant encore sur leurs grossiers contemporains.

Le grand nombre de monastères qui couvrait la
surface de la France, et qui, dans le seul diocèse de
Vienne, sans y comprendre ceux de la ville, s'élevait
à plus de soixante [2], la grande quantité de moines
qui les habitaient, et dont la plupart était illettrés,
avait rendu nécessaire dans ces maisons l'établissement d'écoles où l'on pût au moins leur apprendre à
comprendre les louanges qu'ils adressaient à Dieu :

[1] PASQUIER, *Recherches de la France*, liv. III, chap. 29.
[2] *Histoire Littéraire*, III, 432.

d'ailleurs il était utile de donner à ces hommes re-
tirés du monde des études qui habituassent leur esprit à la méditation ; tous les couvents renfermaient
des bibliothèques considérables ; toutes les règles
monastiques prescrivaient de partager le temps entre
la prière, le travail des mains et la lecture [1] ; et les
moines, pour enrichir leurs bibliothèques, s'appliquaient à copier les anciens livres. Cette occupation,
qui a sauvé tant de chefs-d'œuvre de l'oubli, était
considérée avec faveur ; et Cassiodore, la recom-
mandant aux religieux sous ses ordres, s'écriait :
« Heureux exercice où l'on trouve le secret de prê-
« cher de la main, de parler par ses doigts, et de
« combattre avec l'encre et la plume contre les sur-
« prises du démon [2]. » L'ordre de Saint-Benoît, si
célèbre surtout par les services qu'il a rendus à la
littérature, fut le premier qui institua dans les couvents des écoles pour l'instruction de ceux qu'ils
renfermaient : cet usage se répandit dans tous les
monastères, et la *règle du maître* ordonne que le
moine le plus instruit devra chaque jour donner des
leçons à la jeunesse pendant trois heures [3].

Ces écoles étaient divisées en deux espèces, les pe-
tites et les grandes (minores et majores) ; dans les
unes on ne donnait aux élèves qu'une instruction
élémentaire, et l'on envoyait dans les autres, qui

---

[1] *Histoire Littéraire*, III, 30.

[2] CASSIOD., *de Inst. Divin. Script.*, liv. II, chap. 7.

[3] *Histoire Littéraire*, III, 34.

toujours se trouvaient dans les couvents les plus riches, les jeunes gens qui annonçaient des dispositions; et là ils recevaient une éducation autant perfectionnée que le siècle le permettait. La direction de
ces écoles était confiée au moine le plus savant; et
lorsque la maison n'offrait personne de capable de
remplir ces fonctions, on allait le chercher dans un
autre monastère [1].

Destinées d'abord uniquement aux religieux, ces
écoles ne tardèrent pas à être ouvertes à la jeunesse
séculière, car il n'y avait que là qu'elle pût recevoir
quelque instruction, et on n'aurait peut-être pas
trouvé alors, dans la France entière, un seul laïque qui
fût dans le cas d'enseigner; les moines seuls possédaient quelques connaissances; aussi voyons-nous que
tous les écrits qui nous sont parvenus de ces siècles
barbares, toutes les chroniques qui nous sont restées,
sont sortis des couvents. Ces écoles se scindèrent
bientôt; et les religieux, craignant que le contact des
jeunes gens qui ne se destinaient pas au service de
Dieu, ne nuisît à la discipline intérieure, ouvrirent,
en dehors des monastères, des écoles qu'ils consacrè-
rent spécialement aux externes [2].

Parmi les couvents qui acquirent ainsi de la réputation, ceux de Luxeuil, de Jumiège, de Saint-
Médard de Soissons, de Saint-Vandrille, à sept lieues
de Rouen, furent les plus célèbres; et ce dernier

[1] BULLEUS, *de Scholis Cœnobialibus.*
[2] BULLEUS, *de Scholis Cœnobialibus.* — *Hist. Litt.*, III, 34.

compta quelquefois jusqu'à trois cents étudiants [1] ;
les couvents de femmes ne restèrent pas non plus
étrangers à cette conservation de la science, qui
semblait être alors le privilége de l'Église; et la fameuse abbaye de Chelles est vantée comme les cul-
tivant avec beaucoup d'éclat [2].

Mais on devait voir disparaître encore ces derniers
restes d'une civilisation expirante; et la fin du règne
de Dagobert Ier, arrivée en 638, fut l'époque de
l'extinction totale des lumières. Ce prince, dont l'histoire nous est peu connue, se rendit célèbre par son
amour pour les arts, par les monuments religieux
dont il couvrit la France, et par ses nombreux travaux législatifs; car ce fut par ses ordres que les lois
des Saliens, des Bavarois et des Allemands furent publiées [3]. Dagobert peut être considéré comme le dernier des rois de la race mérovingienne; après lui,
commence la succession de ces rois fainéants dont les
contemporains nous ont à peine transmis les noms;
après lui, une profonde obscurité couvre la France,
et fut la conséquence des événements dont elle devint le théâtre. Alors commença la puissance de ces
maires du palais, qui, attirant à eux un pouvoir que
leurs maîtres étaient incapables d'exercer, finirent
par s'emparer d'un sceptre que les descendants de
Clovis ne pouvaient plus soutenir.

---

[1] *Histoire Littéraire*, III, 438.
[2] *Histoire Littéraire*, III, 445.
[3] SIMONDE DE SISMONDI, *Histoire des Français*, II, 39.

Ces changements dans la monarchie ne purent s'accomplir que par la guerre, le carnage et la désolation ; et ces révolutions, en augmentant le pouvoir de l'épée, firent abandonner chaque jour la culture des lettres [1]. Leurs derniers asyles, les églises étaient occupées par des prêtres dont les vices scandalisaient saint Boniface ; et les conciles étaient obligés de leur ordonner de s'instruire des saints canons. Les monastères, déja ruinés dans le midi de la France par les ravages des Sarrasins, devenaient sous Charles Martel la récompense que ce prince offrait à ses hommes d'armes. Sous ces nouveaux possesseurs, dont les habitudes étaient toutes guerrières, et qui employaient à nourrir leurs chiens ou à équiper leurs soldats ce qui servait autrefois à l'entretien des moines [2]; les travaux scientifiques auxquels ceux-ci se livraient ne tardèrent pas à cesser; les écoles qu'ils avaient ouvertes se fermèrent, et les religieux dépouillés de leurs richesses ne s'occupèrent qu'à gémir et à livrer à la vengeance du ciel le prince qui avait osé aliéner le patrimoine de l'Église. Les ténèbres s'épaissirent encore ; les victoires du chef de l'État avaient rendu la nation toute militaire : on méprisait l'étude comme indigne d'un guerrier; on n'y songeait même plus depuis que les moines concentrés dans leur douleur l'avaient abandonnée, et l'ignorance était complète, puisque les seuls hommes qui pouvaient conserver le dépôt des

---

[1] SIMONDE DE SISMONDI, *Histoire des Français*, III, 168.
[2] *Histoire Littéraire*, IV, 4.

lumières avaient cessé d'en prendre soin. Cet état de choses subsista sous le fils du vainqueur des Sarrasins ; et lorsque Pepin-le-Bref, déposant le monarque qu'il avait juré de servir, eut changé pour une couronne la mairie du palais, ses guerres fréquentes contre les Lombards, les Saxons, les Aquitains et les Sarrasins, ne lui permirent pas de s'occuper de la régénération morale de son peuple. Il était réservé au génie de Charlemagne de ramener dans sa patrie le goût si long-temps oublié des lettres et de la civilisation, et d'attacher ainsi à son nom la double gloire de législateur et de guerrier.

HISTOIRE
DE L'UNIVERSITÉ.

CHAPITRE PREMIER.

LE règne de Charlemagne est une de ces époques auxquelles on aime à rattacher toutes les grandes institutions. La vie de ce prince, qui embrassa tous les genres de gloire, nous apparaît comme un météore brillant à travers l'obscurité des siècles qui le précédèrent et des siècles qui le suivirent. Tous les peuples de l'Europe l'ont réclamé comme appartenant à leur

histoire; tous les historiens l'ont vanté comme un de
ces génies étonnants que la nature se plaît quelquefois
à offrir à l'admiration des hommes comme un monument de la perfection de ses ouvrages. Ce tribut général d'éloges, ce concert unanime de louanges de tous
les siècles et de tous les peuples, ont donné de Charlemagne l'idée d'un être privilégié que bientôt on
appela à partager les honneurs du ciel à côté de la
divinité, dont il semblait être une émanation.

A peine était-il descendu dans la tombe, que les
impressions profondes qu'il avait laissées de sa puissance et de sa grandeur parurent augmenter encore,
en raison de la faiblesse et de l'incapacité de ses successeurs : tout ce qui était grand, tout ce qui était
beau semblait devoir être son ouvrage; on se plut à
lui attribuer des pensées que peut-être il n'avait jamais
eues, et on signala comme une conception de son
génie, ce qui fut l'ouvrage de six siècles et des bienfaits de vingt rois ses successeurs.

Ce besoin de remonter à Charlemagne, de s'associer à sa grandeur, prenait sa source dans un sentiment d'orgueil national auquel l'Université de Paris
ne fut pas étrangère. Elle aimait à vénérer comme
son fondateur, le plus illustre des monarques français;
et par un sentiment presque instinctif, il lui semblait
que ce prince seul avait pu créer un corps qui rendit
tant et de si grands services. Aussi fut-il toujours l'objet de son culte et de ses soins; et les écrivains de
l'Université, attachés à une opinion qui leur était
chère, firent, pour la faire triompher, tous les efforts

qu'on pouvait attendre de leur savoir et de leur érudition [1].

Pasquier le premier [2] osa attaquer cette originé; il demanda des preuves, il recourut aux sources contemporaines, et il prouva que la fondation de l'Université parisienne, par Charlemagne, n'était qu'un préjugé que les lettrés avaient accueilli, parce qu'il flattait leur amour-propre, et que les siècles après eux avaient acccepté sans examen.

Cependant, sous le règne du fils de Pepin, Paris participa sans doute à l'élan que ce prince fit prendre à la civilisation; il posséda des écoles; mais il est probable qu'elles eurent peu d'éclat [3]. En effet, sous la domination carlovingienne, l'ancienne capitale de la France avait bien déchu de sa splendeur; elle avait cessé d'être la résidence des monarques, et la faiblesse du gouvernement, qui la laissait exposée aux ravages des Normands, avait dû en bannir les sciences. Pendant cette période de calamités, ses écoles se traînèrent languissantes, et elles furent complètement ignorées dans le temps même où celles de plusieurs autres parties de la France acquéraient une haute renommée.

Charlemagne, qui avait trouvé à son avénement au trône la France plongée dans la barbarie, avait voulu l'arracher à cet état d'engourdissement intel-

---

[1] BULLEUS, *Historia Universitatis Parisiensis*, I, 100 et suiv.
[2] *Recherches de la France*, chap. IV, liv. IX.
[3] *Histoire Littéraire*, IV.

lectuel qui paraissait être son partage, et il avait commencé par s'offrir lui-même en exemple à ses peuples. Ses conquêtes dans l'Italie, qui conservait encore quelques restes de son ancienne civilisation,
avaient fait germer dans son ame le sentiment des
beaux-arts; il résolut de s'y appliquer. « Il étudia
« avec soin les arts libéraux, dit Éginhard; il ap-
« prit la grammaire du diacre Pierre de Pisan, et
« il consacra beaucoup de temps et de peine à ap-
« prendre la rhétorique, la dialectique, et surtout
« l'astronomie. Sa famille se ressentit de l'amour qu'il
« portait aux lettres; et il avait eu, dit le même écri-
« vain, le plus grand soin de l'éducation de ses en-
« fants; il avait voulu que les filles aussi bien que les
« fils s'adonnassent avant tout aux études libérales
« qu'il avait suivies lui-même [1]. »

Ce fut en Italie que Charles chercha surtout des
instituteurs pour relever les écoles publiques qui, dans
toute la France, avaient été abandonnées [2]. « Il ras-
« sembla à Rome, rapporte le moine d'Angoulême,
« des maîtres de l'art de la grammaire et du calcul, et
« il les conduisit en France en leur ordonnant d'y
« répandre le goût des lettres; car avant le seigneur
« roi Charles, il n'y avait en France aucune étude des
« arts libéraux [3]. » En effet, ainsi que nous l'avons

[1] ÉGINHARD, *Vie de Charlemagne*, chap. 19 et 24.—*Histoire
Littéraire*, IV, 9.

[2] SIMONDE DE SISMONDI, *Histoire des Français*, II, 320.

[3] *Scripta Francorum*, V, 185.

signalé plus haut, la Gaule, au moment où Charlemagne avait ceint la couronne, était arrivée au comble de l'ignorance; les prêtres et les moines eux-mêmes,
qui, pendant long-temps, conservèrent seuls quelque
instruction, avaient suivi la pente vers laquelle le siècle
les entraînait; ils savaient à peine lire; et nous pos-
sédons une circulaire de l'empereur à l'abbé de Fulde,
qui est un monument de leur peu de savoir : « Dans
« les écrits qui nous ont été fréquemment adressés par
« les couvents, disait l'empereur, nous avons pu re-
« marquer que le sens des religieux était droit, mais
« leurs discours incultes ; que ce qu'une dévotion
« pieuse leur dictait fidèlement au dedans, ils ne pou-
« vaient l'exprimer au dehors sans reproche, par leur
« négligence et leur ignorance de la langue [1]. » Et
il leur recommande ensuite d'élire partout des hommes
qui aient la volonté d'apprendre, et le désir d'enseigner ce qu'ils auront appris.

L'Italie ne fut pas la seule contrée où le prince alla
chercher des hommes qui fussent en état de le seconder dans les progrès qu'il voulait faire faire à l'Occident; il appela autour de sa personne, de toutes les
parties de l'Europe, tous ceux qui, par leurs connaissances et leurs talents, s'étaient acquis quelque réputation. Le plus célèbre était l'Anglais Alcwin, plus
connu sous le nom d'Alcuin : attiré en France vers

---

[1] *Capitulaires de Charlemagne*, BALUZE, I, 201. — *Histoire
Littéraire*, IV, 11. — SIMONDE DE SISMONDI, *Histoire des Français*, II, 322.

780 par Charlemagne, il sut bientôt mériter son amitié
et sa confiance. L'empereur apprit de lui à se perfectionner dans les études qu'il avait commencées; et le
savant maître fonda, dans le palais même de son royal
élève, l'école appelée *Palatine* [1]. A l'exemple des rois
de la première race, c'était là que Charlemagne faisait élever les enfants de sa noblesse [2]; c'était en quelque sorte une école modèle qu'il formait sous ses
yeux pour ses vastes États, et qui servait à diriger les
études dans le reste du royaume.

Aucune des améliorations que l'empereur considérait comme utiles, ne lui paraissait indigne de ses
soins; il descendait même dans tous les détails d'administration intérieure; ses Capitulaires nous en of-
frent la preuve. En 782, il avait fondé à Metz, pour
toute la France, une école de chant ecclésiastique;
en 789, il écrivait à tous les évêques pour leur ordonner d'établir de nombreuses écoles dans leurs diocèses; la même injonction était faite aux monastères [3],
et lui-même indiquait la marche qu'on devait suivre
dans l'enseignement [4].

Tant d'efforts étaient couronnés d'un plein succès.
Les couvents, les cathédrales, gouvernés par de savants prélats, acquéraient une réputation littéraire;

---

[1] *Histoire Littéraire*, IV, 10. — SIMONDE DE SISMONDI, *Hist.
des Français*, II, 321.

[2] CRÉVIER, *Histoire de l'Université*, I, 30.

[3] *Histoire Littéraire*, IV, 11. — DULAURE, *Histoire de Paris*,
I, 532.

[4] *Capitulaires de Charlemagne*, BALUZE, I, 237.

et les villages même, dans certains diocèses, possédaient des écoles où les enfants recevaient, conformément aux ordres du souverain, une instruction gratuite [1]. Alcuin, le plus illustre des maîtres de Charlemagne, indépendamment de l'école du Palais, avait ouvert dans l'abbaye Saint-Martin de Tours, qu'il tenait de la libéralité de l'empereur, une école qui bientôt avait acquis une grande renommée, et après elles, les écoles de Fulde, de Corbie, de Rheims, et beaucoup d'autres, ne s'étaient pas rendues moins célèbres ; on y enseignait les sept arts libéraux : la grammaire, la dialectique, la rhétorique, l'arithmétique, la géométrie, l'astronomie et la musique, que l'on regardait comme les préliminaires nécessaires à l'étude de la théologie ; on y joignait aussi la lecture des bons auteurs de l'antiquité, de Cicéron, de Virgile, etc., etc. [2]. Quant aux sciences physiques, elles étaient peu cultivées. La médecine, que Charlemagne méprisait, resta négligée : ce ne fut que dans les dernières années de sa vie que ce prince ordonna qu'on la fît étudier aux jeunes gens [3] ; mais la nation n'avait pas de goût pour cet art ; et cette importante étude fut long-temps abandonnée aux juifs, qui, dans les Universités arabes, acquéraient des connaissances bien supérieures aux nôtres.

Dans cette nomenclature des écoles célèbres, celle

---

[1] THEODULFI, *Aurelianensis Episcopi*, capit. 19.
[2] *Histoire Littéraire de la France*, IV, 25.
[3] *Histoire Littéraire de la France*, IV, 26, 274.

de Paris ne se trouve pas une seule fois citée. Cette
ville alors n'avait que bien peu d'importance ; et on a
remarqué que pendant tout le règne de Charlemagne,
elle n'est pas même nommée par les historiens [1]. Fixé
sur les frontières de la Germanie, c'était à Aix-la-
Chapelle que l'empereur avait établi sa capitale ; et
c'est là que se trouvait probablement cette fameuse
école palatine, dont on a voulu faire descendre l'U-
niversité parisienne. Rien, cependant, n'est moins
fondé ; et, malgré les efforts qu'on a faits pour prouver le contraire [2], l'obscurité de Paris, sous ce rapport, devait durer encore plus d'un siècle, jusqu'au
temps où le moine Remi d'Auxerre vint y donner des
leçons.

Dans le cours d'un règne qui avait duré près de
trente années, Charlemagne avait fait faire à la
France des pas rapides vers la civilisation, et les institutions qu'il avait données auraient assuré la durée
de son empire, s'il les avait établies sur des bases plus
larges [3]. Mais les hommes libres seuls en profitèrent,
le reste de la nation resta dans l'ignorance, et cette
ignorance fit bientôt disparaître les bienfaits que l'on
devait à son génie [4]. C'est à lui néanmoins qu'on doit
d'avoir préservé les lettres d'une ruine totale, en rou-
vrant les écoles qui depuis ne furent plus fermées.

[1] SIMONDE DE SISMONDI, *Histoire des Français*, II, 368.
[2] BULLEUS, *Historia Universitatis*, I, 101 et suiv.
[3] SIMONDE DE SISMONDI, *Histoire des Français*, II, 355.
[4] *Histoire Littéraire de la France*, IV, 219.

Sous ses faibles successeurs, l'influence que commença à prendre le clergé continua de répandre le goût des études ; tous les conciles prescrivaient aux évêques d'établir des écoles dans leurs diocèses, et les empereurs joignaient leurs ordres à ceux des pères de l'Église [1]. Aussi, malgré les troubles de l'État, elles continuèrent sous Louis-le-Débonnaire et ses enfants d'être très-florissantes. Charles-le-Chauve, surtout, paraît avoir beaucoup favorisé les lettres : l'école du Palais, qui était alors dirigée par l'écossais Jean-Scot, après avoir eu pour chef Claude, évêque de Turin, et Aldric, archevêque de Sens, acquit sous son règne un nouvel éclat, qui fut partagé par un grand nombre d'autres écoles que nous avons déja citées, et surtout par celle de Rheims.

Celle-là doit être célèbre dans les annales universitaires, parce qu'elle fut en quelque sorte le fondement de l'université de Paris. L'archevêque Hincmar, qui prit tant de part aux événements qui agitèrent la vie de Louis-le-Débonnaire, et son successeur, Foulques, rétablirent dans leurs églises les études qui y étaient tombées : deux moines de Saint-Germain d'Auxerre, Remi et Hucbald de Saint-Amand, les y rendirent florissantes ; de Rheims ils vinrent ensuite tous deux à Paris, où ils enseignèrent la philosophie et les arts libéraux [2]. Paris, comme la plupart des villes de France, possédait alors les écoles de la Cathédrale,

[1] PASQUIER, *Recherches de la France*, liv. IX, chap. 4.
[2] *Histoire Littéraire de la France*, VI, 20.

du monastère de Saint-Germain et de l'abbaye de
Sainte-Geneviève, mais elles n'étaient destinées qu'aux
religieux : Paris n'avait pas d'école publique qui fût
indistinctement ouverte à tous les jeunes gens. Celle
de Remi, vers 908, fut la première ; aussi est-elle
considérée par les savants Bénédictins comme le berceau de l'Université. En effet, c'est seulement à partir
de cette époque que l'on commence à distinguer les
écoles et à pouvoir saisir la chaîne des maîtres qui
professèrent dans la capitale de la France, jusqu'au
moment où ils se réunirent en corps sous la dénomination d'Université [1] ; car pendant long-temps il n'y
eut de fixes que les écoles ecclésiastiques ; les écoles
publiques tiraient leur splendeur des maîtres qui y
enseignaient ; cette splendeur s'éteignait avec eux, et
il a fallu qu'une assez longue succession de maîtres
distingués ait fondé la réputation scientifique de Paris,
pour que leurs écoles devinssent permanentes.

Mais le dixième siècle, auquel on fait remonter l'é-
tablissement certain des écoles parisiennes, n'était pas
propre à les faire fleurir. Ce siècle, que les historiens
ont comparé pour la barbarie à ceux qui précédèrent
l'avénement de Charlemagne, ne fut signalé que
par les effroyables ravages des Normands, par
les guerres intestines que commençait à causer la
féodalité naissante, et par l'extinction presque complète de l'autorité royale. Les seigneurs, les hommes

---

[1] Pasquier, *Recherches de la France*, liv. IX, chap. 5.—
Histoire Littéraire de la France, IV, 250 ; VI, 100.

puissants, uniquement occupés à affermir et à défendre leur indépendance, ne tenaient compte que des
exercices qui pouvaient leur donner quelque supériorité dans les armes : depuis que le droit avait cessé
pour faire place à la force, ils négligeaient de donner
à leurs enfants une éducation, des connaissances qui
pu auraient leur servir dans le cours de la vie, et si
quelquefois ils les faisaient instruire, ce n'était, dit
Rathier, évêque de Liège, que par un motif d'ambition, et pour les élever à l'épiscopat[1]; encore l'épiscopat lui-même n'était-il pas sans ressentir les effets
de l'influence du siècle : le latin, qui jusqu'alors avait
été comme la langue naturelle du clergé, commençait
à être négligé; et en 994, au concile de Mouzon,
Aimon, évêque de Verdun, fut obligé de porter la
parole en langue romane devant les prélats assemblés[2].

Il n'était pas au pouvoir des rois de la deuxième
race de changer cet état de choses. Ils n'avaient en
France qu'une autorité contestée par tous les grands
seigneurs, ils n'avaient même plus de capitale, Paris
avait passé sous la domination des ducs de France.
Il fut donc impossible à ces princes, dont les domaines
se réduisaient presque aux territoires de Rheims et
de Laon, où ils avaient établi leur résidence, d'encourager les études non-seulement en France, mais
même à Paris, qui appartenait à des feudataires si
puissants que, deux fois, dans un court espace de

---

[1] *Histoire Littéraire de la France*, VI, 20.
[2] *Histoire Littéraire de la France*, VI, 3. — SIMONDE DE
SISMONDI, *Histoire des Français*, IV, 61.

temps, ils leur arrachèrent leur couronne. Aussi, malgré l'apparition de Remi d'Auxerre dans cette ville, l'école qu'il y avait fondée resta tellement obscure, que toutes les recherches des savants n'ont pu parvenir à nous donner quelques détails sur sa situation pendant la durée du dixième siècle [1] jusqu'à l'époque où un chanoine de Liège, nommé Huboldus, vint y enseigner vers l'année 990.

Mais nous touchons enfin au moment de sortir de l'obscurité qui environne les premiers moments des écoles publiques parisiennes. Une révolution, semblable à celle qui plaça Pépin-le-Bref sur le trône, était sur le point de s'accomplir. La race dégénérée de Charlemagne s'était laissée dépouiller peu à peu de toutes les prérogatives de la royauté, elle n'avait plus de pouvoir, elle n'avait qu'un titre devenu inutile depuis que les moyens de le faire respecter lui manquaient. Bientôt ce titre lui-même lui fut arraché, et, le 3 juillet 987, le comte de Paris, Hugues-Capet, montait sur le trône au préjudice du duc Charles de Lorraine, frère de Louis V, le dernier monarque carlovingien.

L'avénement d'une nouvelle dynastie ne produisit pas dans la nation les effets qu'on aurait pu en attendre; elle ne changea rien de ce qui existait avant elle, elle laissa au contraire s'affermir le système féodal qui devait si long-temps contrebalancer l'autorité des rois. Cette époque cependant est importante dans les

---

[1] CRÉVIER, *Histoire de l'Université*, I, 68. — *Histoire Littéraire de la France*, VI, 33.

annales de la civilisation, parce qu'elle nous présente les premiers mouvements que fit le peuple vers un meilleur ordre de choses. La langue nationale commençait à se former, les troubadours et les trouvères avaient paru dans le midi et le nord de la France, leurs chants adoucissaient les mœurs, et on avait vu naître alors ces germes heureux qui devaient commencer à se développer un siècle plus tard, sous le règne de Louis-le-Gros.

Peut-être ce moment eût-il été avancé, si les premiers Capétiens avaient été en état de seconder la marche de leur siècle; mais ces princes, qui portèrent tous sur le trône l'incapacité la plus complète, ne savaient pas même soutenir leur propre dignité, et nous voyons successivement paraître devant nous Hugues-Capet, Robert, son fils, Henri et Philippe Ier, sans que l'histoire daigne nous apprendre ce qu'ils firent pour leur peuple. Cette obscurité cependant n'était pas le résultat d'une ignorance absolue; les études avaient fait quelques progrès dont Paris s'était particulièrement ressenti : l'élévation de ses comtes à la couronne lui avait rendu un peu de son ancien lustre, et il était devenu la résidence royale. Quelque restreint que fût alors le pouvoir du monarque, les rapports que sa suzeraineté faisait établir entre lui et les seigneurs, amenaient sans cesse une assez grande affluence auprès de sa personne; Paris était considéré comme la principale ville de la monarchie, et cette réputation attirait dans ses murs un grand nombre d'étrangers. Des maîtres qui avaient quelque célébrité venaient y enseigner une jeunesse nombreuse, et, après Huboldus, on y avait vu tour à tour Gerbert, qui fut depuis pape sous le nom de Silvestre II [1], l'homme le plus remarquable de son siècle; Lambert, élève du fameux Fulbert de Chartres, le maître de tous les savants de cette époque; Drogon [2]; Manegold de Lutembach, dont les filles enseignaient la théologie aux femmes [3]; et le célèbre auteur de la secte des nominaux, Roscelin.

Ces professeurs avaient tous enseigné dans le cloître Notre-Dame, avec l'autorisation de l'évêque; car on avait cru nécessaire l'approbation de l'autorité ecclésiastique, pour se préserver des erreurs religieuses dont ce siècle avait offert quelques exemples [4]. Ce fut là l'origine du droit que s'arrogea le clergé sur les études, droit que l'Université supporta toujours impatiemment, et qu'elle s'efforça de restreindre par la suite dans de justes limites.

A côté de cette école publique, qui tint toujours le premier rang, s'en élevaient deux autres depuis longtemps existantes, mais qui n'étaient ouvertes que depuis peu à la jeunesse séculière : c'étaient les écoles de Sainte-Geneviève et de Saint-Victor, qu'illustrèrent bientôt les débats d'Abailard et de Guillaume de Champaux.

[1] GRANCOLAS, *Hist. de la Ville, de l'Église et de l'Université de Paris*, I, 280.
[2] *Histoire Littéraire de la France*, VII, 104.
[3] *Histoire Littéraire de la France*, VII, 32.
[4] *Histoire Littéraire de la France*, VII, 9.

On enseignait dans ces diverses écoles la totalité des sciences qu'on divisait en deux sections, appelées trivium et quadrivium : la première comprenait la grammaire, la dialectique et la rhétorique ; la seconde renfermait l'arithmétique, l'astronomie, la géométrie et la musique. La réunion dans un même individu de la connaissance du trivium et du quadrivium constituait le savoir le plus étendu, c'était là un des titres d'Abailard.

Mais l'étude qu'on cultivait le plus alors, et vers laquelle se portait davantage le goût du siècle, était celle de la dialectique, à laquelle se réduisait la philosophie. Bérenger, l'auteur de la secte des sacramentaires, dont les opinions furent condamnées en 1050 par le concile de Paris [1], où, dit-on, il enseigna, l'avait accréditée. On suivait pour guides les écrits d'Averroës et l'ouvrage des *Dix catégories*, attribué à Saint-Augustin, mais ils furent bientôt supplantés par l'aristotélisme, introduit en France par Jean-Scot ; et, pendant des siècles entiers, les principes du philosophe grec régnèrent despotiquement dans les écoles. Cet amour de la dialectique fit négliger l'étude de la vraie philosophie, corrompit ce sentiment du beau dans le style que les Romains avaient porté jusqu'à la perfection, et introduisit ce goût de disputes et d'argumentations qui sembla si long-temps être le partage des savants, et qui s'exerçait sur les objets

---

[1] Grancolas, *Histoire de la Ville, de l'Église et de l'Université de Paris*, I, 304.—Voltaire, *Essai sur les Mœurs*, ch. 45.

les plus futiles [1]. On examinait, par exemple, les questions de savoir : si le porc qu'on mène au marché pour le vendre était tenu par l'homme ou par la corde, et on en était venu au point d'être obligé de se servir dans les argumentations de pois ou de fèves, pour savoir si le nombre des négations l'emportait sur celui des affirmations [2]. Ce besoin d'analyser, de disputer, s'introduisit bientôt dans les études sacrées, et donna naissance à la théologie scolastique, dont le principal caractère fut d'appeler le raisonnement dans les matières de foi, et fut la cause de ces erreurs religieuses qui couvrirent par la suite la France de bûchers et d'échafauds.

Quelque vicieux que fût ce genre d'enseignement, il habituait cependant l'esprit à une sorte d'indépendance, et lui donnait une idée de sa capacité. Malheureusement les moines seuls en profitaient; ils s'essayaient à tous les genres de connaissance, et, dans ce siècle où les papes ne leur avaient pas encore interdit l'exercice de la médecine, ils étaient les seuls qui la cultivassent [3]. Aussi fit-elle à cette époque quelques progrès : on vit ouvrir alors sous la protection des Normands, qui avaient conquis la Pouille, l'école de Salerne; et, malgré la répugnance qu'inspirait l'islamisme, tous les médecins qui voulaient se perfectionner dans leur art, suivaient l'exemple que leur

---

[1] *Histoire Littéraire de la France*, VII, 132.
[2] BULLEUS, *Historia Universitatis*, I, 512. — DULAURE, *Histoire de Paris*, II, 246.
[3] *Histoire Littéraire de la France*, VII, 134.

avait donné le pape Sylvestre II, et fréquentaient en
Espagne les Universités arabes, illustrées par Avicenne
et par Averroës [1]. Les moines s'appliquaient aussi en
même temps à leur occupation favorite de copier des
manuscrits; mais leurs travaux, qui auraient pu être
d'une grande utilité, en répandant la connaissance
des bons ouvrages, ne produisirent pas le bien qu'on
aurait pu en attendre, à cause de leur excessive cherté,
qui permettait aux seuls grands seigneurs de les acquérir, et nous voyons à cette époque un recueil
d'homélies vendu à une comtesse d'Anjou, moyennant
200 brebis, un muid de froment, un muid de seigle,
un muid de millet et 50 peaux de martres [2].

Tous ces travaux, toutes ces connaissances, qui
étaient alors l'apanage exclusif du clergé, reçurent
de grands encouragements des changements qui s'é-
taient introduits dans la réforme de l'Église et dans
sa situation politique. Trois papes qui se succédèrent
sur la chaire de Saint-Pierre, Léon IX, Grégoire VII
et Urbain II s'occupèrent avec ardeur de ramener
les prêtres à l'austérité primitive de la vie monacale,
et s'efforcèrent de concentrer chez eux les lumières,
dans le but d'assurer la suprématie de la puissance
spirituelle. Ils y réussirent, et le fameux Hildebrand,
dans sa lutte avec l'empereur Henri IV, consolida les
fondements du pouvoir de la tiare et de l'influence
que le clergé devait si long-temps exercer. L'Alle-

---

[1] SIMONDE DE SISMONDI, *Histoire des Français*, IV, 488.
[2] *Histoire Littéraire de la France*, VII, 3.

magne avait vu le pontife de Rome s'arroger, au nom
du ciel, le droit de donner et d'enlever les couron-
nes; la France eut bientôt un semblable spectacle :
depuis quarante ans qu'il était sur le trône, son faible monarque ne s'occupait que de ses plaisirs; il
était en lutte avec la cour de Rome qui l'avait frappé
d'anathème pour avoir épousé la femme du comte
d'Anjou, et l'avait déclaré indigne du trône [1]. Usé par
l'intempérance et les débauches, courbé sous le poids
des excommunications dont il n'avait pas le courage
de s'affranchir, l'indolent Philippe Ier avait cru obéir
à la sentence pontificale qui le privait de sa couronne, en associant à un pouvoir qui lui pesait, son
fils Louis, que son activité et sa valeur avaient fait
surnommer l'Éveillé [2] avant que son embonpoint lui
ait acquis le surnom de Gros.

A l'avénement au trône du jeune monarque (1108),
l'état moral de la France présentait le spectacle le
plus affligeant. La féodalité, qui avait partagé le
royaume en autant de principautés indépendantes
qu'il y avait de comtes, de ducs et de barons, avait
en quelque sorte isolé la nation de son roi. Celui-ci,
dont le nom était souvent invoqué, n'exerçait néanmoins de pouvoir que celui que ses armes pouvaient
lui conquérir; et comme ses moyens étaient bornés,
son influence se trouvait très-restreinte. Il semble
que sous le règne d'un roi, dont l'autorité se faisait

[1] SIMONDE DE SISMONDI, *Histoire des Français*, IV, 535.
[2] SIMONDE DE SISMONDI, *Histoire des Français*, V, 6.

à peine sentir aux portes de sa capitale, et dont les forces étaient presque insuffisantes pour réduire les châteaux de Mont-Lhéri et du Puiset, les études publiques et la civilisation devaient rester ensevelies dans le sommeil où elles étaient plongées depuis Charlemagne.

Cependant cette époque est celle de leur renaissance; et, comme l'a observé un profond historien [1], jamais la France n'avait fait de progrès si réels que pendant les quarante-huit années du règne de Philippe. Le système féodal, dont ce prince était incapable d'arrêter les progrès, avait hérissé l'Europe de forteresses et de châteaux; l'harmonie souvent troublée entre leurs belliqueux possesseurs amenait des guerres fréquentes, dont le résultat était le pillage et la dévastation des campagnes. Ce n'était que dans l'enceinte des villes qu'on pouvait trouver un asyle contre leurs fureurs; elles devinrent plus peuplées, plus riches, plus industrieuses. Le besoin de se défendre, de se protéger mutuellement, avait réuni les citoyens; la nécessité de se soustraire à leurs anciens tyrans, et de se mettre à l'abri derrière un nom imposant, les rapprocha de l'autorité royale. Ils s'adressèrent au prince pour lui demander la conservation de leurs priviléges; et sous la dénomination de *Communes*, ils se rallièrent autour d'un trône qui leur avait accordé sa protection.

A l'ombre de cette liberté naissante, ils purent se

---

[1] SIMONDE DE SISMONDI, *Histoire des Français*, V, 62.

livrer avec plus de sécurité aux arts et aux sciences;
le désir de s'instruire se propagea plus rapidement
dans toutes les classes de la bourgeoisie; et les premiers pas que les chartes de Louis-le-Gros firent faire
à la liberté, furent aussi les premiers vers la civilisation.

Les progrès, il est vrai, furent lents; la vie active
de Louis, écoulée presque tout entière dans sa lutte
contre ses puissants vassaux, entrava, par le défaut
d'appui, la marche des lumières; mais alors même
l'esprit ne restait pas stationnaire, et le zèle pour les
études se réveillait d'instants en instants, excité par la
gloire et les honneurs dont la science comblait ses
favoris. A cette époque, en effet, les nobles n'affec-
taient que du mépris pour elle; élevés entre leur
épée et leurs chevaux, ils ne savaient qu'opprimer et
combattre. Leur grossière ignorance fut une des
causes les plus efficaces du progrès des lumières; les
études se concentrèrent presque uniquement dans la
théologie vers laquelle l'influence toujours croissante
du clergé les dirigeait, et les plus hautes dignités de
l'Église devinrent le partage de ceux qui se distinguèrent par leur savoir. Une semblable perspective
était faite pour exciter l'émulation de tous les hommes d'une naissance obscure, et de fréquents exemples venaient sans cesse la soutenir : aussi vit-on
alors se manifester pour les études une ardeur dont
les siècles précédents n'avaient pas donné d'exemples [1].

[1] SIMONDE DE SISMONDI, *Histoire des Français*, V, 67.

Tel était au commencement du douzième siècle l'état moral de la France, et cette disposition générale des esprits ne tarda pas à produire des résultats. Les écoles de Paris, dont la réputation avait jusqu'alors été surpassée par celles qui s'étaient établies dans les autres grandes villes du royaume, reçurent, à partir de cette époque, un mouvement de progression qui ne devait plus qu'augmenter. Les guerres fréquentes de Louis-le-Gros, et ses nombreux succès contre les grands seigneurs de la France avaient relevé aux yeux des peuples la dignité royale avilie par la lâcheté des premiers Capetiens : son autorité s'était affermie, et on commençait à le regarder comme supérieur en droits et en puissance à tous les princes qui l'entouraient. Quelques symptômes de concentration de pouvoir s'étaient déja propagés dans la nation, et bientôt l'habitude de rapporter tout au roi contribua principalement à la splendeur de sa capitale, qu'on commença dès lors à considérer comme la capitale de la France. C'est sur-tout à ce changement dans les idées, qui tendait à faire de Paris le point central de la monarchie, qu'est due la renommée de ses écoles, renommée que les talents de quelques hommes célèbres qui vinrent y enseigner dans le douzième siècle ne tardèrent pas à augmenter [1].

Le premier qui se présente à nos yeux est Guillaume de Champaux, élève de Manégold : il profes-

[1] DULAURE, *Histoire de Paris*, II, 243.

sait avec le plus grand éclat, lorsque parut un homme dont les talents et les malheurs ont rendu le nom universel, c'était Abailard ; né à Palais près Nantes en 1079, il était déja célèbre dans la Bretagne, lorsqu'il vint à Paris pour suivre les leçons de Guillaume. Ses talents, son inconcevable mémoire, la force de sa logique, la supériorité de sa raison, n'en faisaient pas un élève ordinaire, et bientôt il devint le rival de son maître. Forcé de quitter une ville où Guillaume dominait, Melun, Corbeil furent les théâtres de sa gloire. L'étendue de ses connaissances, la hauteur de son génie commandaient l'admiration, et attachaient à ses pas des milliers d'écoliers qui, de toutes les parties de la France, accouraient pour entendre sa parole : leur affluence était telle qu'aucune salle ne pouvait les contenir, et qu'il donnait presque toujours ses leçons en plein air. On assure même que leur nombre surpassa quelquefois dans Paris celui des habitants [1].

Éclipsé par celui qu'il avait vu son auditeur, Guillaume de Champaux abandonna l'école du Cloître, où il avait jusqu'alors enseigné, pour se retirer dans l'abbaye de Saint-Victor ; mais bientôt il y reprit ses leçons, et une concurrence redoutable s'établit entre lui et Abailard, que sa retraite avait ramené à Paris, et qui enseignait sur le mont Sainte-Geneviève [2]. De nouveaux succès remportés par ce dernier contre son

[1] *Histoire Littéraire de la France*, IX, 78.
[2] PASQUIER, *Recherches de la France*, liv. VI, chap. 17.

ancien maître, dans la querelle sur les universaux, ramenèrent de nouveaux débats qui ne se terminèrent que par la nomination de Guillaume de Champaux à l'évêché de Châlons en 1113.

Désormais sans rivaux, Abailard était considéré comme le plus grand homme de son siècle, comme le maître par excellence : la gloire et la fortune le comblaient de leurs dons, lorsque l'amour vint renverser tout son bonheur. Époux heureux d'Héloïse, une horrible mutilation le sépara à jamais de celle à qui il avait consacré sa vie : désespéré, il se fit religieux à Saint-Denis, et Héloïse prit le voile à Argenteuil en 1117. Mais là ne se borna pas sa carrière. Arraché en quelque sorte de sa retraite par ses nombreux admirateurs, il continua d'enseigner, soit au Paraclet où il s'était d'abord retiré, soit à Paris même qu'il ne quitta qu'en 1136, par suite des traverses que lui suscitèrent les adversaires de sa doctrine et de son génie.

Après avoir étonné son siècle par l'immensité de ses connaissances, Abailard, le savant le plus universel, et le plus profond penseur qu'eût produit l'Europe, tourmenté par les intrigues de ses ennemis, accablé par la réputation de saint Bernard, déja considéré comme un saint, et avec lequel il différait sur quelques points de doctrine, condamné par le concile de Sens, mourut en 1142 à l'abbaye de Cluni, où Pierre-le-Vénérable lui avait offert un asyle. Sa célébrité, ses travaux, son vaste savoir n'auraient pas sauvé son nom de l'oubli, parce que,

I. 4

dirigés par l'esprit de son siècle, ils sont demeurés
sans résultats, et n'ont fait faire aucun progrès à
l'humanité : mais son souvenir, protégé par la pitié
qui s'attache toujours à une grande catastrophe, par
l'intérêt qu'inspirent et la tendresse et la constance
d'Héloïse, s'est conservé chez tous les êtres sensi-
bles comme le type du véritable amour.

A ce maître fameux succédèrent, dans les diverses
écoles du mont Sainte-Geneviève, de Saint-Victor et
du Cloître, qu'on nommait par excellence *Schola
Parisiensis* [1] : Albéric, élevé depuis à l'archevêché
de Bourges ; Robert de Melun, ensuite évêque d'Hé-
reford en Angleterre ; Gilbert de la Porée ; Joscelin ;
Adam du Petit Pont ; le cardinal Yves de Saint-Victor ; et Gauthier de Mortagne, non moins distingué
alors par ses connaissances en théologie qu'en littérature, et qui nous a laissé sur la vie d'Alexandre
un poëme dont on a retenu ce vers :

Decidit in Scyllam, cupiens vitare Charybdim [2].

La réputation de ces maîtres ne restait pas ren-
fermée dans les murs de la ville, elle s'étendait au
contraire dans toute l'Europe chrétienne ; et pour la
solution des questions les plus graves, on invoquait
toujours leurs lumières. C'est à elles que Guillaume
de Champaux et Joscelin durent d'être appelés en

[1] GRANCOLAS, *Histoire de l'Église, de la Ville et de l'Université de Paris*, I, 345.

[2] PASQUIER, *Recherches de la France*, liv. III, chap. 29.

1107 par le pape Pascal II au concile de Troyes, où devait se décider la grande querelle entre le Saint-Siége et l'empereur Henri V au sujet des investitures [1]. Le respect qu'on portait à leurs décisions, les honneurs qui étaient toujours la récompense de leurs travaux, avaient acquis à leurs écoles une immense réputation : elles étaient devenues en quelque sorte la pépinière d'où sortaient tous les prélats ; et le seul Abailard pouvait compter parmi ses anciens auditeurs vingt cardinaux et plus de cinquante évêques. On leur envoyait des écoliers de tous les royaumes chrétiens, et dès l'année 1147, les Danois avaient fondé sur la montagne Sainte-Geneviève une maison ou collége destiné à loger leurs compatriotes étudiants [2]. Aussi Paris, désigné alors par les savants sous le nom hébreu de *Cariath Sepher*, ville des lettres, s'enorgueillissait-il d'avoir possédé comme élèves les papes Célestin II, Adrien IV, Innocent III, l'anti-pape Pierre de Léon, et le célèbre archevêque de Cantorbéry, Thomas Becquet [3]. Enfin le titre de maître, acquis dans ses écoles, était devenu tellement honorable qu'il précédait toujours, même chez les hommes élevés en dignité, ceux qu'ils pouvaient avoir obtenus par la suite [4].

---

[1] BULLEUS, *Historia Universitatis*, II, 18.

[2] DULAURE, *Histoire de Paris*, II, 79.

[3] *Histoire Littéraire de la France*, IX, 75. — BULLEUS, *Historia Universitatis*, II, 775.

[4] *Histoire Littéraire de la France*, IX, 83. — BULLEUS, *Historia Universitatis*, II, 367.

La considération dont étaient entourés ceux qui se livraient à l'étude, était la conséquence de l'esprit religieux du siècle; l'enseignement consistait presque entièrement dans la science sacrée; les démêlés, les querelles qui s'élevaient entre divers maîtres sur des points contestés, fixaient alors les regards de tous les peuples, parce qu'on faisait considérer la religion comme se trouvant intéressée à des disputes de mots que nous aurions aujourd'hui bien de la peine à comprendre, et qui roulaient souvent sur les distinctions les plus subtiles. Telle fut la cause de la célébrité des querelles entre saint Bernard et Abailard, entre saint Bernard et Gilbert de la Porée. Celui-ci, après avoir long-temps enseigné à Paris, avait été nommé à l'évêché de Poitiers en 1141, lorsqu'une distinction entre l'essence divine et la personne de Dieu excita contre lui le zèle de l'abbé de Clairvaux. Après une violente discussion, Gilbert succomba sous les efforts de son puissant adversaire, et vit sa doctrine condamnée au concile de Rheims en 1148 par le pape Eugène III.

Ces luttes, fréquemment renouvelées, faisaient briller le talent des docteurs; l'Église reconnaissante ne tardait pas à récompenser leur zèle pour ses maximes, et les offrait ainsi en exemple à la vénération des peuples.

A côté de la théologie, s'élevait une science qui en était en quelque sorte le complément indispensable pour pouvoir acquérir, dans les disputes religieuses, une supériorité qui puisse devenir utile: cette science, c'était la philosophie scolastique; et son union avec la théologie paraissait tellement nécessaire, que les maîtres les plus fameux les avaient simultanément enseignées [1]. Parmi eux, on remarquait Pierre Lombard, connu sous le nom de *maître des sentences*, qui fut élevé, en 1159, sur le siége de Paris, malgré la concurrence de Philippe de France, frère de Louis-le-Jeune, qui s'empressa de lui abandonner les suffrages [2]. Il professait dans les écoles du Cloître, et ses leçons y attirèrent tant d'élèves, que, sur les plaintes des chanoines de Notre-Dame, on fut obligé (1127) de les transporter sur le parvis [3]. Son livre des *Sentences* fut pendant long-temps classique dans les écoles, et sa réputation était telle, qu'il compta jusqu'à deux cent quarante-quatre commentateurs.

Ses opinions, cependant, ne restèrent pas sans contradicteurs. Pierre-le-Mangeur et Pierre-le-Chantre, qui le remplacèrent, combattirent, mais en vain, la méthode scolastique dont il s'était déclaré le champion. Leurs efforts pour bannir de la théologie les subtilités sophistiques qu'ils comparaient à des arêtes de poisson, propres seulement à piquer et non à nourrir, furent inutiles; le mauvais goût du siècle l'emporta.

Pierre-le-Mangeur, devenu chancelier de Notre-Dame, composa pour l'école une histoire sacrée, qu'il

---

[1] CRÉVIER, *Histoire de l'Université*, I, 221.

[2] PASQUIER, *Recherches de la France*, liv. IX, chap. 10.

[3] CRÉVIER, *Histoire de l'Université*, I, 271.

intitula *Histoire scolastique*. A sa mort, il fut en-
terré dans l'abbaye de Saint-Victor, et on nous a
conservé l'inscription assez remarquable qui fut mise
sur son tombeau :

> Vivus docui, nec cesso docere
> Mortuus, ut dicat qui me videt incineratum :
> Quod sumus, iste fuit; erimus quandoque quod hic est [1].

A Pierre Lombard avait succédé, dans l'évêché de
Paris, un homme qui devait encore son élévation à la
réputation qu'il avait acquise comme professeur de
philosophie et de théologie : c'était Maurice de Sully,
par les soins duquel fut commencée, en 1163, l'église
de Notre-Dame.

La jeunesse, il est vrai, ne s'occupait que de ces
deux sciences; l'étude des langues était négligée; on
savait à peine le latin; et à cette époque, où les croisades auraient dû nous donner quelque teinture du
grec et des langues de l'Asie, Héloïse et Abailard sont
presque les seuls qu'on peut citer comme en ayant eu
connaissance. Les lettres cependant s'efforçaient de
sortir de la barbarie où elles étaient plongées; l'idiome
national prenait une forme plus régulière; les nombreux
élèves de l'école de Paris lui avaient fait faire quelques
progrès; et dès lors nous commençâmes à avoir des chroniques écrites en français : aussi nous reste-t-il, de quelques écrivains de ce siècle, Hildeberd de Lavardin et

---

[1] CRÉVIER, *Histoire de l'Université*, I, 210.

Jean de Salisbury, des morceaux de littérature qui font pressentir la révolution qui plus tard s'opéra. Le style de ce dernier écrivain vaut mieux que ses maximes ; car dans un de ses ouvrages, le *Policraticus*, il enseigne (livre III), qu'il est non seulement permis de flatter un tyran, mais même qu'il est juste de le tuer ; et plus loin (livre IV), il soutient que les deux glaives appartiennent à l'Église, dont les rois ne sont que les délégués [1].

Quant à la jurisprudence, comme son étude se bornait alors au droit canon, elle s'était confondue avec la théologie. Des rapports étroits lient en effet ces deux sciences, dont l'une renferme la doctrine de l'Église, tandis que l'autre contient sa discipline ; mais à cette époque le droit canon se sépara de la théologie, et devint une science à part, qui eut ses écoles et ses professeurs. Un moine de Saint-Félix à Bologne, nommé Gratien, fut l'auteur de ce changement. Il avait réuni en un corps d'ouvrage tous les canons des conciles, les décrétales des papes, les décisions des Pères ; il les avait distribués par ordre de matières, et avait donné à sa compilation le titre de *Concorde des canons discordants* [2]. Ce recueil, fait sur le modèle de celui que Yves de Chartres avait déja publié, obtint le plus grand succès. Les papes accueillirent

---

[1] CRÉVIER, *Histoire de l'Université*, I, 235.

[2] DUVERNET, *Histoire de la Sorbonne*, I, 16. — PASQUIER, *Recherches de la France.*, liv. IX, ch. 11.

avec empressement un ouvrage qu'on pouvait regarder comme le code de l'Église; et, en 1151, il reçut la sanction d'Eugène III, qui lui donna force de loi devant les tribunaux ecclésiastiques, et le prescrivit pour l'enseignement dans les écoles.

Bologne alors s'était déja rendue célèbre par l'enseignement des *Institutes de Justinien*, récemment découvertes au siége d'Amalfi : elle s'empressa d'adopter, pour le droit canonique, le décret de Gratien; de là il se répandit en France et par toute l'Europe. Girard, surnommé *la Pucelle*, qui le premier l'enseigna à Paris en 1160, s'y acquit une immense réputation, et fut plus tard, en 1183, promu à l'évêché de Coventry en Angleterre; après lui, parurent Anselme, évêque de Meaux; Mathieu d'Angers, depuis cardinal, et Étienne de Paris.

L'étude du droit canonique fut pendant long-temps la seule suivie à Paris. La découverte des *Pandectes*, en donnant à l'Europe les notions du droit des gens et du droit civil jusqu'alors méconnus, avait tourné vers cette science les regards des savants : on se livrait avec ardeur à l'étude d'un droit qui relevait à leurs propres yeux, en les plaçant tous sur une ligne égale, les hommes que la législation féodale avait dégradés. Déja plusieurs villes s'étaient acquis, par les talents de leurs jurisconsultes, une réputation méritée, lorsque les papes craignirent pour la théologie une rivalité nouvelle. Alexandre III, sur les plaintes de saint Bernard, défendit aux moines d'étu-

dier le droit et la médecine; et les conciles de Rheims,
en 1131, et de Tours, en 1163[1], allant plus loin
encore, frappèrent d'excommunication quiconque
d'entre eux oserait les professer[2]. Dans un but politique, et afin peut-être de se soustraire à l'influence
qu'exerçait le clergé, nos rois prononcèrent la même
prohibition; et une ordonnance de Philippe-le-Bel
défend aux clercs de siéger dans les tribunaux, et
même d'exercer les fonctions de procureur ou d'avocat[3]. Après Alexandre, Honorius III, redoutant
que le droit civil ne portât atteinte à la splendeur de
la plus célèbre école de théologie de la chrétienté, défendit, par une bulle de l'an 1220, de l'enseigner à
Paris[4]. Cette défense absurde, et préjudiciable aux
progrès de la raison, subsista pourtant jusqu'au dix-
septième siècle, et il fallut l'autorité de Louis XIV
pour établir une chaire de droit civil dans la faculté
de droit de l'Université de Paris.

---

[1] *Histoire Littéraire de la France*, VII, 152.

[2] Statuimus ut nulli omnino post votum religionis, et post
factam in aliquo loco professionem, ad physicam legesve munda-
nas legendas permittatur exire : si vero exierint, et ad claustrum
suum, intra duorum mensium spatium non redierint, sicut ex-
communicati ab omnibus evitentur. LABBEI, *Acta Concil.*, x,
1419.— SIMONDE DE SISMONDI, *Histoire des Français*, V, 447.

[3] *Ordonnances du Louvre*, I, 316.

[4] Et qui contra fecerint, non solum ad causarum patrocinium
excludatur, verum etiam per episcopum excommunicationis vin-
culo innodetur. Decret., HONORII. — PASQUIER, *Recherches de la
France*, liv. IX, ch. 35. — DULAURE, *Histoire de Paris*, IX, 139.

La médecine, qu'on nommait alors physique, fut plus tardive à s'établir parmi nous; déja Montpellier et Salerne étaient connues dans le monde entier, que Paris n'avait pas encore d'école. Il possédait cependant des médecins célèbres; et les noms de Robert, d'Obizon, de Rigord, médecin et historien de Philippe-Auguste, nous sont parvenus; mais, à part quelques exceptions, les gens qui se mêlaient d'exercer l'art de guérir, par leur ignorance et leur avidité, avaient encouru les reproches dont on poursuivait leur profession long-temps encore après. Les poètes lançaient contre eux leurs traits satiriques, et Jehan de Mehung, dans son roman de *la Rose*, disait :

> Advocats et physiciens
> Sont tous liés de tels liens
> Tels pour déniers sciences vendent,
> Et tous à cette hard se pendent,
> Tant ont le gain et doux et sade
> Qu'ils voudraient bien pour un malade,
> Qu'il y en eût plus de cinquante.

CHAPITRE II.

Louis VII. — Réunion en corps des maîtres de l'école de Paris. — Formation des nations. — Célestin III soustrait les clercs à la justice civile. — Philippe-Auguste. — Protection qu'il accorde aux écoles. — Il les place sous la surveillance du prévôt de Paris. — Diplomes de l'an 1200. — Premiers statuts de l'Université. — Hérésie des Albigeois. — Splendeur des écoles. — Portrait des écoliers. — Blanche de Castille, mère de saint Louis, et le cardinal Saint-Ange. — Querelle entre les écoliers et les habitants de Saint-Marceau. — Grégoire IX accorde à l'Université le droit de suspendre ses leçons. — Conservateurs apostoliques. — Université de Toulouse. — Démêlés entre l'Université et les religieux mendiants. — Guillaume de Saint-Amour. — Existence des Facultés.

Le long règne de Louis VII avait été employé à continuer et à affermir le grand œuvre de la régénération du trône, si heureusement commencé par son père. Quoique ne possédant aucune des qualités qui font un grand roi, quoique ayant sans cesse à lutter contre un adversaire incontestablement plus habile que lui, Henri II, roi d'Angleterre, Louis-le-Jeune cependant avait su maintenir la dignité du trône vivement me-

nacée par son rival : il avait été secondé, il est vrai,
par un redoutable auxiliaire, la puissance ecclésiastique. L'indépendance du caractère de Henri, sa fierté
qui ne lui permettait pas de se courber sous le joug
des prêtres, ses longs démêlés avec la cour de Rome,
l'issue tragique de sa querelle avec l'archevêque de
Cantorbéry, Thomas Becquet, avaient soulevé contre
lui les passions du clergé : Louis, au contraire, s'en était
en tous temps déclaré le protecteur ; c'était dans ses
États que les papes, menacés par les armes impériales,
venaient chercher un asyle ; c'était lui qui le premier,
cédant à la voix de saint Bernard, avait saisi l'oriflamme
pour marcher à la défense de la Terre-Sainte. Cette
conduite devait lui mériter la reconnaissance de l'É-
glise, et cette reconnaissance devait avoir d'importants
résultats. Les papes en effet, obligés de lutter en Italie,
et jusque dans Rome même, contre les partisans des
empereurs et de la liberté, s'étaient accoutumés à
regarder la France comme étant plus spécialement
leur patrimoine spirituel ; c'était dans son sein, dans
les chaires de ses écoles, qu'ils allaient chercher,
pour gouverner toutes les églises, des hommes qui
leur fussent entièrement dévoués ; de là cette vive
émulation qui se manifestait pour les études ; de là la
splendeur des écoles françaises ; de là l'importance
qu'acquiert, à partir de ce siècle, l'histoire littéraire, que nous verrons se mêler aux événements politiques, et y exercer une immense influence.

C'est à dater du douzième siècle que le sujet que
nous traitons va acquérir une unité qui lui avait

manqué jusqu'ici, parce que c'est à cette époque que
les diverses branches des connaissances humaines
cherchèrent à se réunir; que la liaison qui doit exister entre elles commença à être comprise par les savants, et qu'ils sentirent que la corrélation intime de
toutes les sciences devait aussi s'étendre sur les maîtres qui les enseignaient; soit afin qu'en formant un
corps leurs lumières réunies pussent être plus utiles
à l'humanité, soit afin qu'ils pussent plus facilement
se prêter un appui tutélaire contre les efforts de la
barbarie. Toujours est-il que c'est pendant cette période qu'ils formèrent une compagnie (*universitas*)
qui bientôt eut une organisation, un chef, des réglements, et que nos rois se plurent à environner de
leurs faveurs.

Ce changement ne fut pas, et ne pouvait pas être
la conséquence d'une déclaration positive; il fut nécessité par la force des choses et en quelque sorte le
résultat d'un sentiment instinctif. L'immense concours d'écoliers que, depuis long-temps, Paris voyait
arriver dans ses murs, exigeait, dans l'intérêt même
de l'ordre public, l'établissement d'une discipline spéciale à laquelle ils pussent être astreints; l'action des
maîtres sur des auditeurs la plupart avancés en âge,
et que l'indépendance de leur conduite devait rendre
moins faciles à diriger, était nulle tant qu'elle restait isolée; pour qu'elle eût quelque force, il devenait
nécessaire qu'il y eût entre eux unité de conduite, et
cette unité ne pouvait être obtenue que par leur réunion en société : c'est ce qui eut lieu, et déja cet état

de choses existait vers le milieu du douzième siècle,
car Mathieu Pâris rapporte que Jean de la Celle, élu
en 1195 abbé de Saint-Alban, avait fait ses études à
Paris et avait été associé au corps des maîtres, *ad
electorum consortium magistrorum* [1].

A l'exemple des maîtres, et peut-être même avant
eux, les écoliers s'étaient également réunis, et avaient
établi entre eux des distinctions de patrie, destinées
à rallier tous les individus appartenant au même territoire, et à leur offrir par là une protection et des
secours souvent nécessaires à des hommes que le besoin de s'instruire avait éloignés de leur famille et de
leur pays. Cette division, qui, par son utilité, ne
tarda à comprendre les maîtres eux-mêmes dans son
sein, partagea l'Université, c'est-à-dire, tout ce qui
tenait aux écoles, maîtres ou écoliers, en quatre nations ou provinces, connues sous les noms de France,
d'Angleterre, de Normandie et de Picardie; cette division, qui subsista jusqu'à nos jours, dut, en raison de son utilité, prendre naissance dès les premiers
moments de la célébrité des écoles parisiennes; et elle
était déja formée en 1169, puisqu'on prétend que
Henri II, roi d'Angleterre, offrit, dans sa querelle
avec Becquet de Cantorbéry, de prendre pour arbitres
les suppôts des diverses provinces de l'école de Paris [2].

---

[1] BULLEUS, *Historia Universitatis*, II, 367.—*Histoire Littéraire de la France*, XVI, 45.

[2] BULLEUS, *Historia Universitatis*, II, 365.—CRÉVIER, *Histoire de l'Université*, I, 254.

Une compagnie ainsi divisée ne pouvait pas subsister sans chef, et il est probable que sa création date de la même époque; mais cette époque est incertaine. Au milieu de l'obscurité qui environne les premiers temps de la formation en corps de l'Université, nous ne pouvons pas former des conjectures; cependant il est certain qu'il existait à la fin du douzième siècle; car une ordonnance de Philippe-Auguste, de l'an 1200, en fait mention.

Dès le moment qu'il y eut un corps de maîtres, avec un chef et une organisation, il dut nécessairement aussi s'opérer un changement dans la faculté d'enseigner. Pendant long-temps cette faculté n'avait été gênée par aucune entrave : quiconque en avait le désir pouvait fonder une école; le talent faisait le maître, et ne tardait pas à attirer des écoliers; plus tard il n'en fut plus ainsi. La liberté primitive pouvait faire usurper à beaucoup d'individus qui ne possédaient d'autre capacité que leur présomption, un titre que l'ignorance aurait pu discréditer : dès lors, pour pouvoir enseigner, il devint nécessaire d'avoir obtenu ce qu'on appela la *Licence*. Elle était accordée par le maître des écoles, c'était le nom qu'on donnait au chancelier des Églises sur le territoire duquel on voulait enseigner, et qui, comme on l'a vu, s'était arrogé le droit de conférer une sorte d'investiture. Deux chanceliers, celui de Notre-Dame et de Sainte-Geneviève, possédaient seuls à Paris ce pouvoir, auquel on avait eu soin de mettre des bornes. Ils ne pouvaient refuser cette licence à aucun de ceux qui en étaient capables, et qui avaient rempli les formalités exigées, c'est-à-dire qui avaient été reçus *Bacheliers*. Ce grade, qui était l'intermédiaire entre la qualité de maître et celle d'écolier, était ainsi nommé de la couronne de laurier, que le candidat était censé recevoir, et du mot *bacca*, parce que cette réception était toujours accompagnée d'un repas [1]. Cette licence n'était alors, à proprement parler, qu'une cérémonie, et son obtention était purement gratuite. Deux conciles, celui de Londres en 1138, celui de Latran en 1179, et une décrétale d'Alexandre III l'avaient formellement ordonnée [2]; mais cet état de choses ne subsista pas long-temps, et dès le douzième siècle, Pierre-le-Mangeur avait obtenu du même pape la permission d'exiger un droit modique pour la concession de la Licence. Cette faveur, qui devait être personnelle, eut le sort de tous les abus; elle ne tarda pas à devenir un principe.

Dans le temps même où l'intérêt privé s'efforçait d'exploiter à son avantage ce désir ardent qu'on avait de s'instruire, les écoliers étaient partout l'objet d'une sollicitude universelle : des hommes puissants s'empressaient de seconder le goût pour les études, en établissant des colléges destinés seulement à servir d'asyle aux écoliers indigents. Robert de Dreux, fils de Louis-le-Gros, avait donné l'exemple

---

[1] GRANCOLAS, *Histoire de la Ville, de l'Évêché et de l'Université de Paris*, I, 155.

[2] *Histoire Littéraire de la France*, IX, 27.

en fondant en 1187 le collége de Saint-Thomas-du-Louvre, alors appelé hôpital des pauvres clercs [1] ; cet exemple fut suivi ; et les colléges de Constantinople, fondé sur la place Maubert en 1206 ; des Bons-Enfants Saint-Honoré en 1209, dont les écoliers furent obligés d'aller demander l'aumône, jusqu'à ce que les bienfaits de Jacques Cœur les eussent arrachés à la misère [2] ; et de Saint-Nicolas-du-Louvre en 1217, érigé en église par l'évêque de Paris, Du Bellai, en 1542, attestent le goût du siècle.

L'autorité civile les comblait également de ses faveurs. Déja une ordonnance fameuse (l'authentique *habita*), rendue par l'empereur Frédéric Barberousse en faveur de l'école de Bologne, avait environné les écoliers de la protection impériale, et dans les affaires contentieuses les avait soustraits à la juridiction ordinaire, pour les soumettre à celle de leurs maîtres ou de l'évêque de la ville [3]. Paris ne tarda pas à posséder le même avantage ; les papes, qui presque toujours se déclarèrent les protecteurs de ses écoles, se plurent à combler les écoliers de priviléges que les rois s'empressaient de confirmer. C'est ainsi qu'ils dispensèrent de la résidence tous les possesseurs de bénéfices, maîtres ou écoliers, qui étudiaient ou enseignaient à Paris (*iis qui in scholis militant*) [4]. C'est ainsi que de leur propre autorité ils les enle-

---

[1] DULAURE, *Histoire de Paris*, II, 292.
[2] *Hist. Littéraire*, IX, 81.—DULAURE, *Hist. de Paris*, II 345.
[3] BULLEUS, *Historia Universitatis*, II, 498.
[4] *Histoire Littéraire de la France*, IX, 9. XVI, 43.

I.   5

vèrent à la justice civile. Une décrétale de Célestin III, de 1194, statue positivement que, même
dans les affaires civiles, tous les clercs doivent être
jugés d'après le droit canon et par les juges ecclésiastiques du lieu où ils font leurs études [1]. Ces énormes priviléges, qui avaient principalement pour
but de n'apporter aucune interruption à leurs travaux, devinrent la source de tant d'abus, qu'en 1451
l'Université fut obligée d'ordonner qu'aucun de ses
membres ne pourrait assigner sa partie adverse sans
avoir au préalable donné connaissance de l'affaire à
la compagnie, afin qu'elle pût décider si l'on était ou
non dans le cas du privilége [2]. Dans la suite cette
distinction de justice, qu'ils devaient à leur qualité
de clerc, et qui, les plaçant dans une position spéciale, n'était propre qu'à arrêter l'action légitime des
lois, fut aussi effacée de nos codes, et les membres
de l'Université ne conservèrent plus que le pouvoir
d'évoquer toutes leurs affaires au Châtelet de Paris,
qui devint ainsi un tribunal qui leur fut propre.

Si nos rois s'empressèrent toujours de sanctionner
de leur autorité les priviléges que les papes accor-
daient à l'Université, ce fut moins peut-être par dé-

---

[1] Mandamus quatenus si quas causas pecuniarias clerici Parisiis commorantes habent contra aliquos, vel aliqui contra illos,
ipsas jure canonico decidatis.

Decret., GREG. IX, cap. Quod clerici; de For. comp.

[2] CRÉVIER, Histoire de l'Université, IV, 159.

férence pour les pontifes romains, que dans un but
d'utilité politique : telle est en effet l'intention qui paraît avoir présidé aux ordonnances de Philippe-Auguste, qui le premier fixa d'une manière stable les
priviléges universitaires. Ce prince, depuis qu'il régnait, avait élevé plus haut qu'aucun de ses prédécesseurs la splendeur du trône; malgré la malheureuse issue de la croisade, sa politique habile, ses
succès militaires à l'aide desquels il avait déja considérablement augmenté le patrimoine de ses pères,
avaient fixé sur lui les regards de l'Europe, qui le considérait comme le plus puissant des monarques chrétiens. Sa lutte avec l'Angleterre avait encore contribué à augmenter l'idée qu'on avait de sa puissance,
et cette puissance était véritablement devenue formi-
dable depuis la mort de son plus terrible adversaire,
Richard Cœur-de-Lion, tué en 1199 au siége de Cha-
luz-Chabrol. L'éclat de sa gloire, la renommée de
ses armes avaient porté son nom chez tous les peuples
connus, et ses travaux civils avaient en même temps
concouru à donner à la France une prospérité toujours croissante. Plus que jamais Paris était devenu le
rendez-vous des lettrés. Dès le commencement de son
règne, il s'était attaché à embellir une ville qu'il regardait comme la première de ses États. Une nouvelle enceinte plus forte, plus spacieuse, avait remplacé la première ; les rues nouvellement pavées
rendaient les communications désormais plus faciles :
tout cela, joint à la protection qu'il accordait aux

5.

études [1], avaient peuplé sa capitale d'une foule d'é-
trangers qu'il était important de conserver et de
protéger. Il avait senti que les parents confieraient
mal volontiers leurs enfants à un gouvernement qui
n'était pas le leur, s'ils devaient craindre que, pour
tous les écarts de jeunesse, ils fussent soumis à la
justice, ou des seigneurs des fiefs, ou des prévôts
des villes, dont on connaissait la vénalité, la partialité et la cruauté [2]. Déja il avait consenti implicitement que les écoliers ne fussent justiciables que des
tribunaux ecclésiastiques, lorsqu'une rixe, survenue
entre des bourgeois et des écoliers, vint donner plus
d'authenticité à leurs priviléges, et fournir au roi
l'occasion de les augmenter.

Dans l'année 1200, le valet d'un gentilhomme allemand, étudiant à Paris, et l'un des prétendants à l'é-
vêché de Liège, prit querelle dans un cabaret avec des
bourgeois : maltraité, il revint se plaindre à son maître,
qui, associant à sa vengeance tous les étudiants de sa
nation, se porta avec eux à la maison du cabaretier
qu'ils laissèrent presque mort sur la place. Accourus
au secours de leur concitoyen, les bourgeois du voisinage réclamèrent l'intervention du prévôt de Paris,

---

[1] In illis diebus studium litterarum florebat Parisiis, nec legi-
mus tantam aliquando fuisse scholarum frequentiam Athenis vel
Ægypti : quod fiebat propter libertatem et specialem prærogativam
defensionis, quam Philippus rex, et pater ejus ante ipsum, ipsis
scholaribus impendebant. RIGORD, *Vie de Philippe Auguste.* —
Histoire Littéraire, IX, 7.

[2] SIMONDE DE SISMONDI, *Histoire des Français*, VI, 195.

Thomas, chargé par les devoirs de sa charge de maintenir l'ordre dans la ville ; il prit la défense de ses administrés, et dans la mêlée cinq étudiants périrent ; les autres portèrent plainte au Roi : le prévôt et ses gens furent arrêtés, condamnés à une prison perpétuelle, avec interdiction des droits civils ; leurs maisons furent rasées, leurs arbres et leurs vignes arrachés. Le jugement fut exécuté, malgré l'intervention des écoliers qui pour toute peine demandaient seulement que les coupables fussent fustigés dans les écoles [1].

Philippe, non content d'avoir réparé le mal, voulut encore le prévenir ; et c'est à cette occasion qu'il accorda, d'une manière authentique, aux écoliers le privilége dont jouissait déja l'Église, d'être soustraits à la justice séculière dans les causes criminelles. Il enjoignit ensuite à tous les bourgeois de dénoncer, et même d'arrêter tous ceux qui frapperaient un écolier ; leur demeure fut déclarée inviolable par la justice civile ; le même privilége fut étendu jusque sur leurs serviteurs, et on priva ceux qui seraient accusés par eux, du droit de se défendre, ou par l'épreuve de l'eau, ou par le combat judiciaire [2] ; et, pour assurer l'exécution de cette fameuse ordonnance, il fut prescrit à tous les prévôts de jurer, lors de leur en-

---

[1] GRANCOLAS, *Histoire de la Ville, de l'Évéché et de l'Université*, I, 1. — DULAURE, *Histoire de Paris*, II, 425. — SIMONDE DE SISMONDI, *Histoire des Français*, VI, 197.

[2] *Ordonnances du Louvre*, I, 23. — DULAURE, *Histoire de Paris*, II, 346.

trée en charge, en présence de l'Université elle-
même, l'observation de ses priviléges. Long-temps
ces priviléges et cet usage subsistèrent; mais ils finirent par avoir le sort de toutes les institutions qui
ne sont pas fondées sur une justice réciproque, et
qui tendent à rompre l'égalité qui doit exister entre
tous les citoyens : ils tombèrent en désuétude, et en
1592 M. de Villeroi fut le dernier prévôt qui prêta
ce serment.

Cette ordonnance est le plus ancien titre que nous
possédions de l'existence de l'Université : c'est sur
elle que se sont appuyés tous les historiens de cette
compagnie célèbre pour rattacher au douzième siècle
la réunion en corps des maîtres des écoles parisiennes. En effet, la punition énorme infligée au premier
magistrat municipal pour avoir pris la défense de
ses administrés, indique l'importance qu'on attachait
aux écoles; et cette importance devait être en raison
de leur utilité et de la considération dont elles jouissaient. En outre, l'acte émané de Philippe-Auguste
fait mention du chef de l'étude pour le placer plus
spécialement encore sous la protection des priviléges
accordés; ces mots nous révèlent l'existence du recteur, car ce magistrat universitaire est le seul chef
que le corps ait jamais eu. Peut-être alors n'était-il
pas connu sous ce titre, peu importe; car toujours
est-il qu'il y avait un chef, et que ce chef ne pouvait
exister, sans qu'il y eût une compagnie à la tête de
laquelle il fût placé : au reste, le titre de recteur ne
tarda pas à devenir le titre du chef de l'Université. Cette

dignité qui, ainsi que l'indique son étymologie latine,
attribuait à celui qui en était revêtu la direction de
sa compagnie, conformément aux réglements adoptés, n'avait dans l'origine que six semaines de durée;
plus tard, en 1265, elle fut prolongée par le cardinal Simon de Brie jusqu'à trois mois; et vers le dix-
septième siècle, elle eut communément deux années
d'existence. Le recteur, qui ne pouvait être tiré que
du sein de la faculté des arts, était élu par les députés des Quatre-Nations, qu'on nommait intrants.
Cette élection se faisait à la chandelle *éteinte*, c'est-
à-dire dans l'intervalle de la durée d'une bougie; si
alors elle n'était pas terminée, on nommait de nouveaux électeurs. L'élection faite, on la célébrait par
une procession solennelle, et, pendant tout le temps
de sa magistrature, le recteur ne sortait jamais en
public sans être accompagné de sergents ou bedeaux
portant des masses d'argent, qui lui formaient comme
une espèce de garde [1].

Peu de temps s'était écoulé depuis l'obtention de
ces importants priviléges, lorsque l'Université, qui
déja avait un chef, sentit la nécessité de créer un
officier chargé d'agir pour elle dans toutes les affaires qui pourraient l'intéresser. Cet officier, dont
la nomination remonte, suivant Duboullai, à l'an
1203 [2], est le syndic; institué sous les auspices du

---

[1] PASQUIER, *Recherches de la France*, liv. IX, chap. 22. —
CRÉVIER, *Histoire de l'Université*, IV, 156.

[2] BULLEUS, *Historia Universitatis*, III, 23.

Saint-Siége auquel l'Université avait demandé son consentement [1], on ne tarda pas à s'apercevoir de l'utilité de son ministère. Non content du pouvoir étendu qu'il exerçait sur les écoles, le chancelier de l'Église de Paris, Jean de Candel, voulut en 1208 contraindre les maîtres à lui jurer obéissance et soumission ; s'appuyant en outre sur l'exemple de Pierre-le-Mangeur, il prétendait, malgré l'autorité des canons et des décrétales, exiger de l'argent pour la concession de la licence ; et, pour donner plus de force à ses prétentions, il excommunia les maîtres et les écoliers rebelles ; ceux-ci recoururent à la protection du pape qui maintint la franchise de leurs droits. Mais la tranquillité ne tarda pas à être encore troublée ; et, malgré la reconnaissance positive de ces mêmes droits, faite en 1215 par le cardinal Robert de Courçon, dans son statut universitaire, un nouveau chancelier, Philippe de Grêve, fit revivre les prétentions de son prédécesseur, les appuyant des mêmes moyens ; il fallut une seconde fois recourir au pape. Honorius III occupait alors le Saint-Siége, il prit hautement la défense des écoles ; dans une bulle très-sévère, il fit justice (1219) de l'*insolence*, c'est ainsi qu'il s'exprime, du chancelier, déclara nulles ses excommunications, confirma l'Université dans ses droits, et ordonna à son adversaire de venir à Rome rendre compte de sa conduite.

C'est au commencement de ce siècle, vers le temps

---

[1] CRÉVIER, *Histoire de l'Université*, I, 284.

de ces premiers débats que remontent les plus anciens statuts ou réglements intérieurs destinés à régir
la compagnie ; l'un est l'ouvrage de l'Université elle-
même ; l'autre d'un légat du pape. Rendu en 1210
sur la proposition de huit commissaires, le premier,
qui ne nous est pas parvenu, roulait sur la décence
de l'habillement, sur l'ordre des leçons et des thèses [1] : chaque maître devait jurer de l'observer. Le
second est l'ouvrage de l'Église ; car dans ce siècle
où les écoles étaient presque entièrement théologiques, l'Eglise seule avait le pouvoir de leur donner
des lois ; les princes ne se servaient de leur autorité
que pour augmenter ou confirmer leurs priviléges :
un légat du pape, Robert de Courçon, envoyé en
France pour prêcher la croisade, est l'auteur de ce
réglement rendu en 1215 ; il reproduit une partie
des dispositions contenues dans celui de 1210 ; mais
elles ne s'appliquent qu'à la théologie et aux arts
(le droit et la médecine ne recevant encore aucune
culture [2]). L'âge que doivent avoir les maîtres, afin
de pouvoir enseigner les diverses sciences, est fixé
pour les arts à vingt-un ans et six ans d'étude ;
pour la théologie à trente-cinq et huit ans d'étude [3] ;
les leçons étaient faites par les bacheliers, qui ne
pouvaient arriver à la Licence, et acquérir le titre
de maîtres, qu'après les avoir continuées pendant un

---

[1] Bulleus, *Historia Universitatis*, III, 52, 60.
[2] *Histoire Littéraire de la France*, XVI, 46.
[3] Pasquier, *Recherches de la France*, liv. III, chap. 29.

certain temps : la simplicité dans les habits est rigoureusement exigée, « que nul maître, porte le sta-
« tut, n'ait une chappe qui ne soit ronde, noire et
« tombant jusqu'au talon, du moins lorsqu'elle est
« neuve; » les souliers à la poulaine, dont les becs re-
courbés avaient quelquefois jusqu'à un quart d'aune
de long, étaient également défendus.

Priscien pour la grammaire, et Aristote pour la
philosophie, étaient alors les seuls guides que l'on
suivit; leurs ouvrages n'avaient pas peu contribué,
comme nous l'avons dit, à étendre l'empire de la
dialectique, et à donner aux esprits l'amour de ces
disputes scolastiques qui, en imprimant une fausse
direction à leurs travaux, les faisait tomber dans les
excès les plus ridicules et les plus déplorables. On
demandait, par exemple, si Jésus-Christ était nu ou
habillé dans l'Eucharistie; si dans la Gloire il était
assis ou debout [1], etc. etc., et Simon de Tournay,
professeur célèbre de théologie, après avoir expliqué
les mystères de notre religion, et les avoir appuyés
des plus forts arguments, se vantait de les détruire
par des arguments plus forts encore [2]; aussi les écrits
du philosophe grec, que déja on avait condamnés et
brûlés en 1209 à Paris [3], furent-ils défendus par le
légat; mais ces défenses produisirent peu d'effet, et Aristote continua d'être l'admiration et la règle des écoles.

---

[1] *Histoire Littéraire de la France*, IX, 208.
[2] BULLEUS, *Historia Universitatis*, III, 8.
[3] *Histoire Littéraire de la France*, XVI, 100.

Cette direction dans les études, ce désir ardent d'enseigner et d'expliquer par la voie du raisonnement les principes d'une religion toute de foi, devaient nécessairement, alors plus que jamais, conduire les théologiens à l'exposition de nouvelles doctrines, aussitôt considérées comme des hérésies. Amaury de Chartres était de ce nombre; il soutenait « que tout « chrétien était membre de Jésus-Christ, et qu'il de- « vait y croire pour être sauvé » : après sa mort, ses sectateurs furent poursuivis, condamnés en 1209 par un concile à être brûlés; ils furent, après leur dégra- dation, livrés par l'évêque à la justice du roi, qui les fit exécuter hors des portes de la ville, dans un lieu nommé Champaux, aujourd'hui les Halles [1]. La mort ne préserva pas Amaury de l'échafaud; il fut exhumé et ses os jetés à la voierie. Les supplices pour cause de religion, qui devaient plus tard couvrir la France de bûchers et ensanglanter les pages de notre histoire, commençaient dès lors à devenir fréquents; le clergé surtout exerçait par sa rigueur une influence terrible sur l'esprit des peuples et des rois que les papes com- blaient de leurs faveurs en proportion du zèle qu'ils mettaient à détruire les hérétiques [2], et les prêtres paraissaient avoir oublié les belles paroles de saint Martin, qui, refusant de communiquer avec les évê-

[1] DULAURE, *Hist. de Paris*, II, 430.— GUILLAUME-LE-BRETON, *Collection des Mémoires relatifs à l'Histoire de France, publiée par M.* GUIZOT, XI, 246.—*Hist. Litt. de la France*, XVI, 590.

[2] SIMONDE DE SISMONDI, *Histoire des Français*, VI, 314.

ques qui avaient demandé le sang de Priscillien, disait qu'il était horrible de condamner à mort des
hommes qui se trompaient.

Une fermentation extraordinaire se manifestait
alors dans la partie méridionale de la France, le Languedoc et la Provence se distinguaient du reste de
l'Europe par leur civilisation. Le français était encore
un jargon barbare, que déja la langue provençale
était devenue celle des beaux esprits. Consacrée à de
nombreux chants de guerre et d'amour, sa flexibilité,
l'harmonie de ses tournures, ses expressions pittores-
ques lui avaient donné une couleur poétique, et les
troubadours l'avaient rendue populaire dans le monde
entier. Mais cette supériorité de civilisation, à laquelle
le nord de la France était loin d'atteindre, avait fait
naître dans l'esprit vif et ardent des habitants de cette
contrée mille systèmes religieux, qui, portant atteinte
à la pureté des dogmes ecclésiastiques, attirèrent sur
leurs têtes les foudres de l'Église, alors dirigée par
l'impérieux Innocent III, et préparèrent les sanglants
exploits du fanatique Simon de Montfort.

A la voix des ministres de Rome, toute la chrétienté s'ébranla pour marcher à la croisade prêchée
contre les Albigeois; et tandis que les moines de Cî-
teaux recrutaient des soldats pour la guerre qu'on
nommait *sacrée*, Innocent III chargeait l'Espagnol
saint Dominique d'instituer un ordre nouveau, destiné, sous le nom de *Frères prêcheurs*, à ramener les
hérétiques à la foi. Ces religieux, auxquels l'Europe
est redevable de l'inquisition, vinrent s'établir à Paris

vers 1217, et furent accueillis avec faveur par l'Université, qui leur abandonna les droits qu'elle avait sur un emplacement consacré à saint Jacques, et qui leur valut le nom de *Jacobins* [1], à condition toutefois qu'ils célébreraient tous les ans deux messes solennelles en l'honneur des écoles de Paris, désignées dans l'acte (1221) sous le nom de *Universitas magistrorum et auditorum Lutetiæ*. Protégés par saint Louis qui les combla de bienfaits, et qui leur accorda, pour se former un établissement, une partie de l'amende à laquelle avait été condamné le sire de Coucy pour avoir fait pendre trois écoliers qui chassaient dans ses bois [2], les dominicains, ainsi que les frères mineurs de Saint-François, ne tardèrent pas à prendre part aux travaux de l'école de Paris, qui s'efforça, mais inutilement, de ne pas les admettre dans son sein. Accablés de priviléges par les papes, dont ils se montrèrent toujours les aveugles soutiens, les membres de ces deux ordres éprouvèrent, à raison même de ces priviléges, une opiniâtre résistance de la part du clergé séculier et de l'Université, sa dévouée auxiliaire.

Les vingt dernières années de Philippe-Auguste avaient été les plus éclatantes de son règne; la Normandie était conquise, Rouen avait ouvert ses portes; le Poitou, ce berceau des Plantagenets, avait passé sous la domination française. Jean-sans-Terre,

---

[1] *Histoire Littéraire de la France*, XVI, 49.
[2] DULAURE, *Histoire de Paris*, II, 462.

cité devant la cour de Paris, venait d'être juridiquement dépouillé de ses domaines, et l'Angleterre elle-même était occupée militairement par le fils de son ennemi. La protection que le prince accordait aux lettres ne s'était jamais démentie : des poètes, des écrivains avaient paru ; les romans de Tristan de Léonois, du Saint-Greaal et de Lancelot du Lac, commençaient la nombreuse famille des romanciers de la Table-Ronde, et annonçaient le goût de la nation. Le roman d'Alexandre, écrit en vers par neuf auteurs différents, donnait à la poésie une forme qui lui était encore inconnue, et les contemporains s'empressaient de célébrer dans tous leurs écrits la splendeur littéraire de la France.

> Clergie regne ore à Paris
> Ensi come elle fu jadis
> Athênes qui siet en Grèce
> Une cité de gran noblesse[1].

Une telle renommée, due en partie à la célébrité des écoles qui peuplaient le royaume de leurs élèves, continuait d'attirer à Paris une jeunesse nombreuse qui, depuis un siècle, n'avait cessé d'y abonder. Des rivalités d'écoles, de patrie, causaient souvent des querelles sanglantes qui portaient le trouble dans toute la ville ; il fallut y remédier ; et, en 1218, l'official, d'après les ordres de l'évêque Guillaume de Seigne-

---

[1] GAUTIER DE METZ, année 1245. — *Roman d'Alexandre*, cité par DULAURE, *Histoire de Paris*, III, 12.

lay, défendit aux écoliers le port des armes [1]; l'irré-
gularité de leur conduite les portait souvent aux plus
coupables excès, et on se plaignait de ce qu'ils bri-
saient les portes des maisons pour enlever les filles
et les femmes. Ils sont plus adonnés à la gloutonnerie
qu'à l'étude, dit un contemporain; ils préfèrent quêter
de l'argent, plutôt que de chercher l'instruction dans
les livres; ils aiment mieux contempler les beautés
des jeunes filles que les beautés de Cicéron [2]; et l'on
voyait souvent dans la même maison, dit Pasquier,
dont je n'oserais reproduire l'énergie des expressions,
un lieu de débauche et une école de droit. Il paraît,
au reste, qu'il n'y a pas d'exagération dans ce tableau,
car le cardinal Jacques de Vitri nous fait de leurs
mœurs et de leurs défauts un portrait qui n'est pas
plus flatteur : les écoliers, dit-il, se querellent toujours; les Anglais sont ivrognes et poltrons; les Français, fiers, mous et efféminés; les Allemands, furi-
bonds et obscènes en propos; les Normands, vains
et orgueilleux; les Poitevins, traîtres et avares; les
Bourguignons, brutaux et sots; les Bretons, légers
et inconstants; les Lombards, avares, méchants et
lâches; les Romains, séditieux et violents; les Sici-

[1] DULAURE, *Histoire de Paris*, II, 425.—*Histoire Littéraire
de la France*, XVI, 47. — BULLÆUS, *Hist. Universit.*, III, 95.

[2] ALAIN DE LILLE, *De Arte Prædicatoria*, cap. XXXVI. —
DULAURE, *Histoire de Paris*, II, 349. — BULLÆUS, *Hist. Univ.*,
II, 687. — DUVERNET, *Histoire de la Sorbonne*, I, 17.

liens, tyrans et cruels; les Brabançons, voleurs; les Flamands, débauchés [1].

Néanmoins, la bienveillance des papes et des rois pour l'Université ne se ralentit pas, et nous verrons Louis IX, à son avénement au trône, s'empresser de ratifier les priviléges accordés par Philippe-Auguste, son aïeul. Pendant toute la durée de son pontificat, Honorius leur avait accordé sa protection; dans une bulle de l'an 1218, il défendit d'excommunier l'Université en corps sans une permission expresse du Saint-Siége; vingt ans après, en 1237, ce privilége fut de nouveau confirmé par Grégoire IX, qui l'étendit à la personne du recteur. Les écoliers en particulier eurent aussi leur part des bontés du pontife; il fallut les avertir plusieurs fois avant de les frapper d'excommunication; et l'importance de cette faveur sera facilement sentie, lorsque l'on saura qu'étant presque tous clercs, ils ne pouvaient pas, dans la moindre querelle, porter la main sur eux sans être aussitôt excommuniés comme coupables d'avoir frappé un ecclésiastique [2].

Louis VIII avait succédé, en 1223, à Philippe son père, et ce prince, après un règne de trois années, était mort en 1226, laissant la couronne à son fils Louis IX, encore en bas âge. Les Français voyaient

---

[1] JACQUES DE VITRY, *Hist. des Croisades*, liv. II, chap. VI. *Collection des Mémoires relatifs à l'Histoire de France*, par M. GUIZOT, XXII, 292. — DULAURE, *Hist. de Paris*, III, 65.

[2] CRÉVIER, *Histoire de l'Université*, I, 333.

avec peine le jeune roi placé sous la tutelle de sa mère,
Blanche de Castille. Blanche était étrangère; à ce
titre, elle leur inspirait de la défiance. Blanche voulait gouverner, et cela seul suffisait pour exciter contre elle le zèle des hauts barons de la France, qui
avaient conçu l'espérance d'exploiter à leur profit la
minorité du jeune prince. Soit que réellement le cœur
de Blanche se fut laissé séduire, soit manœuvres de
ses ennemis, il circulait dans le public des bruits
outrageants pour son honneur : tantôt on lui donnait pour amant le comte Thibaut de Champagne,
tantôt c'était le cardinal romain de Saint-Ange, alors
légat en France, qu'on disait préféré : « Il s'élevait,
« rapporte Mathieu Pâris, un bruit inénarrable et
« sinistre que ce légat se conduisait avec elle autre-
« ment qu'il n'est décent; bruit, ajoute-t-il, qu'il se-
« rait impie de croire, car c'étaient ses rivaux qui le ré-
« pandaient [1]. » L'opinion des grands fait souvent
l'opinion du peuple; et les propos qu'on tenait sur
le cardinal, le titre qu'on lui attribuait, avaient suffi
pour le rendre odieux. Les écoliers n'étaient pas plus
que tous les autres exempts des passions populaires,
et ils ne tardèrent pas à manifester leur animadversion pour le légat dans une circonstance où ils crurent
qu'il les avait offensés. Jusqu'alors l'Université s'était
servie, pour sceller ses actes, du sceau de l'évêque de
Paris [2], mais elle avait renoncé à cet usage pour s'en

[1] MATHIEU PARIS, *Histoire d'Angleterre*, 282.
[2] GRANCOLAS, *Histoire de la Ville, de l'Évêché et de l'Université*, II, 39.

faire faire un qui lui fût propre. Le cardinal, excité par
l'évêque, l'avait fait rompre, la menaçant de l'excommunication si jamais elle renouvelait cette tentative.
A la nouvelle de cette décision, les élèves indignés se
soulèvent, s'arment, et, sourds à la voix de leurs
maîtres, ils jurent de venger les prérogatives de leurs
écoles violées par le légat; ils marchent vers sa maison, en forment le siége, et si le cardinal effrayé n'eût
envoyé demander des secours, on ne sait jusque où
serait allée leur fureur [1]. C'est à l'occasion de l'insulte
faite à son légat qu'Honorius publia une constitution
portant : «Que quiconque osera poursuivre un cardinal
à main armée sera déclaré infâme, criminel de lèze-
majesté, excommunié, banni, ses maisons rasées, ses
biens confisqués [2]. » Mais bientôt après l'objet de la
querelle disparut, et vers l'an 1245, Innocent IV
accorda à l'Université le droit d'avoir un sceau particulier.

Les papes, qui se montraient les chauds protecteurs de l'Université, voulaient que cette protection
tournât exclusivement à l'avantage de la théologie, et
l'extension donnée à cette science apportait des obstacles au développement des lumières, en dirigeant les
facultés humaines vers les subtilités scholastiques et
religieuses aux dépens de la justesse de l'esprit. Déja
Honorius avait proscrit le droit civil, lorsque quel-

---

[1] Félibien, *Histoire de Paris*, I, 269. — Dulaure, *Histoire de Paris*, II, 428.

[2] Le Boeuf, *Hist. du Diocèse et de la Ville de Paris*, I, 189.

ques efforts, tentés par les professeurs de Paris pour
unir à l'étude de la théologie celle des célèbres auteurs de l'antiquité, attirèrent l'attention de Grégoire IX, qui occupait alors la chaire de Saint-Pierre.
Dans une bulle, adressée en 1228 aux professeurs,
il leur reproche avec amertume leur méthode d'enseignement. « Nous vous commandons et vous ordon-
« nons par ces présentes, dit-il, d'abdiquer entière-
« ment une telle folie, et d'enseigner désormais la
« théologie dans sa pureté, sans aucun ferment de
« science mondaine, n'adultérant point la parole de
« Dieu par les fictions des philosophes [1]. » Les ordres
du pontife furent ponctuellement exécutés et ne tardèrent pas à porter des fruits. Deux ans après, en
1231, il fut obligé, par une nouvelle bulle, d'exiger
du chancelier de l'Église de Paris le serment de n'admettre à la licence aucun ignorant [2]; on assure même
que non seulement les belles-lettres cessèrent d'être
cultivées, mais que les noms des Cicéron et des Virgile étaient inconnus en 1254, et les règles de la
prosodie ignorées [3].

Une soumission aussi absolue aux volontés de la
cour de Rome devait engager les papes à persévérer
dans leurs sentiments de bienveillance, et l'Univer-

[1] Bulle du 9 juillet 1228. — SIMONDE DE SISMONDI, *Histoire
des Français*, VII, 95.

[2] GRANCOLAS, *Histoire de la Ville, de l'Évéché et de l'Université de Paris*, II, 104.

[3] BULLEUS, *Historia Universitatis*, III, 280. — *Histoire
Littéraire de la France*, XVI, 20.

6.

sité l'éprouva bientôt. Une de ces querelles si fréquentes entre les écoliers et les bourgeois avait eu
lieu pendant les derniers jours de carnaval de l'année 1229, entre des étudiants et des marchands de
vin du faubourg Saint-Marceau, pour le paiement
du prix. Les bourgeois du quartier avaient pris la défense de leur voisin, et maltraité les écoliers; ceux-ci
le lendemain revinrent en grand nombre, enfoncè-
rent les portes des cabarets, brisèrent les tonneaux et
battirent tous les habitants. Des plaintes furent portées à la reine; et cette princesse, excitée par le
cardinal de Saint-Ange et l'évêque de Paris, alors
mal disposés contre l'Université, ordonna au prévôt
de sortir avec des troupes. Par une fatale méprise,
des écoliers paisibles, et tout-à-fait étrangers au désordre, sont rencontrés; attaqués à l'instant, un
grand nombre furent blessés, et d'autres restèrent
morts sur la place; une chronique du temps porte
même à trois cent vingt clercs, dont plusieurs étaient
des hommes d'une naissance distinguée, le nombre de
ceux qui furent tués et jetés dans la Seine [1].

Ce déplorable événement couvrit de deuil l'Université; les maîtres consternés suspendirent leurs
leçons, et adressèrent leurs plaintes à la reine et au
légat. Repoussés sans avoir pu obtenir de satisfaction, ils abandonnèrent une ville qu'ils croyaient ne

---

[1] Don Bouquet, *Recueil des Historiens de France*, XVIII,
106. — Le Beuf, *Histoire du Diocèse et de la Ville de Paris*,
I, 192.

plus leur offrir de sûreté, et se dispersèrent avec leurs écoliers dans diverses villes de France. Offensées de cette retraite, l'autorité royale et l'autorité ecclésiastique fulminèrent des ordonnances et des excommunications contre les maîtres qui s'étaient engagés par serment à ne pas retourner à Paris avant que justice ne leur fût rendue. Menacés de tous côtés, ils eurent recours à leur protecteur suprême, et implorèrent son intervention ; Grégoire embrassa vivement leur défense. Dans une bulle où il parle en maître, il reproche amèrement à l'évêque de Paris d'avoir conseillé ces mesures violentes, exhorte le roi à rappeler ses docteurs, lui fait sentir le préjudice que cause leur exil, et déclare enfin que si l'on n'apporte pas de remède au mal, il sera obligé d'y pourvoir de sa propre autorité.

Après de longues négociations, les efforts du pape furent couronnés de succès : la reine fit aux docteurs de l'Université les premières avances, condamna les habitants de Saint-Marceau à de fortes réparations ; et les maîtres, après deux ans d'absence [1], revinrent reprendre leurs leçons long-temps interrompues. Ils avaient obtenu tout ce qu'ils désiraient, leur conduite avait été approuvée dans plusieurs bulles, le pouvoir royal avait en quelque sorte fléchi devant eux ; et Grégoire, les affranchissant de la soumission qu'ils devaient aux lois et au prince, venait, pour assurer d'une manière complète leur indépen-

---

[1] DULAURE, *Histoire de Paris*, III, 17.

dance, de leur accorder le droit exorbitant de suspendre, et même de cesser entièrement leurs leçons,
lorsqu'ils ne pourraient pas autrement obtenir justice : droit qui devint bientôt dans leurs mains une
arme puissante dont ils ne tardèrent pas à abuser.

Mais si l'Université, forte de la protection du
Saint-Siége, contraignait la puissance civile à lui
rendre une justice tardive, elle obtenait moins d'avantages dans ses luttes contre le clergé, et en particulier
contre l'évêque de Paris. C'est en vain que plusieurs
bulles l'avaient soustraite à toute excommunication
qui ne partirait pas du pape ; ces bulles blessaient
trop les prérogatives épiscopales pour ne pas être
éludées, et l'Université était souvent atteinte par les
foudres de l'Officialité. Pour la mettre à l'abri de
ces usurpations, et garantir l'inviolabilité de ses
droits, Grégoire avait commis en 1237 les évêques
de Meaux et d'Amiens. Mais cette mesure, qui n'é-
tait que temporaire, n'assurait pas sa tranquillité
pour l'avenir : elle ne devint définitive que quinze
ans plus tard, en 1252, sous le pontificat d'Innocent IV, qui créa Adam, évêque de Senlis, conservateur apostolique des priviléges universitaires. Cette
charge, dont la nomination était réservée à l'Université, qui exigeait du récipiendaire le serment de
protéger ses droits, ne pouvait être possédée que par
les évêques de Meaux, de Beauvais ou de Senlis [1].

Tant de faveurs étaient la récompense de son at-

----

[1] Bulles de Clément V et de Clément VII.

tachement à l'orthodoxie. Dans ce siècle en effet,
malgré les persécutions du fanatisme, malgré les
torrents de sang que l'intolérance avait fait couler
dans le Languedoc et la Provence; partout où quelque civilisation commençait à se faire sentir; partout où la science pénétrait, l'attention des hommes
instruits se portait sur l'examen des questions religieuses. Les cendres des bûchers de ceux qu'on appelait hérétiques semblaient s'être répandues dans
toute l'Europe pour y propager leurs doctrines; et
l'Université de Toulouse était née de ces persécutions. Fondée en 1233 par l'inquisition qui voulait
que l'orthodoxie eût son temple, là, où l'hérésie avait
régné[1], elle ne fut d'abord composée que de théologiens; mais on ne tarda pas à y établir une école
de droit civil, qui devint bientôt florissante. L'Université de Paris cependant avait su se garantir de
cet esprit réformateur. Placée plus près du théâtre
des massacres, elle avait pu considérer les ravages
et la fureur des croisés, et la seule pensée de la
moindre différence d'opinion avec l'Église devait inspirer aux plus intrépides un juste effroi. Renommée
dans l'Europe pour soutenir dans toute leur pureté
les principes apostoliques, on disait d'elle alors :

> Si n'estait la bonne garde
> De l'Université qui garde

[1] *Ut fides catholica quæ penè penitus videbatur, de illis
partibus profligata, inibi reflorere valeret.* — Bulle de Grégoire IX, du 13 mai 1233. — DON VAISSETTE, *Histoire du Languedoc*, XXIX, 377. — SISMONDI, *Histoire des Français*, VII, 86.

Le chef de la chrétienté,
Tout eust été bien tourmenté [1].

Tous ses efforts tendaient à conserver cette réputation; et les papes, sûrs de trouver en elle une auxiliaire toujours dévouée, contribuaient encore à augmenter la confiance qu'elle inspirait dans le monde
chrétien, en invoquant sans cesse son opinion sur
les erreurs théologiques, alors très-fréquentes; car,
comme l'a dit un ingénieux écrivain [2], la théologie de
ces temps grossiers était la fille de l'esprit et de l'i-
gnorance. C'est ainsi qu'en 1240 elle avait été appelée à donner son avis sur les livres des Juifs, et en
particulier sur le thalmud qu'Innocent IV qualifiait
de sacrilége, et qu'il fit brûler en 1243; car depuis
long-temps les persécutions contre les Juifs étaient
regardées comme méritoires, et leurs personnes n'é-
taient pas mieux traitées que leurs livres. C'est ainsi
que, consultée sur la fameuse question de la plu-
ralité des bénéfices, elle ne craignit pas, quoique
tous ses membres fussent clercs et eussent droit par
conséquent à en posséder, de se prononcer pour la
négative, déclarant qu'on ne pouvait agir autrement
sans encourir la damnation [3].

Mais si les théologiens de Paris n'osèrent jamais
se livrer à l'examen du dogme, ce fut par l'opposition aux envahissements de la cour de Rome, par

---

[1] JEHAN DE MEHUNG., *Roman de la Rose.*
[2] FONTENELLE, *Éloge de Duhamel.*
[3] DUVERNET, *Histoire de la Sorbonne*, I, 28.

la fixation des bornes entre les deux pouvoirs tem-
porels et spirituels, par leur rivalité avec les ordres
monastiques, qui se mêlaient aussi de l'enseignement,
qu'ils commencèrent à signaler leur esprit de réforme et leur attachement à l'Église nationale. Deux
causes produisirent ce résultat : d'abord la haine
constante des pontifes contre les empereurs, haine
qui les portait à abandonner la défense de la Terre-
Sainte pour prêcher des croisades et accorder des in-
dulgences à tous ceux qui prendraient les armes dans
l'intérêt de leurs passions politiques ; ensuite les immenses faveurs dont ils accablèrent les religieux mendiants. Cette espèce de milice papale, exclusivement
dévouée aux intérêts de la tiare, qui ne reconnais-
sait dans l'Église d'autre supérieur qu'un général ré-
sidant à Rome, était vue avec une extrême défaveur
par le clergé gallican, sur les attributions duquel
elle avait déja empiété. Malgré leur origine récente,
depuis que saint Louis, dont ils avaient élevé la jeunesse, était monté sur le trône, leur puissance était
considérablement accrue ; ils exerçaient sur ses conseils une fatale influence, et l'affection du prince pour
eux était telle qu'il avait conçu le projet d'abdiquer
la couronne pour revêtir l'habit de dominicain [1].
L'ascendant qu'ils exerçaient sur l'esprit du roi, leur
crédit à Rome, les rendaient des adversaires redou-
tables. L'Université cependant ne craignit pas de les
attaquer : elle prétendait avoir le privilége exclusif

---

[1] Simonde de Sismondi, *Hist. des Français*, VIII, 24.

de l'enseignement ; elle prétendait ce privilége violé par les dominicains et les franciscains. En effet, lors de la cessation des études, arrivée en 1229 par suite de la dispersion des maîtres et écoliers de l'Université, ces religieux, profitant avec habileté de la circonstance, avaient ouvert des écoles : trois chaires de théologie avaient été instituées par eux, et bientôt après (1244), voulant légitimer cette innovation, ils avaient obtenu du pape Innocent IV une bulle qui les admettait à partager les honneurs académiques. Alarmés de cet envahissement qui pouvait porter une grave atteinte à leurs écoles, les professeurs de théologie, pour en paralyser l'effet, rendirent en 1252 un réglement approuvé de l'Université entière, qui réduisait chaque couvent à une seule chaire [1]. Les dominicains refusèrent d'y souscrire, et bientôt après abandonnèrent l'Université dans une affaire où celle-ci croyait ses droits blessés. Une de ces querelles si souvent renouvelées entre les bourgeois et les écoliers avait eu pour ceux-ci un fâcheux résultat : plusieurs avaient été tués, et un plus grand nombre était arrêté. L'Université demanda justice de cet attentat à ces priviléges ; et usant du droit que lui avait conféré la bulle de Grégoire IX, elle ferma ses écoles. Les professeurs dominicains, sommés, comme les autres, de se conformer aux ordres du corps, exigèrent, pour s'y soumettre, la concession des deux chaires contestées ; leur propre intérêt, comme

[1] *Histoire Littéraire de la France*, XVI, 49.

on voit, était le mobile de leur conduite ; l'Université s'en vengea en les retranchant de son sein. Alphonse, comte de Poitiers, frère de saint Louis, gouvernait alors le royaume (1253) pendant la croisade de son frère ; il rendit à l'Université la justice qu'elle réclamait : les deux plus coupables furent pendus, les autres bannis, et elle reprit le cours de ses exercices ; mais la querelle que cet événement avait fait éclater avec les dominicains était loin d'être apaisée. Les deux partis prononcèrent l'un contre l'autre des sentences de suspension, et les choses s'aigrirent au point que le recteur de l'Université lui-même fut maltraité par les religieux [1]. Pour terminer tous ces débats et combattre l'influence de ses adversaires, l'Université s'adressa directement au pape ; et Guillaume de Saint-Amour, l'un de ses docteurs, fut chargé de ses intérêts. Tout faisait présager une issue favorable, lorsque Innocent mourut. Alexandre IV, qui après lui ceignit la tiare, était dévoué aux mendiants dont lui-même avait fait partie : son premier acte fut de casser les décrets de l'Université qui retranchait les dominicains de son sein, et de les rétablir dans tous les droits contestés, en menaçant des foudres apostoliques quiconque tenterait de s'y opposer.

L'Université prit alors une résolution courageuse ; et, voyant qu'on l'abandonnait à la partialité du pape, que le roi lui-même refusait de lui prêter son appui, elle se déclara dissoute (1255).

[1] Duvernet, *Histoire de la Sorbonne*, I, 94.

La victoire était restée aux dominicains ; ils triom-
phaient, et leurs écoles étaient ouvertes à la jeunesse ;
mais ce triomphe était celui de la force, la force
seule le soutenait : aussi étaient-ils obligés de placer
des satellites dans le sanctuaire des sciences, étonné
d'un pareil spectacle [1].

Guillaume de Saint-Amour, que ses talents, sa fermeté et son crédit faisaient regarder comme le principal auteur de la résistance de l'Université, devint
le but des attaques des mendiants. La querelle en effet
venait de s'envenimer par un incident nouveau. Dans
un livre récemment publié et intitulé *des Périls des
derniers temps*, Guillaume avait signalé plusieurs
hérésies dans les ouvrages des dominicains en même
temps qu'il s'élevait avec force contre la corruption, l'ignorance et les vices qui les caractérisaient.
Accusations de toute nature, procès criminels, tout
fut employé contre cet intrépide antagoniste, sans
pouvoir lasser sa constance. Enfin le pape irrité,
après avoir invoqué le bras séculier contre les adversaires des dominicains, dans une dernière bulle du 17
juin 1256, déclare Guillaume de Saint-Amour déchu
de ses bénéfices, indigne d'en posséder, et le bannit
du royaume de France. Les papes alors se croyaient
le droit de commander par toute la terre, et la faiblesse des rois n'avait pas peu contribué à leur donner cet empire : aussi Alexandre IV enjoignit-il à
saint Louis de le chasser de son royaume *pour la ré-*

---

[1] BULLEUS, *Historia Universitatis*, III, 290.

mission de ses péchés : ce prince heureusement connaissait ses devoirs et les droits de sa couronne; et Guillaume de Saint-Amour conserva pour quelque temps encore sa liberté et sa patrie.

L'Université ne se laissait pas abattre; elle résistait aux ordres de la cour de Rome, et refusait de réintégrer les moines dans son sein, à moins qu'ils ne se soumissent à ses décrets; mais l'orage s'amoncelait sur sa tête; et Alexandre, qui avait déja publié plus de quarante bulles en faveur des mendiants, n'était pas disposé à abandonner ses protégés et à compromettre ainsi son pouvoir. La vengeance commença par Guillaume de Saint-Amour. Appelé à Rome pour y rendre compte de son ouvrage; il y fut condamné avec les expressions les plus outrageantes, et défense lui fut faite de rentrer en France, sous peine d'excommunication. Il se soumit et se retira à Saint-Amour, en Franche - Comté, sa patrie, emportant avec lui l'estime et l'amour de ses concitoyens, comme le prouve ce passage d'un ouvrage contemporain, le *Roman de la Rose* :

> Estre banni de ce royaume
> A tort com' fut maistre Guillaume
> De Sainct-Amour, qu'hypocrisie
> Fit exiler par grand'envie [1].

Mais la haine des dominicains survécut à leur triomphe; la mémoire de Guillaume de Saint-Amour leur fut constamment odieuse; et quatre siècles après, en

---

[1] JEHAN DE MEHUNG, *Roman de la Rose,* vers 12,000 et suiv.

1633, ils obtinrent du conseil de Louis XIII un arrêt qui défend, sous *peine de mort*, d'imprimer, vendre ou lire le *Traité des périls des derniers temps* [1]. Le tour de l'Université vint ensuite : inondée par un déluge de bulles, dont l'une, entre autres, défendait d'admettre à la licence tous ceux qui seraient opposés au rétablissement des mendiants, fatiguée d'une lutte aussi longue qu'inégale dans un siècle où la cour de Rome était si puissante, elle fut forcée, après quatre ans d'une résistance opiniâtre, de plier devant ses adversaires, et, en 1257, Bonaventure et Thomas d'Aquin furent admis au doctorat.

La concorde néanmoins était loin d'être rétablie ; l'Université avait été vaincue, mais non soumise, et son ressentiment n'était pas éteint ; aussi un décret de 1260, émané d'elle, assigna-t-il aux dominicains la dernière place dans les assemblées générales [2].

Ces démêlés avaient eu pour résultat d'introduire dans l'Université les religieux réguliers qu'elle s'était en vain efforcée de repousser ; et c'est peut-être à à cette époque que remonte l'origine de la formation des diverses facultés. Tous les religieux, en effet, étaient théologiens, et ils ne dûrent pas tarder à former une société à part, d'autant plus que tous les maîtres dans les autres sciences montraient pour eux une invincible répugnance [3]. Leur exemple fut pro-

---

[1] *Histoire Littéraire de la France*, XVI, 5o.

[2] Le Beuf, *Histoire de la Ville et du Diocèse de Paris*, I, 319.

[3] Crévier, *Histoire de l'Université*, I, 468.

bablement suivi, car dix ans après nous voyons mentionnée, d'une manière positive, l'existence des facultés dans divers actes, dont l'un nous fait connaître qu'en 1271 la faculté de droit, alors appelée *de décret* parce qu'on n'y enseignait que les décrétales des papes, fit faire un sceau particulier. Cette entreprise éprouva quelque opposition de la part du chancelier de l'Église de Paris, mais elle ne tarda pas à se terminer à l'avantage de la faculté. Vers le même temps, la médecine existait également en corps. Déja, en 1271, la faculté avait défendu aux juifs l'exercice de la médecine; en 1272, elle avait fixé à neuf ans la durée des études médicales; enfin, en 1274, à l'instar de la faculté de décret, elle se fit faire un sceau particulier [1]. La faculté des arts fut la dernière à les imiter; et elle n'eut pas de sceau commun pour ses quatre nations avant l'année 1513, dans laquelle elle en fit faire un qui coûta trente-une livres dix sols huit deniers [2].

---

[1] BULLEUS, *Historia Universitatis*, III, 410.
[2] CRÉVIER: *Histoire de l'Université*, V, 84.

CHAPITRE III.

Siècle de saint Louis. — Ses institutions. — Fondation de la Sor-
bonne et de divers colléges. — L'Université et les libraires. —
Catalogue pour inscrire les écoliers. — Le pré aux clercs. —
Destitution du prévôt de Paris, Pierre Jumel. — Philippe-le-
Bel. — Priviléges qu'il accorde à l'Université. — Boniface VIII.
— Querelles du pape et du roi. — Collége de Navarre, fondé
par la reine Jeanne. — Université d'Orléans. — Procès des
Templiers. — Thèses théologiques. — L'Université consultée
sur la loi salique. — Secte des fratricelles. — Contestation avec
les chanoines de Notre-Dame. — Collection des titres et priviléges de l'Université. — Écoles de la rue du Fouare. — Décroissance du pouvoir féodal. — Importance politique de l'Université.

L E commencement du treizième siècle avait été l'ère
d'un grand changement pour la France, changement
qui influa sur toutes les classes de la nation. Malgré la puissance et le long règne de Philippe-Auguste, le régime féodal avait conservé presque toute
sa force. Les premières années de saint Louis avaient
faillies être ensanglantées par les prétentions du baron-
nage, que l'habileté de la régente, sa mère, avait su
repousser; les dernières années de ce prince furent
l'époque du déclin de ces puissants feudataires qui,

si long-temps, s'étaient considérés comme les égaux des rois : affaiblis par les croisades qui les avaient dépouillés de leurs richesses, détestés de leurs vassaux que leur avidité, leur orgueil, leur cruauté éloignaient d'eux, ils avaient habitué ceux-ci à tourner leurs regards vers un suzerain souvent plus équitable, dont la domination, embrassant un cercle plus étendu, pesait moins sur le peuple, et dont la puissance, planant en quelque sorte sur toute la France, leur offrait plus de garanties. Ces idées, dont le germe était répandu par toute la nation, avaient déja ébranlé le système féodal, lorsque les institutions de saint Louis et la confiance qu'inspiraient ses vertus vinrent appuyer le mouvement qui s'opérait.

Jusqu'alors les fonctions judiciaires dans toute la France avaient été exercées par la noblesse ; les seigneurs étaient en même temps les juges de leurs vassaux. Malgré leur ignorance, ces fonctions n'étaient, pas au-dessus de leur portée ; la procédure, en effet, était loin d'être difficile, et les preuves en justice consistaient presque uniquement dans le gage de bataille, vulgairement appelé *combat judiciaire.* C'est en vain que l'Église les avait condamnés à plusieurs reprises, comme tentant Dieu, c'est-à-dire, exigeant de lui un miracle pour le triomphe du bon droit ; ses défenses n'étaient pas observées par des hommes dont les habitudes toutes guerrières ne connaissaient d'autre recours que leur épée. La conscience de saint Louis, cependant, était alarmée par ces combats qu'il regardait comme sacriléges, et qui soumettaient la

I.

7

justice à la force physique des champions : il résolut
de les abolir, et de donner à la France une législation
plus équitable et plus appropriée aux besoins de sa
civilisation [1]. Le droit romain, depuis plus d'un siècle, était découvert; l'Italie l'avait adopté avec empressement; de là, il s'était répandu en Europe et en
France; et, malgré les efforts des papes, il avait
été.cultivé et enseigné à Paris même. Supérieur à
toute la législation existante, on le désignait sous le
nom de *raison écrite*, et ses décisions étaient partout
accueillies avec respect. Saint Louis, dirigé par un
sentiment profond de justice et d'impartialité, alla
chercher dans ce monument de la sagesse romaine les
modifications qu'il voulait introduire dans les lois de
son pays.

Dès le moment que les lois furent dépouillées de
cette simplicité grossière qui remettait à la force le
jugement des procès; dès le moment que des formes
eurent été données, que des règles dont on ne pouvait
s'écarter eurent été établies, l'administration de la
justice, jusqu'alors si facile, se compliqua : il fallut
posséder des connaissances qui manquaient à la plupart, et des chevaliers qui ne savaient pas lire devinrent inhabiles à remplir ces fonctions. On fut
obligé de leur donner pour assesseurs des légistes,
presque tous plébéiens, qui, sous le nom de *Conseil-
lers-clercs*, attirèrent bientôt à eux toute l'autorité,
et trouvèrent moyen de chasser, par l'ennui, leurs

---

[1] *Histoire Littéraire de la France*, XV, 11.

ignorants supérieurs, du sanctuaire de la justice, dont ils restèrent seuls en possession [1].

Mais l'influence qu'acquirent, à partir de cette époque, les légistes, qu'un historien considère comme les principaux artisans du renversement de la féodalité [2], contribua puissamment à entretenir en France ce désir de s'instruire, cette émulation à laquelle les écoles de Paris devaient leur splendeur. Ce n'était plus seulement les dignités de l'Église qui étaient offertes en récompense aux travaux des savants; les charges de la magistrature et de l'administration se montraient aussi en perspective aux hommes du peuple; et l'espoir de parvenir aux places les plus éminentes, l'ambition d'élever leurs familles, joints au désir d'humilier ces nobles sous lesquels ils avaient si long-temps rampé, venaient soutenir leurs efforts et propager le goût des études dans la partie la plus nombreuse des Français. Ce goût et ces espérances, répandus dans toutes les classes de la société, se manifestaient par de fréquentes fondations de collèges: celui du Val-des-Écoliers avait eu pour auteurs, en 1229, des maîtres même de l'Université de Paris, et

---

[1] Anciennement, dit Pasquier, les gentilshommes, baillifs et sénéchaux administraient la justice sans lieutenants de robe longue: advint que messire Godemar du Fay, baillif de Chaumont et Vitry, se trouvant n'être capable pour exercer cette charge, il fut ordonné qu'il s'en démettrait: car comment qu'il soit bon homme d'arme, il n'a pas accoutumé de tenir plaids, ni assises. Ce qui fut exécuté. PASQUIER, *Rech. de la France*, liv. ii, ch. 5.

[2] SIMONDE DE SISMONDI, *Histoire des Français*, VIII, 92.

bientôt après leur maison avait été augmentée d'une Église que les sergents d'armes avaient fondée sous le nom de *Sainte-Catherine-du-Val-des-Écoliers*, pour l'accomplissement d'un vœu qu'ils avaient fait à la bataille de Bovines ; elle portait cette inscription :

A LA PRIÉRE DES SERGENTS D'ARMES, MONSIEUR SAINCT LOUIS, FONDA CESTE ÉGLISE ET Y MIST LA PREMIÈRE PIERRE. CE FUST POUR LA JOIE DE LA VITTOIRE QUI FUST AU PONT DE BOVINES L'AN M CC XIV.

LES SERGENTS D'ARMES POUR LE TEMPS GAR-DOIENT LEDIT PONT, ET VOUÈRENT QUE SI DIEU LEUR DONNOIT VITTOIRE, ILS FONDEROIENT UNE ÉGLISE EN L'HONNEUR DE MADAME SAINCTE KATHERINE ; AINSI FUST-IL [1].

En 1246, un abbé de Clairvaux avait fondé celui des Bernardins sur l'emplacement duquel on a percé des rues, et dont les restes servent aujourd'hui d'entrepôt aux huiles. [2] En 1252, Jean, abbé de Coucy, avait établi, au coin des rues Hautefeuille et de l'École-de-Médecine, le collége des Prémontrés. Vers le même temps (1250), un chapelain de Louis IX, Robert, de Sorbonne en Champagne, était le fondateur de cette maison célèbre, qui plus tard devint le siége de la faculté de théologie à laquelle elle donna quelquefois son nom, et dont l'assemblée des docteurs mérita d'être appelée *Concile perpétuel des Gaules*.

[1] DULAURE, *Histoire de Paris*, II, 457.
[2] DULAURE, *Histoire de Paris*, II, 527, lui donne une autre destination.

Le saint roi voulut s'associer à l'acte de bienfaisance de son chapelain, et dans les années 1256 et 1258, il donna au collége de Sorbonne, alors connu sous le nom de *pauvre maison (congregatio pauperum magistrorum studentium in theologica facultate)*, trois bâtiments situés rue Coupe-Gueule, en avant du palais des Thermes, plus un sou ou deux par semaine pour aider à vivre aux écoliers[1]. Plus tard, Guillaume de Saône, trésorier de l'Église de Rouen, fondait en 1268, rue de Richelieu-Sorbonne, le collége des Trésoriers, pour vingt-quatre écoliers qui recevaient chacun trois sous par semaine[2]; et l'année d'après, l'abbé Ives de Vergy créait, pour les religieux de son ordre, celui de Clugny, dont l'Église, encore subsistante sur la place de Sorbonne, a long-temps servi d'atelier au célèbre David.

Cependant, il faut le dire, cet élan général ne fut pas secondé comme il aurait pu l'être par le monarque que la France révère comme un saint; l'attachement

---

[1] Ludovicus Dei gratia Francorum rex, universis præsentes litteras inspecturis, salutem. Notum facimus, quod nos magistro Roberto de Sorbona canonico cameracensi dedimus et concessimus ad opus scholarium qui inibi moraturi sunt, domum quæ fuit Joannis de Aurelianensi, cum stabulis quæ fuerunt Petri Poulaine contiguis eidem domui. Quæ domus cum stabulis sita est Parisiis in vico de Coupe-Gueule ante palatium Thermarum.

PASQUIER, *Rech. de la France*, liv. x, chap. 5. — DULAURE. *Histoire de Paris*, II, 516.

[2] DULAURE, *Histoire de Paris*, II, 621.

exclusif qu'il portait aux religieux mendiants nuisit
probablement à l'intérêt qu'aurait dû lui inspirer
l'Université, si elle n'avait pas eu avec les protégés
du prince de si violents démêlés ; aussi voyons-nous
que par son testament il laissa aux ordres qu'il favorisait sa bibliothèque, c'est-à-dire, les livres qu'il
avait réunis [1], sans faire aucune mention de l'Université, à qui un tel legs eût été plus utile, et qui déjà
(1270) possédait une collection de livres qu'elle tenait de la libéralité d'un archidiacre de Cantorbéry,
et qui restait déposée entre les mains du chancelier
de l'Église de Paris pour être prêtée aux pauvres étudiants [2]. Les livres à cette époque étaient fort rares,
et les écoliers étaient souvent obligés de se contenter
des cahiers dictés par les professeurs. Cette pénurie
avait déterminé l'Université à porter un décret destiné à en faciliter la transmission ; ce commerce était
placé sous la surveillance de la compagnie comme
étant du domaine de la science, et les libraires, qu'on
nommait *stationarii* (courtiers), étaient soumis
à sa juridiction. Par une délibération unanime, il
leur fut enjoint (2 décembre 1275), sous la foi du
serment, de ne pas acheter de livres pour leur compte
avant l'expiration d'un délai fixé, pendant lequel ils
devaient afficher le livre et son prix, et de se contenter d'un droit de courtage de quatre deniers, sous

[1] *Histoire Littéraire de la France*, XVI, 34.
[2] CRÉVIER, *Histoire de l'Université*, II, 47.

peine de destitution [1]. Pendant long-temps nous verrons l'Université exercer sur la librairie un pouvoir
très-étendu; nous la verrons, surtout en 1323, contraindre les libraires à lui prêter serment, les obliger
à fournir un cautionnement de cent francs pour la
sureté des livres qui leur étaient confiés, et charger
quatre d'entre eux de veiller spécialement à l'exécution
de ces réglements. Cette profession, au reste, n'était
pas la seule qui fût placée sous la dépendance de
l'Université, elle exerçait des droits et une surveillance semblables sur les marchands de parchemin;
il ne pouvait en être vendu qu'à la foire du Lendit,
dont nous aurons plus tard occasion de parler, ou dans
la salle des Mathurins. Là, le parchemin devait être
marqué du sceau du recteur, qui prélevait sur chaque
botte une somme de seize deniers parisis, et les marchands ne pouvaient en acheter qu'après un délai de
vingt-quatre heures, pendant lequel les membres de
l'Université avaient la faculté de choisir ce qui leur
était convenable (1291). Le même statut de 1275 fixa
les droits que les maîtres pouvaient exiger des élèves
qu'ils présentaient au baccalauréat, à deux bourses
de six sous chacune; enfin, on laissa au recteur, assisté des procureurs des nations, le soin de décider
dans l'intervalle des assemblées de la faculté des arts
les affaires pressantes : c'est là l'origine du tribunal
de la faculté.

---

[1] BULLEUS, *Historia Universitatis*, III, 419. — DUCANGE,
Glossarium, verbo *Librarius*.

Dans le treizième siècle, comme on voit, l'Université avait pris la forme qu'elle conserva jusque dans les derniers temps de son existence : elle avait un recteur, trois facultés supérieures (la théologie, le droit et la médecine), et les quatre nations de la faculté des arts. Les circonstances, il est vrai, avaient été favorables à son développement. Tout récemment deux papes français, Urbain IV et Clément IV, avaient occupé la chaire de Saint-Pierre, et s'étaient empressés de confirmer ou d'augmenter ses priviléges. Le légat du dernier, Simon de Brie, cardinal de Sainte-Cécile, envoyé en France, pour offrir à la famille de saint Louis la couronne de Naples que possédait encore la maison d'Hohenstauffen, objet constant de la haine pontificale, avait eu, dans le cours d'une légation de plusieurs années, pendant laquelle il s'était souvent employé pour elle, l'occasion de lui donner des preuves non équivoques de sa bienveillance ; et Philippe le Hardi, qui, sur les côtes de l'Afrique, avait succédé à saint Louis en 1270, venait (1276) de ratifier les priviléges octroyés en 1200 et 1229 par son père et son aïeul. Ces priviléges étaient tellement importants qu'on voyait une foule d'individus usurper le nom d'écolier pour profiter des avantages attachés à ce titre. Il devenait nécessaire de mettre ordre à cet abus qui pouvait causer un grand préjudice à l'Université, en servant d'égide à une foule de gens sans aveu ; elle s'empressa de le faire en ordonnant (1279) la création d'un catalogue sur lequel devaient être inscrits les noms de tous ses membres. Mais cette précaution ne tarda pas à être éludée; plus tard, en 1329, de nouvelles mesures devinrent nécessaires, et on ne put alors obtenir les droits de scholarité, que sur l'attestation d'un maître qui jurait en présence du recteur que vous étiez légitime écolier, et après que le postulant lui-même eut exposé sa demande dans un plaidoyer en latin [1].

Afin de conserver dans son sein cette pureté de doctrine dont elle était si jalouse de mériter ainsi sa renommée toujours croissante, et d'enlever à l'erreur le moindre moyen de se glisser parmi elle, on ordonna que les leçons ne pourraient être faites que dans des endroits publics; et il fut défendu à tous les maîtres, à quelque faculté qu'ils appartinssent, excepté ceux de grammaire, d'enseigner dans des endroits particuliers. Une telle précaution qui prouvait son scrupuleux attachement à l'orthodoxie, devait lui mériter la reconnaissance du pape; et Nicolas III s'empressa de la lui témoigner en accordant à ses docteurs la préséance sur tous ceux des autres Universités, et le droit d'enseigner par toute la terre (*hîc et ubique terrarum*), d'où leur est venu le nom *d'ubiquistes* qu'on leur a donné quelquefois [2].

L'Université possédait de temps immémorial une vaste prairie dont l'origine de propriété est restée en-

---

[1] Crévier, *Histoire de l'Université*, II, 310.

[2] Grancolas, *Histoire de la Ville, de l'Évéché et de l'Université de Paris*, I, 357.

tourée de nuages [1], mais qui, connue sous le nom de
Pré-aux-Clercs, était le rendez-vous des écoliers, et
servait à leurs récréations. Cet emplacement, qui s'é-
tendait depuis le bourg Saint-Germain jusqu'à la Seine,
et depuis la rue des Saints-Pères jusqu'aux Invalides,
dans l'espace occupé aujourd'hui par les quais Voltaire et d'Orsai [2], était voisin de l'Abbaye Saint-Germain. A plusieurs reprises les moines avaient élevé
sur ces prairies des prétentions toujours repoussées,
mais qui souvent amenaient entre eux et les écoliers
des luttes quelquefois sanglantes. En 1278, quelques
envahissements de leur part avaient exaspéré les
écoles et produit une rixe pendant laquelle les moines
ayant rassemblé leurs vassaux, avaient attaqué leurs
jeunes adversaires, en criant tue, tue [3] ! Plusieurs,
effectivement restèrent morts sur la place. L'Université porta plainte au légat et au roi, implorant le
secours de leur autorité, et menaçant de fermer ses
écoles. Les moines alors, quant aux peines corporelles,
n'étaient justiciables que des tribunaux ecclésiastiques;
l'autorité royale était impuissante pour les atteindre,
aussi fut-ce le légat qui infligea au prévôt de l'abbaye, principal auteur de ce cruel événement, une
pénitence de cinq années ; les réparations civiles
étaient du ressort du prince : *quantum ad nos spec-*

---

[1] BULLEUS, *Historia Universitatis*, I, 245.

[2] DULAURE, *Histoire de Paris*, II, 351.

[3] CRÉVIER, *Histoire de l'Université*, II, 94. — LE BEUF,
Histoire du Diocèse et de la Ville de Paris, I, 356.

tabat, disait Philippe le Hardi, et il ordonna que le couvent fonderait dans les églises du Val-des-Écoliers et de Saint-Martin deux chapellenies de 20 liv. parisis de rente chacune, dont la présentation appartiendrait au recteur, et que de plus il paierait 1000 livres tournois aux parents des écoliers morts; quant aux laïcs, ils furent bannis du royaume. La cessation des leçons était le moyen le plus souvent et le plus efficacement employé par l'Université pour obtenir ce qu'elle désirait. En effet, la tranquillité de la ville était gravement compromise, chaque fois qu'une jeunesse nombreuse et irritée se trouvait ainsi enlevée à ses travaux, à ses occupations journalières, et abandonnée au plus complet désœuvrement; les moyens de répression n'étaient pas faciles, la mauvaise organisation municipale, l'absence d'une police vigilante et forte rendaient inutiles les efforts de l'autorité pour maintenir le bon ordre, et le gouvernement redoutant l'emploi de cette vengeance universitaire, s'efforçait toujours de la prévenir. L'Université avait bien senti sa puissance, lorsque, mue par l'esprit qui anime toutes les corporations, elle avait déclaré en 1281 qu'elle en ferait usage toutes les fois que l'exigerait l'intérêt même d'un seul de ses membres : aussi répondait-elle à Philippe le Hardi : « Sire, à « votre recommandation et par respect pour vous (*ad* « *preces vestras et ob reverentiam vestram*), les « maîtres reprendront leurs leçons, *mais* sous la ferme « espérance *néanmoins* que vous nous ferez jouir de « nos priviléges, etc. »

Ces priviléges, quelque grands qu'ils fussent, n'é-
taient cependant pas suffisants pour faire sanctionner
par l'Université toutes les volontés de la cour de
Rome. Un nouveau pape, le cardinal Simon de Brie,
avait succédé à Nicolas III, sous le nom de Martin IV;
et les premiers actes de son pontificat avaient été de
favoriser les mendiants au préjudice du clergé séculier, en leur accordant le droit de confesser et de prêcher. Les prélats français, alarmés de cet envahissement, s'assemblèrent le 6 décembre 1281, et après
avoir demandé l'adjonction de l'Université entière,
maîtres et écoliers, ils déclarèrent, par l'organe des
archevêques de Bourges et d'Amiens, qu'ils étaient
résolus de s'opposer, même jusqu'à effusion de leur
sang, à ce qu'ils regardaient comme une injustice [1].
Ces débats, qui devaient si long-temps troubler la
paix de l'Église, et auxquels nous devons peut-être
originairement l'esprit d'indépendance du clergé gallican, ne furent pas alors éteints; et nous verrons
les prélats et l'Université défendre avec persévérance
les fonctions qu'on voulait leur enlever. Mais si l'Université appuyait de son autorité les plaintes du clergé
régulier de France, sorti presque tout entier de son
sein, elle ne craignait pas non plus de soutenir ses
droits avec vigueur; déja en 1288 un statut avait re-
nouvelé la défense faite aux chanceliers de Notre-Dame
de rien exiger pour l'obtention de la Licence, lorsque
ces mêmes chanceliers, dont les efforts tendaient tou-

---

[1] CRÉVIER, *Histoire de l'Université*, I, 104.

jours à s'affranchir de la surveillance universitaire, voulurent s'arroger le pouvoir de donner la Licence sans se soumettre à l'observation d'aucune règle. Le recteur, Jean de Vasta, s'opposa avec énergie à de telles prétentions qui blessaient les droits du corps, et le plaçaient sous la dépendance du chancelier. Un appel fut aussitôt interjeté à Rome, et la faculté des arts défendit (1292) à tous ses bacheliers de se présenter devant son adversaire pour obtenir la Licence tant que durerait le procès.

Ces luttes fréquentes, et dans lesquelles l'Université avait presque toujours l'avantage, lui avaient donné le sentiment de ses forces : aussi n'était-il pas d'outrage, d'atteinte portée à ses franchises, qu'elle laissât passer sans avoir obtenu une éclatante réparation, quelle que fût la protection dont étaient entourés les coupables ou les dignités dont ils fussent revêtus. En 1288, le cardinal Cholet, le même qui depuis, en 1295, fonda le collége qui porte son nom, aujourd'hui réuni à celui de Louis-le-Grand, était légat en France ; ses gens, dans une querelle avec les écoliers, en avaient tué un ; et le légat, pour apaiser l'Université, s'engagea à fonder pour elle une chapelle avec 20 livres parisis de rente, et à lui livrer les coupables lorsqu'ils auraient été saisis. Une cause du même genre fut, en 1298, l'origine de la fondation des trois chapelles dites du Châtelet ; et celles du Trésor ont encore plus de célébrité en raison de l'événement auquel elles durent leur naissance. Le prévôt de Paris, Pierre Jumel, avait fait pendre un clerc, nommé Barbier, accusé de s'être exprimé avec trop de liberté sur certains actes du gouvernement [1], malgré sa qualité d'ecclésiastique, et sa demande formelle d'être renvoyé devant un juge d'Église, qui seul avait le pouvoir de le condamner. L'Université offensée dans ses priviléges cessa toutes ses leçons jusqu'à ce qu'elle eût obtenu justice du prévôt. Elle ne se fit pas attendre. Le prévôt, destitué de sa charge, fut condamné à fonder deux chapelles, et obligé d'aller à Rome demander son absolution. Là s'arrêta la vengeance de l'Université ; mais l'Official, dont on avait violé la juridiction en condamnant un laïc à mort, en tira une plus éclatante. Il ordonna à tout le clergé de Paris, sous peine d'*excommunication*, de se rendre processionnellement, le 7 septembre 1304, à la maison du prévôt, d'y jeter des pierres en criant : « retire-toi, retire-« toi, maudit satan, reconnais ta méchanceté, et « rends honneur à notre sainte Eglise que tu as dés-« honorée autant qu'il est en toi, et offensée dans « ses franchises : si tu ne le fais, puisses - tu être « associé avec Satan et Abiron que la terre engloutit « tout vivant [2]. » Ces excès, qui peignent le caractère du clergé, qui toujours, surtout dans ses querelles avec l'autorité, s'efforce d'associer la Divinité à sa vengeance ; cette condescendance du pouvoir pour

[1] Simonde de Sismondi, *Histoire des Français*, IX, 157.

[2] Le Beuf, *Histoire du Diocèse et de la Ville de Paris*, I, 438.—Crévier, *Histoire de l'Université*, II, 148.—Duvernet, *Histoire de la Sorbonne*, I, 56.

satisfaire les exigeances des prêtres et des lettrés,
étaient dans ces circonstances moins peut-être le résultat de l'opinion populaire et de la puissance morale
qu'ils exerçaient sur les esprits, que le résultat d'une
politique habile. Philippe le Bel occupait alors le trône
(1285), et ce prince avait annoncé par les premiers
actes de son gouvernement qu'il ferait peser un sceptre
de fer sur les peuples soumis à son empire. Savant
dans l'art du machiavélisme, inflexible dans ses volontés, implacable dans ses vengeances, persévérant
dans ses projets, Philippe voulait dominer sur l'Europe, et devenir l'arbitre des royaumes voisins : orgueilleux à l'excès, la moindre contrariété augmentait son irritabilité naturelle, et toute résistance était
considérée comme un crime. Les défauts de son caractère, qui devaient influer sur sa politique, étaient
cependant susceptibles de plier devant son intérêt,
mais l'instant d'après ils reprenaient leur empire, et
leur violence naturelle augmentée encore par les
obstacles, ne connaissait plus aucune borne. Peu
belliqueux, ce n'était point par la puissance des
armes qu'il voulait conquérir cette suprématie qu'il
ambitionnait; les armes pour lui n'étaient que les
auxiliaires destinés à seconder les ressorts principaux de son gouvernement, et ces ressorts, c'étaient
l'or et l'intrigue! Sous un tel monarque, qui ne
voulait reconnaître d'autres lois que sa volonté, les
priviléges étaient des garanties bien peu suffisantes,
et l'Université aurait pu craindre pour les siens,
si Philippe, engagé contre le Saint-Siége dans

une lutte redoutable, n'avait pas été obligé de chercher un appui dans les classes les plus influentes de la nation. C'est sans doute à cette nécessité qu'on doit attribuer sa bienveillance pour le corps universitaire. Afin de satisfaire aux besoins de sa politique, pour acheter ceux qu'il voulait gagner, l'or de ses sujets lui était nécessaire : déja, en chassant de la France les Italiens et les Juifs, il s'était emparé de leurs richesses, lorsque la guerre contre Édouard, dont il avait saisi le duché d'Aquitaine, et la nécessité de faire face à la ligue formée contre lui, vinrent redoubler ses besoins. La France fut accablée d'impôts ; des ordonnances somptuaires, disposant de la fortune des citoyens, les contraignaient, sous peine de perdre la liberté, d'apporter à la monnaie leur vaisselle d'or et d'argent, et réglaient leurs dépenses d'habits, d'équipages, et même le nombre des plats qu'ils pouvaient avoir à leur table [1].

Au milieu de ces actes de tyrannie du despotisme royal, l'Université seule était épargnée ; sa pauvreté et le danger d'irriter une compagnie puissante dictèrent probablement cette mesure exceptionnelle. Soit politique, soit bienveillance, Philippe fut persévérant ; car bientôt après (en 1297), il affranchit ses membres du droit de péage dans toute l'étendue de son royaume, et soumit à la même obligation jusqu'aux terres de ses vassaux. C'était donner à l'Université

---

[1] *Ordonnances du Louvre*, I, 324, 541. — SIMONDE DE SIS-MONDI, *Histoire des Français*, VIII, 487.

un droit qu'il n'était pas en son pouvoir de concéder; aussi fut-il obligé, pour assurer son exécution, d'employer le langage de la force dans deux rescrits à la date de 1303 et 1304, adressés au bailli d'Amiens, et dans lesquels il explique les motifs de sa volonté, par les égards qu'on doit « aux travaux, aux veilles, « aux sueurs, à la disette de toutes choses, aux peines « et aux périls que subissent les étudiants pour ac- « quérir la perle précieuse de la science [1]. »

Ce ne fut néanmoins qu'en 1302 qu'il confirma officiellement les diplômes émanés de Philippe-Auguste, imposant en même temps (1311) au chevalier du guet l'obligation qui pesait sur le prévôt de Paris, de jurer, à son entrée en charge, le maintien des priviléges universitaires [2].

Il avait besoin alors de se faire des partisans : en 1295, le cardinal Benoît Caietan avait succédé, sous le nom de Boniface VIII, à Célestin V, que son incapacité avait forcé de descendre du trône de Saint-Pierre, après un court pontificat. Le nouveau chef de l'Église était un homme d'un caractère altier; et dès le commencement de son règne, il avait réussi à indisposer contre lui le roi, les prêtres et les docteurs, en favorisant les religieux mendiants, et en leur accordant

---

[1] Ordonnance de 1312. — BULLÆUS, *Historia Universitatis*, IV, 164.

[2] PASQUIER, *Recherches de la France*, liv. III, chap. 29. — GRANCOLAS, *Histoire de la Ville, de l'Évéché et de l'Université de Paris*, I, 157.

I.

8

un secours de mille marcs d'argent à prendre sur tous les legs pieux qui se feraient en France.

L'altération des monnaies françaises, que Philippe avait eu lui-même l'impudeur d'annoncer dans une ordonnance où il disait que « les affaires pressantes « de son royaume l'avaient déterminé à faire fabriquer « une monnaie où il manquerait peut-être quelque « chose du poids et du titre [1] : » les exactions rigoureuses dont il frappait la France, et qu'on nommait *la maltote* pour indiquer l'injustice avec laquelle elles étaient levées [2], et qui pesaient même sur les prêtres, avaient excité la colère de Boniface, qui les regardait comme une usurpation. Dans une bulle, rendue à Agnani le 18 août 1296, devenue depuis si célèbre comme le premier acte de son éclatante querelle avec le monarque français; dans la bulle *Clericis laïcos*, enfin, il avait annoncé qu'il prendrait la défense des clercs, et frapperait d'anathème quiconque, roi ou empereur, sans l'ordre exprès du Saint-Siége, exigerait une subvention du clergé. Le ton impérieux du pontife avait offensé le prince; il y vit une atteinte portée aux droits de sa couronne, et à son tour, par une ordonnance du 17 août 1296 [3], il défendit, à quelque personne que ce fût, d'exporter de son royaume de l'or et de l'argent, à moins d'une permission expresse de lui. Une semblable défense, qui portait le plus grave préjudice

---

[1] *Ordonnances du Louvre*, I, 325.

[2] SIMONDE DE SISMONDI, *Histoire des Français*, VIII, 516.

[3] SIMONDE DE SISMONDI, *Histoire des Français*, VIII, 518.

à la cour de Rome, en la privant des tributs du plus
opulent des pays chrétiens, avait été amèrement cen-
surée par Boniface : « Qui osera, s'écriait-il dans
« une nouvelle bulle, la bulle *Ineffabilis amoris*,
« qui osera porter atteinte aux libertés ecclésiastiques
« contre son Dieu et son Seigneur; sous quel bouclier
« se cachera-t-il pour éviter que le marteau de la puis-
« sance suprême ne le réduise en poudre et en cen-
« dres? » Cependant la mésintelligence n'avait pas
entièrement éclaté, et la canonisation de l'aïeul de
Philippe, saint Louis, faite en 1297 paraissait avoir
étouffé tous ces ferments de discordes. Mais ce calme
était trompeur, et, entre deux hommes orgueilleux et
aussi irritables, l'explosion de la colère ne pouvait
tarder long-temps. Au sujet de quelques prétentions
élevées par l'archevêque de Narbonne, le pape avait
écrit à Philippe, le 18 juillet 1300 : « Si tu tolères,
« mon fils, de telles entreprises contre les églises de
« ton royaume, tu pourras craindre ensuite avec rai-
« son que Dieu, le maître des jugements et le roi des
« rois, n'en tire vengeance; et certainement son vicaire
« à la longue ne se taira pas : s'il attend quelque temps
« avec patience pour ne pas fermer la porte à la miséri-
« corde, il faudra bien enfin qu'il se lève pour la pu-
« nition des méchants et la gloire des bons [1]. » Il avait
en même temps envoyé auprès de Philippe, en qualité
de légat, une de ses créatures, Bernard de Saisset,
évêque de Pamiers : personne n'était moins propre à

---

[1] SIMONDE DE SISMONDI, *Histoire des Français*, IX, 72.

une pareille mission, et il offensa Philippe au lieu de
l'adoucir. Insulté par un de ses sujets, le roi le fit arrêter dans son diocèse; amené à Paris, son procès lui
fut fait; il fut déclaré coupable du crime de lèze-ma-
jesté, et Philippe envoya un ambassadeur à Rome pour
demander au pape « de priver des ordres sacrés et de
« tout privilége clérical, Bernard, cet homme dévoué à
« la mort, dont la plus longue vie corromprait les lieux
« qu'il habite; et cela afin que le roi puisse en faire
« un sacrifice à Dieu par la voie de justice [1]. » A
cette demande, le pape irrité intervint pour son protégé, pour le clergé dont on avait violé les franchises,
et dans la bulle *Ausculta fili*, il renouvela avec force
ses anciennnes prétentions sur la suprématie spirituelle [2]; et pour travailler, disait-il, à la réforme du

---

[1] SIMONDE DE SISMONDI, *Histoire des Français*, IX, 76.

[2] Bonifacius Episcopus, servus servorum Dei, Philippo Francorum regi. Deum time et mandata ejus observa : scire te volumus,
quod in spiritualibus et temporalibus nobis subes, beneficiorum
et præbendarum ad te collatio nulla spectat. Et si aliquarum va-
cantium custodiam habeas, usumfructum earum successoribus
reserves, et si qua contulisti, collationem haberi irritam decre-
vimus et quatenus processerit revocamus. Aliud credentes fatuos
reputamus.

Datum Laterani, quarto nonas decembris, nostri pontificatus
anno sexto.

A quoi le roi répondit par autres lettres latines, mais d'une
bravade plus grande :

Philippus Dei gratia Francorum rex, Bonifacio se gerenti pro
summo pontifice, salutem modicam, sive nullam. Sciat tua maxima
fatuitas, in temporalibus nos alicui non subesse. Aliquarum Eccle-

royaume et à la correction du roi, il convoqua à
Rome, pour le 1er novembre 1302, tout le clergé de
France, avec les maîtres en théologie, en droit civil
et en droit canon [1].

Le roi, en présence de toute sa cour, avait fait
brûler (11 février 1302), dans son palais, la bulle
de Boniface, déclarant que la couronne de France
était indépendante du pape, et qu'il ne la tenait que
de Dieu seul. Il avait en même temps convoqué à
Paris une assemblée générale des États du royaume,
pour leur donner connaissance de ses démêlés avec le
Saint-Siége, appelant ainsi toutes les classes de la
nation à l'exercice de leurs droits; le tiers-état et la
noblesse approuvèrent la conduite du monarque, vers
lequel penchaient aussi beaucoup de membres du
clergé. Plus la querelle prenait un caractère hos-
tile, plus le pontife se roidissait; il se vantait au milieu du consistoire de tenir dans ses mains les deux
glaives temporel et spirituel. Déja trois rois de France,
disait-il, ont été déposés par mes prédécesseurs, et
moi-même, je déposerai Philippe comme on renvoie
un laquais [2].

Malgré les ordres du roi, qui avait défendu au
clergé de déférer au commandement de Boniface et

siarum et præbendarum vacantem collationem ad nos jure regio
pertinere, et percipere fructus earum contra omnes possessores
utiliter nos tueri. Secus autem credentes, fatuos reputamus atque
dementes. PASQUIER, *Recherches de la France*, liv. III, ch. 17.

[1] BULLÆUS, *Historia Universitatis*, IV, 11, 12, 13.
[2] CRÉVIER, *Histoire de l'Université*, II, 190.

d'aller à Rome, plusieurs prélats s'y rendirent. Philippe, pour punir leur infraction à sa volonté, fit
saisir les biens de tous les évêques, abbés, prieurs,
maîtres et docteurs en théologie qui seraient sortis
du royaume sans une licence spéciale de la volonté
de Sa Majesté [1], et le pape lança contre lui les foudres
de l'excommunication, qu'il avait jusqu'alors tenues
suspendues sur sa tête. Ce dernier coup mit le comble à la colère du prince; il fut défendu, sous des
peines sévères, d'introduire les bulles en France; ceux
qui les portaient furent arrêtés, et le légat, Jean-le-
Moine, reçut ordre de sortir du royaume. Une nouvelle réunion des États eut lieu le 12 mars 1303;
et là, en présence du roi, de ses frères et de tout le
baronage de France, Guillaume Nogaret, chevalier
ès-lois, porta la parole contre Boniface, ce maître de
mensonges, dit-il, qui se fait appeler *faiseur de bien*
(Boniface), et demanda la convocation d'un concile pour la nomination d'un légitime et nouveau
pape. Les États adoptèrent ces foudroyantes conclusions, et le roi obtint plus de sept cents actes d'adhé-
sion des prélats, barons, villes et communautés religieuses [2]. L'Université avait été une des premières à
donner cet exemple : le 21 juin, elle avait été ad-
mise à une audience du roi, et avait acquiescé à la
délibération [3], et, par là, donné l'exemple du rallie-

---

[1] *Ordonnances du Louvre*, I, 349.

[2] *Histoire du différend entre Boniface et Philippe.* Preuves,
pag. 3.

[3] BULLEUS, *Historia Universitatis*, IV, 47.

ment à l'autorité légale dans une lutte où le pouvoir temporel menaçait d'être envahi par l'ultramontanisme. L'Université de Toulouse avait suivi cet exemple; elle fut aussi comprise dans la vengeance pontificale; le pape furieux avait lancé bulles sur bulles. Dans l'une d'elles, il défend de donner aucune licence en France pendant tout le temps que durera l'excommunication. Il se proposait d'en publier de plus foudroyantes encore contre son audacieux rival, lorsque, arrêté au sein même de ses États, à Agnani, par les ordres de Philippe, il alla mourir à Rome, le 11 octobre 1303, des suites de l'émotion qu'il avait éprouvée.

L'éclat de la querelle de Philippe avec le pape avait encore augmenté, s'il est possible, le respect qu'on portait aux décisions et aux lumières des membres de l'Église de France, qui, dans cette circonstance remarquable, n'avaient pas abandonné les droits de la couronne, pour appuyer servilement les ambitieuses prétentions de la tiare. Il semble que vers cette époque la nation et le roi prirent à tâche de multiplier les maisons où ils pussent former des hommes qui devinssent un jour les soutiens de leur indépendance : aussi ce siècle peut-il être regardé comme celui de la fondation de la plupart des colléges. En 1291, Raoul d'Harcourt avait fondé, rue de la Harpe n° 94, pour quarante écoliers, le collége d'Harcourt, remplacé aujourd'hui par le collége Saint-Louis. Le cardinal Lemoine, élève de l'Université, qui avait exercé en France les fonctions de légat, créait en 1303, rue Saint-Victor n° 76, dans le clos du Chardonnet [1], le collége qui porte son nom. Tous les ans, le 13 janvier, on y célébrait la fête du fondateur ; un écolier, vêtu en cardinal, assistait aux offices divins avec les insignes de cette dignité ; et les autres venaient le complimenter et réciter des vers à sa louange [2]. Le collége de Bayeux, rue de la Harpe n° 93, date aussi de cette époque (1309), avec cette différence, que les étudiants en droit et en médecine y étaient admis concurremment avec les théologiens. Enfin la famille royale elle-même ne resta pas étrangère à ces actes de bienfaisance ; et le collége de Navarre, près la Montagne Sainte-Geneviève, dont les bâtiments sont aujourd'hui affectés à l'Ecole polytechnique, est un monument de la libéralité de Jeanne de Navarre [3], femme de Philippe-le-Bel (1304) ; 2000 livres tournois de rente, laissées par la reine, suffisaient à l'entretien de soixante-dix boursiers, dont le roi était considéré comme le premier ; et le revenu de sa bourse servait, dit-on, à acheter des verges pour châtier les autres [4]. Raoul de Presles, clerc du roi, et l'un des plus fameux jurisconsultes du parlement, depuis enveloppé sous Louis-le-Hutin dans la disgrace de tous les conseillers de Philippe-le-

---

1 DULAURE, *Histoire de Paris*, III, 101.

2 LE BEUF, *Histoire de la Ville et du Diocèse de Paris*, I, 428.

3 LAUNOY, *Regii Navarræ Gymnasii Historia*.

4 COQUILLE, *Histoire du Nivernais.* — DULAURE, *Histoire de Paris*, III, 102.

Bel, avait consacré en 1314 une partie de ses biens
pour doter, rue Saint-Jean-de-Beauvais n° 22, le collége de Presles, célèbre depuis par l'assassinat de Ramus
qui, lors des massacres de la Saint-Barthélemi, fut
tué dans ses murs. La même année, Aicelin de Montaigu, archevêque de Rouen, était le fondateur de celui
de Montaigu, et laissait pour l'entretien de chaque
écolier une somme de 10 liv. par an [1].

Cette multitude de maisons consacrées à l'enseignement avait tourné à l'avantage de la science ;
quoique la théologie prédominât toujours, on commençait néanmoins à cultiver les belles lettres, qu'on
s'accoutumait à ne plus regarder comme portant ob-
stacle aux études sacrées. En 1285, Honorius IV,
pendant son court pontificat, s'était efforcé d'introduire l'étude de l'arabe dans l'Université : cet essai
n'avait pas réussi ; mais l'astronomie avait été plus
heureuse : elle s'était déja signalée par quelques progrès. Jean de Saint-Victor parle d'une éclipse de soleil
arrivée en 1310, et qui avait été prédite long-temps
auparavant par des clercs de Paris, savants dans la
faculté d'astronomie [2] ; et l'année d'après, en 1311,
le pape, dans le concile de Vienne en Dauphiné, si
fameux par la condamnation et l'abolition de l'ordre
des Templiers, avait secondé ce mouvement non-seulement en France, mais encore en Europe, en établissant des professeurs pour les langues grecque, hé-

---

[1] *Continuateur de* GUILLAUME DE NANGIS, pag. 70.
[2] BULLÆUS, *Historia Universitatis*, IV, 139.

braïque, arabe et chaldéenne dans les Universités de Paris, Oxford et Bologne [1].

Paris n'était plus alors la seule ville en France qui possédât des écoles célèbres ; deux Universités nouvelles avaient tout récemment pris naissance. En 1289 le pape Nicolas IV avait permis l'érection d'une étude générale dans Montpellier, déja renommé par ses écoles de médecine ; et en 1307 Clément V [2] avait voulu procurer le même avantage à la ville d'Orléans qu'il affectionnait ; mais les priviléges sous la protection desquels il avait placé les maîtres et les écoliers, avaient indisposé les habitants et causé des troubles. Le roi supprima l'Université dont l'érection faite sans sa permission en était la cause [3] ; et bientôt après il la rétablit sous le titre d'étude générale pour l'un et l'autre droit. L'enseignement se bornait à ces deux sciences, et la théologie lui était interdite, pour ne pas déroger, dit-il dans son ordonnance, aux priviléges accordés à l'École de Paris [4].

Philippe, comme on voit, ne voulait souffrir aucun empiétement sur son autorité : aussi, depuis sa lutte avec le pape, avait-il fait tous ses efforts pour faire monter sur le trône de Saint-Pierre un homme

---

[1] FLEURY, *Histoire des Ecclésiastiques*, XXVIII, 460.

[2] *Bulle du 16 février*, rapportée par PASQUIER, liv. IX, ch. 37.

[3] Quod enim in hoc favore studii dispositum fuerat, manifeste tendebat ad noxam. *Lettres patentes du 12 juillet* 1312, données à l'abbaye de Maubuisson.

[4] *Ne detrahetur privilegiis romanæ sedis studio Parisiensis concessis.* PASQUIER, liv. III, chap. 10.

qui n'apportât aucune résistance à ses volontés; Bertrand de Goth, archevêque de Bordeaux, lui avait paru être cet homme, et par son influence il avait déterminé son exaltation sous le nom de Clément V. L'événement prouva qu'il ne s'était pas trompé; et sa soumission à tous les désirs du roi, son aveugle condescendance dans le procès des Templiers, furent la récompense qu'il offrit au monarque. Cet ordre fameux, qui depuis plus d'un siècle s'était dévoué à la défense des lieux saints, avait excité, à ce qu'il paraît, par ses richesses, la cupidité de l'avide Philippe : il avait conçu le projet de s'emparer de ses biens, et la coopération du pontife lui assurait le succès de son entreprise. Déja, dans toute l'étendue de la France, les Templiers avaient été arrêtés, et jetés au fond des prisons, lorsque le roi convoqua, en 1308, à Tours les États généraux, pour délibérer sur leur sort: l'Université reçut ordre d'y assister : « Le « roi, dit le chanoine Jean de Saint-Victor, fit as- « sembler un parlement à Tours de nobles et d'igno- « bles, de toutes les châtellenies et villes de son « royaume : il voulait recevoir leurs conseils sur ce « qu'il convenait de faire des Templiers selon leur « confession : le jour avait été assigné à tous ceux qui « furent invités, au premier du mois qui suivrait la « Pâque. Le roi voulait agir avec prudence; et, « pour ne pas être repris, il voulait avoir le jugement « et l'assentiment des hommes de toute condition de « son royaume : aussi il ne voulait pas seulement « avoir le jugement délibératif des nobles et des let-

« très, mais celui des bourgeois et des laïcs. Ceux-ci,
« comparaissant personnellement, prononcèrent pres-
« que tous d'une manière commune que les Templiers
« étaient dignes de mort. L'Université de Paris, et
« surtout les maîtres en théologie furent requis ex-
« pressément de donner leur sentence, c'est ce qu'ils
« firent par les mains de leur tabellion, le samedi
« qui suivit l'Ascension [1]. » Cette sentence était leur
arrêt de mort : car, comme ils étaient accusés d'hérésie, ils donnèrent le conseil « de s'en tenir aux rè-
« gles que la Cour romaine a tracées sur les actes reli-
« gieux, les hérésies et les crimes énormes, » et ces
règles étaient le bûcher.

La bienveillance du pape pour récompenser l'Université de la conduite qu'elle avait tenue dans tous
les événements qui avaient signalé le règne de Philippe, éclata au concile même de Vienne par un décret où il réduisit, dans l'intérêt des écoliers, les
frais nécessaires pour arriver au doctorat, et qui
étaient alors considérables. Il fut même proposé d'af-
fecter aux étudiants une certaine partie des bénéfices
ecclésiastiques ; mais ce projet ne devait recevoir
d'exécution que plus de cent ans après, au concile de
Bâle en 1431. Cette prédilection, marquée pour l'U-
niversité de Paris, se retrouve encore dans les actes
de Jean XXII, successeur de Clément V, qui, dès son
exaltation (1316), non content de confirmer les privi-

---

[1] JOANNES, CANONICUS SANCTI VICTORIS, pag. 456.—SIMONDE
DE SISMONDI, *Hist. des Français*, IX, 219.

léges accordés par ses prédécesseurs, et ceux même qui *émanaient de l'autorité royale*, recommanda encore tous ses membres aux collateurs de bénéfices comme devant mériter la préférence; aussi cette préférence excita-t-elle la jalousie d'une Université étrangère, l'Université d'Oxford; et Édouard II, roi d'Angleterre, écrivait au Saint-Père pour s'en plaindre et réclamer au moins l'égalité en faveur de ses sujets.

Si les papes et les rois s'efforçaient à l'envi d'augmenter la splendeur et la puissance de l'Université, celle-ci de son côté faisait tous ses efforts pour seconder ses protecteurs, en assurant, par une bonne discipline intérieure, sa prospérité toujours croissante. Elle avait créé dans son sein un tribunal présidé par le recteur pour juger les causes de ses membres, et devant lequel il n'était pas permis de se servir de l'organe, mais seulement du conseil d'un avocat. Ce tribunal ne rendait pas de jugements en dernier ressort, on pouvait appeler de ses décisions à l'Université entière, réunie en assemblée générale; et un statut de 1315 condamne à cinq sous parisis d'amende quiconque aura usé de cet appel et aura succombé [1]. Ces statuts, ces réglements, qui devaient avoir force de loi pour tous les membres, étaient confiés à la garde du recteur, de même que leur rédaction était son ouvrage; mais leur multiplicité qui augmentait tous les jours, et le peu de durée des fonctions rectorales rendaient ce magistrat tout-à-fait

---

[1] CRÉVIER, *Histoire de l'Université*, II, 240.

impropre à ce soin; et, pour le remplacer, on nomma
en 1316 un greffier qui devait en être uniquement
chargé. Ce greffier, pris d'abord parmi les notaires
apostoliques, fut plus tard exclusivement choisi dans
le sein de la compagnie, et tiré de la faculté des
arts. En même temps on instituait pour le doctorat
en théologie la thèse dite Grande-Sorbonique : les
thèses se divisaient en plusieurs classes, en majeure
ou mineure, en sabatine ou tentative ; en petite et
grande sorbonique; dans cette dernière, le candidat
devait, sans boire ni manger, sans quitter sa place,
soutenir et repousser les attaques de vingt assaillants
ou ergoteurs qui, se relayant de demi-heure en demi-heure, le harcelaient depuis six heures du matin
jusqu'à sept du soir [1].

L'Université, la même année, tentait, de son
propre mouvement, de mettre un terme aux abus qui
pouvaient naître de ses priviléges. Ces priviléges qui
consistaient principalement à n'être, dans certains
cas, justiciables que du tribunal des conservateurs
apostoliques, venaient (1315) d'être renouvelés par
Louis X à son avénement au trône [2] ; et l'Université, pour se montrer digne des bontés du roi, avait
publié un décret sévère qui prononçait des peines et
des dommages-intérêts contre les plaideurs téméraires
qui, abusant de leurs droits, déclinaient la compétence des juges civils, même dans les affaires qui de-

---

[1] DUVERNET, *Histoire de la Sorbonne*, I, 44.
[2] *Ordonnances du Louvre*, I, 623.

vaient leur être soumises. Par là elle faisait taire
toutes les plaintes qui pouvaient s'élever contre elle,
donnait un bel exemple de sa modération, et augmentait encore le crédit dont elle jouissait : crédit
tel qu'en 1317 Philippe-le-Long, s'emparant, après
la mort de Louis-le-Hutin son frère, de la couronne,
au préjudice de sa fille Jeanne, en invoquant le principe de la loi salique, que les femmes ne pouvaient
succéder au trône, demanda à l'Université de donner
son assentiment à cette doctrine, assentiment qu'elle
donna, mais sans vouloir le confirmer par serment [1];
et qu'en 1320, sous le règne du même prince, elle
détermina, par son influence, la condamnation du
prévôt de Paris, Henri Capperel, qui, pour sauver
un homme riche condamné à mort, avait fait pendre
à sa place un pauvre, innocent. Le prévôt fut à son tour
pendu [2]; et ce juste châtiment contre un des grands
officiers de la couronne est un exemple de l'empire
que les lois commençaient à acquérir.

En 1317, les *Clémentines*, recueil des décrétales de
Clément V, destinées à continuer celles qu'Eugène III,
Grégoire IX et Boniface VIII avaient publiées, furent
adressées à l'Université de Paris et à l'Université de

---

[1] SIMONDE DE SISMONDI, *Histoire des Français*; IX, 353. —
Chronique de Guillaume de Nangis, sous l'année 1316; *Collec-
tion des Mémoires relatifs à l'Histoire de France*, *publiés par*
M. GUIZOT, XIII, 322.

[2] BULLEUS, *Historia Universitatis*, IV, 185. — DULAURE,
Histoire de Paris, III, 292.

Bologne, par le pape Jean XXII, comme devant avoir
force de loi dans les tribunaux ecclésiastiques [1]. Mais
Jean XXII, dans le temps où il donnait à l'Université cette marque de considération, lui écrivait
pour reprocher à ses professeurs quelques erreurs qui
s'étaient glissées dans son sein, se plaindre de leur
attachement aux subtilités philosophiques, et les me-
nacer, s'ils n'y portaient remède, de leur envoyer des
commissaires qui le feraient par la seule autorité de
l'Église [2]. Ces plaintes n'étaient pas tout-à-fait sans
fondement, car il paraît que déja alors les principes
sur le célibat des prêtres, qui furent depuis adoptés
par les réformateurs, s'étaient propagés chez divers
membres du clergé : on rapporte même qu'en 1320,
un théologien enseigna publiquement à Paris que les
prêtres pouvaient se marier [3].

Ces nuages passagers ne nuisaient pas néanmoins
à la réputation de pureté de doctrine dont jouissait
l'Université, et le même pape invoquait l'autorité de
ses décisions contre de prétendus hérétiques dont il
avait entrepris la destruction. Des religieux mendiants
de Saint-François, voulant ramener leur ordre à son institution primitive, se vouèrent à une pauvreté parfaite;
et poussant jusqu'à l'excès les principes de leur institut,
prétendaient ne pouvoir rien posséder en propre, re-

---

[1] FLEURY, *Histoire Ecclésiastique*, XIX, 276.

[2] RENALDI, *Annales Ecclésiastiques*, année 1317, n° 15. —
SIMONDE DE SISMONDI, *Histoire des Français*, IX, 356.

[3] CRÉVIER, *Histoire de l'Université*, II, 262.

jetant même la propriété du pain qu'ils mangeaient,
du vin qu'ils buvaient [1]. Ce système, qui n'était
que ridicule, excita le zèle du pontife : la majorité
du clergé et des ordres religieux que la réforme
blessait dans leurs intérêts les plus chers, en leur
contestant le droit de posséder des richesses, se joignit à lui contre des novateurs qui les considéraient
comme corrompus : le bras séculier fut employé contre eux, et, en 1318, quatre fratricelles ou béguards,
(c'était le nom qu'on leur donnait) furent brûlés à Marseille. Les supplices, loin de ralentir leur enthousiasme,
ne faisaient au contraire que l'augmenter. Pleins d'horreur pour un pape qui voulait les convaincre par
le bûcher, et qu'ils regardaient comme l'antéchrist [2],
les Franciscains réformateurs, se jetèrent dans le parti
de Louis de Bavière, qui disputait alors l'Empire à
Frédéric d'Autriche, et que le pape avait excommunié; ils composèrent des écrits pour sa défense, et
dans l'un d'eux, intitulé *le Défenseur de la paix*, ils
soutenaient « qu'il appartenait à l'empereur de corri-
« ger le pape, de le punir, de l'instituer et de le des-
« tituer, et que le pape, ni toute l'Église réunie, ne
« pouvaient infliger à aucun homme, quelque scélérat
« qu'il fût, une peine coactive, si l'empereur ne leur
« en donnait l'autorité ». Les théologiens de Paris, qui
déja avaient condamné les opinions des fratricelles,
proscrivirent aussi, en 1350, sur l'ordre du pape,

---

[1] Duvernet, *Histoire de la Sorbonne*, I, 60.

[2] Simonde de Sismondi, *Histoire des Français*, IX, 438.

I.

ces maximes dont l'auteur était un ancien recteur de
l'Université. Fleury, dans son *Histoire ecclésiastique*[1],
dit à ce sujet, « que la condamnation de l'article sus-
énoncé tend à la confusion des deux puissances, temporelle et spirituelle; car les peines coactives appartiennent à la première, comme le clergé de France l'a
solennellement déclaré en 1662. »

Le rôle que l'Université était appelée à jouer sans
cesse, augmentait son influence et son crédit; et
presque toujours ses prétentions étaient couronnées de
succès. Un écolier, chanoine de l'Église de Paris, était
mort intestat, et l'Université en vertu d'une bulle de
Grégoire IX, de 1231, se présentait comme héritière
de ses biens meubles; le chapitre, de son côté, les réclamait en sa qualité de chanoine. Cité devant le tribunal
du conservateur apostolique (1326), il refusa de comparaître, et déclina sa juridiction. L'Université alors le
frappa d'excommunication, le déclara exclu de son
sein, déchu des priviléges académiques, et fit publier
et afficher son jugement dans plusieurs endroits de
Paris, et jusque dans Notre-Dame même. Les chanoines effrayés demandèrent un accommodement que
l'Université accorda.

Cette vigueur qu'elle venait de déployer contre
les membres du clergé, elle savait s'en servir également pour repousser ceux de ses suppôts qui voulaient
usurper les droits de la compagnie entière pour les
exploiter à leur profit. C'est ainsi qu'en 1325 les

---

[1] FLEURY, *Histoire Ecclésiastique*, XIX, 415.

doyens des nations prétendaient que c'était à eux seuls, conjointement avec le recteur, qu'appartenait le droit de nommer aux bénéfices, qui étaient la propriété de l'Université. Tous les membres s'opposèrent à une innovation qui les aurait dépouillés d'un avantage précieux; et les quatre nations ainsi que les trois facultés, continuèrent de le posséder [1]. Le soin de ce qui paraissait lui être utile, éveillait l'attention de tous ceux qui pouvaient lui faire quelque bien. Jean XXII venait de défendre (1325) à tous les avocats ou notaires attachés à la cour du Conservateur apostolique, d'exiger des salaires plus forts que ceux qu'on prenait dans les autres tribunaux, lorsque l'official de Paris lui rendit un service encore plus important. Les titres et les actes originaux de ses priviléges, n'ayant pas été conservés avec soin, se trouvaient dispersés dans plusieurs mains; comme il était nécessaire, dans l'intérêt des écoles, de les placer dans un dépôt public, l'official ordonna à tous ceux qui en posséderaient ou en auraient connaissance, de les remettre à la compagnie; et, pour assurer l'exécution de son ordonnance, il frappa les contrevenants d'excommunication (1327). L'exemple que donnait l'official en montrant quel prix il attachait à la conservation de ces minutes originales, fut suivi par une des fractions de l'Université; en 1329, la nation de Picardie fut la première qui fit faire une collection de ses statuts.

---

[1] *Priviléges de l'Université de Paris*, 1612, pag. 134.

Cette sollicitude de toutes les autorités, ce soin que la compagnie elle-même apportait à seconder leur zèle, à maintenir les droits qui lui avaient été accordés, et à assurer la force de sa discipline intérieure, prouve l'extension qu'elle ne cessait de prendre. A cette époque, au commencement du quatorzième siècle, elle peuplait à elle seule un quartier de Paris; ses écoles occupaient des rues entières; et un statut de 1328 nous apprend que la rue du Fouare, élevée sur l'emplacement de l'ancien clos Monvoisin, était spécialement affectée aux écoles de la faculté des arts. Cette rue, située près de la place Maubert, et qui, pendant long-temps, fut fermée avec des barrières, pour que la tranquillité n'en fût pas troublée par les voitures et pour qu'elle ne devînt pas, comme on s'en plaignait en 1358, le refuge, pendant la nuit, de femmes publiques et de gens sans aveu [1], tirait son nom de la paille, appellée en vieux français *Fouare* ou *Feurre*, qu'on répandait dans les salles d'étude pour la commodité des écoliers; car il leur était enjoint d'écouter les leçons de leurs maîtres, assis à terre et non sur des bancs [2]. Dans ce temps où les jouissances du luxe n'étaient pas encore bien perfectionnées, cet usage de répandre de la paille était commun à toutes les habitations;

---

[1] DULAURE, *Histoire de Paris*, III, 296.

[2] Sedeant scholares in terra coram magistris non in scamnis vel sedibus elevatis a terra, ut occasio superbiæ a juvenibus secludatur. *Bulle d'Urbain V*, de 1366. — GRANCOLAS, *Histoire de la Ville, de l'Évéché et de l'Université de Paris*, I, 355. — CRÉVIER, *Histoire de l'Université*, II, 118.

les palais même des rois en étaient garnis, et on cite
un acte de 1208, qui contient une donation faite
par Philippe-Auguste à l'Hôtel-Dieu « de toute la
« paille de notre chambre et de notre maison de
« Paris, chaque fois que nous partirons de cette ville
« pour aller coucher ailleurs [1] ».

Les années qui venaient de s'écouler n'avaient pas
été moins favorables que les précédentes au bien-être
des études, et l'apparition successive des fils de Philippe-le-Bel sur le trône, avait été marquée, comme
les règnes de leurs prédécesseurs, et comme le furent
ceux des rois qui les suivirent, par de nombreuses fondations de colléges. Dans un espace de dix années, six
nouvelles maisons vinrent offrir un asile et des secours aux étudiants malheureux. En 1317, le collége
de Narbonne, rue de La Harpe n° 89, était dû à
l'archevêque de cette ville, Bernard de Farges. Celui
de Tréguier, sur les ruines duquel on a bâti, en
1610, le collége de France, était fondé en 1321.
Deux ans après, un clerc de Philippe V, Geoffroi
Duplessis, élevait, rue Saint-Jacques, le collége qui
porte son nom, devenu récemment (1828) une école
préparatoire destinée à remplacer l'École Normale;
et en 1329 il en faisait construire à côté un nouveau, celui de Marmoutier, que les Jésuites achetè-
rent, en 1637, pour agrandir le collège de Louis-
le-Grand, qu'ils occupaient alors. Enfin, les années
1325 et 1326 virent se former les collèges de Cor-

---

[1] DULAURE, *Histoire de Paris*, II, 589.

nouaille, rue du Plâtre n° 20; et des Écossais, rue des Fossés-Saint-Victor n°ˢ 25 et 27, encore occupé aujourd'hui par un pensionnat. David, évêque de Murrai en Écosse, en était le fondateur.

Le temps de l'importance politique de l'Université était arrivé, et le changement qu'avait subi la forme du gouvernement, en était la cause. Jusqu'alors nous l'avions vue honorée, respectée, parce que les rois avaient compris son utilité, et que son caractère ecclésiastique la mettait à l'abri des violences arbitraires derrière le manteau du clergé; mais là s'arrêtait sa puissance; elle consistait à ne point être impunément exposée aux caprices de la force. Les rois qui, depuis Philippe-Auguste, montèrent sur le trône, en donnant une nouvelle direction à leur politique, donnèrent en même temps aux lettrés une existence qui leur était inconnue. Jusqu'alors ils étaient restés en dehors du gouvernement, presqu'étrangers à tous ses actes; à partir de cette époque ils y prirent une part active, car c'est sur eux que les rois s'appuyèrent. Le système féodal n'était propre à faire, des hauts vassaux de la couronne, que des sujets infidèles et turbulents; habitués à considérer le prince presque sur le pied de l'égalité, et seulement comme un chef, ils étaient toujours prêts à refuser un hommage illusoire, et à combattre celui qui voulait restreindre leur autorité. Au contraire, une obéissance passive, une soumission aveugle, un dévouement sans bornes, étaient le partage de ces hommes qui, n'ayant, pour parvenir aux honneurs, d'autre voie que leur instruc-

tion, y avaient néanmoins été portés par le prince.
Leur reconnaissance pour un maître qui avait daigné
les approcher de sa personne, était illimitée; tous leurs
efforts tendaient à augmenter son pouvoir, et leurs
efforts furent presque toujours heureux, car leur habileté, leurs talents, leur supériorité sur leurs nobles
adversaires, mettaient toutes les chances en leur faveur; c'est ainsi que peu à peu ils parvinrent à sa-
per les fondements du pouvoir féodal, et à élever
l'étendard royal, là où flottait la bannière du baron.
De tels résultats, tout-à-fait à l'avantage de la royauté,
ne furent pas perdus pour cette classe nombreuse de
Français, que long-temps les nobles avaient accablés
de leur mépris, parce qu'ils ne possédaient ni leurs richesses, ni leur pouvoir, et qu'ils ne comptaient pas une
longue suite d'aïeux. Les rois commencèrent à sentir
que la nation devait être considérée pour quelque
chose, et le peuple fut appelé aux États-généraux:
ce fut aussi dans son sein qu'ils allèrent chercher leurs
ministres, parce que ce n'était que là, et non dans
l'ignorante noblesse, dont le dédain pour tout ce qui
tenait à l'instruction existait toujours, qu'ils pouvaient
trouver des hommes assez habiles pour suivre avec
succès la ligne qu'ils s'étaient tracée. L'utilité qu'ils
retirèrent de leurs lumières les habitua à considérer
les savants avec une sorte d'égards. L'illustration de
l'Université parisienne, son immense renommée, la
réputation de ses docteurs, devaient donner un grand
poids à son opinion, et on pouvait bien augurer du
mérite d'une cause lorsqu'elle avait obtenu son as-

sentiment : aussi vit-on les rois rechercher pour ainsi
dire son appui, invoquer ses lumières, l'appeler
dans leurs conseils, et s'appuyer sur ses décisions.
Souvent ils opposaient son autorité à l'autorité des
pontifes romains, et dans leurs longs démêlés avec
le Saint-Siége, c'était toujours sur l'opinion de la faculté de théologie qu'ils basaient leur résistance. Elle
intervint dès lors dans toutes les affaires publiques.
Philippe-le-Bel, le premier, dans sa querelle contre Boniface, dans sa vengeance contre les Templiers, avait voulu diminuer sa responsabilité en
associant tous les ordres de l'État à sa vengeance,
et l'Université avait été appelée à guider la volonté
du monarque. Ses fils imitèrent son exemple : et lorsque, par leur mort, la couronne échappa à la bran-
che aînée de la maison de saint Louis, Philippe-
de-Valois, suivant les principes de ses prédécesseurs,
conserva, à cette compagnie puissante et ses honneurs et son pouvoir.

CHAPITRE IV.

État de la France au XIVe siècle. — Pierre de Cugnières. — Jean XXII. — Benoit XII notifie son exaltation à l'Université. — Il accorde aux docteurs le droit de porter un chaperon rouge. — Fondations de colléges. — Trésor de l'Université. — Changement dans le décanat. — Le béjaune aboli. — La gabelle et Buridan. — Priviléges accordés par Philippe de Valois. — Rôle des bénéfices envoyé au pape. — Débats entre l'Université et la faculté de théologie. — Statut sur la manière de faire les leçons. — Collége de Boissi. — Université de Prague. — Les Flagellants et Clément VI. — Jean II. — Bataille de Poitiers. — Troubles causés par le roi de Navarre. — L'Université y reste étrangère. — Charles V. — Son amour pour les lettres et l'Université. — Il forme la première bibliothèque. — L'Université prend le titre de *Fille aînée du Roi.* — Puissance de l'Université. — Réforme du cardinal de Saint-Marc. — Accroissement des écoles. — Fondation du collége de Beauvais.

DEUX siècles s'étaient écoulés depuis le règne de Louis-le-Gros, et la France avait fait d'immenses progrès sous le double rapport politique et moral. Plusieurs des princes qui occupèrent le trône y avaient porté de grands talents, et avaient retrempé le carac-

tère de la nation, en diminuant un peu le joug flé-
trissant qui pesait sur elle, et sous lequel elle était
en quelque sorte abrutie. Louis-le-Gros, Philippe-
Auguste, saint Louis, Philippe-le-Bel avaient été les
auteurs de cet heureux changement, et quoique avec
des caractères opposés et des moyens différents, ils
étaient parvenus au même résultat. La France cependant n'était pas heureuse : l'absence de bonnes lois
qui plaçaient encore le peuple sous le poids de l'arbitraire, l'inhabilité des gouvernants, et le défaut
d'une bonne administration faisaient peser sur la masse
des charges énormes que la prodigalité des rois rendait encore plus dures. Néanmoins l'amélioration était
sensible, les coutumes commençaient dès lors à s'é-
tablir ; et si elles laissaient beaucoup à désirer, elles
étaient cependant préférables au règne de la force.
Les baillis, chargés d'exercer la justice au nom du
prince, savaient maintenir leur dignité, et quelques
exemples d'une sévérité éclatante exercée contre des
hommes puissants, contempteurs audacieux de toute
morale, avaient fait trembler ces tyrans subalternes qui,
derrière leurs créneaux, ne se croyaient justiciables
de personne. Les événements, il est vrai, avaient été
favorables : l'intérieur de la France était depuis long-
temps tranquille ; et à l'extérieur nul ennemi n'avait
ni le pouvoir ni la capacité de causer des alarmes à
la patrie. L'Angleterre, après la mort de Henri II,
n'avait eu que des princes inhabiles, et le rusé Jean-
sans-Terre, ainsi que le faible Édouard II, n'étaient
pas en état de troubler une puissance contre laquelle

les efforts du chevaleresque Richard-Cœur-de-Lion étaient venus échouer. L'Italie désolée par les Guelfes et les Gibelins n'était occupée qu'à défendre une liberté que l'Allemagne voulait lui ravir ; et les papes, souvent contraints de chercher un asile dans les États du roi très-chrétien, s'efforçaient de conserver la bienveillance de leurs puissants protecteurs.

Ce temps de tranquillité avait tout-à-fait tourné à l'avantage de la civilisation. Les princes avaient encouragé les études, fondé des maisons pour les clercs, et leur exemple avait été suivi avec empressement, parce que ces pieuses fondations étaient regardées avec faveur. Il est probable que cette émulation aurait produit de prompts résultats, si nos guerres avec l'Angleterre, qui pendant long-temps couvrirent la France de sang et de carnage, n'avaient arrêté le développement de ce noble essor. Quoi qu'il en soit, l'Université avait grandi, et le rôle que Philippe-le-Bel l'avait appelée à jouer dans sa longue querelle avec Boniface, avait donné à la nation une haute idée de son patriotisme et de ses lumières. Plus récemment encore on s'était fortifié de son avis pour exclure les femmes du trône ; et l'exemple que le successeur de Louis X avait donné, fut suivi par Philippe de Valois [1], lorsque la descendance mâle de saint Louis vint à s'éteindre.

L'énergie avec laquelle le corps enseignant de la

---

[1] Velly, *Histoire de France*, édit. in-4°, IV, 384.

France, celui qui tenait en dépôt toutes les lumières de la nation, avait défendu à plusieurs reprises les droits de la couronne contre les envahissements du clergé, avait fait germer dans les
esprits des idées nouvelles sur les limites de la puissance ecclésiastique : on se rappelait la lutte de
Philippe-le-Bel, et on citait l'opinion de l'Université,
d'autant moins suspecte de partialité, qu'elle était
en quelque sorte la pépinière de la classe dont elle
voulait restreindre les priviléges. Ces idées ne tardèrent pas à porter des fruits, et ils parurent dès la
première année du règne du nouveau roi. Pierre de
Cugnières, avocat général, fut l'organe des accusa-
teurs du clergé. Dans une assemblée nombreuse composée du roi, des princes, des barons, du haut clergé
de France, et où l'Université assistait, il prononça
un long discours, ayant pour texte, selon l'usage du
temps, ces paroles de l'Évangile: *Rendez à César ce
qui est à César, et à Dieu ce qui est à Dieu* [1], et il
articula soixante-six griefs. Les conclusions de l'avocat général ne furent pas suivies d'un jugement, mais
cette époque néanmoins doit être considérée comme
celle de la décadence de la puissance légale du clergé;
car, c'est à partir de cette assemblée (1329), qu'on
place l'origine des appels comme d'abus des tribunaux
ecclésiastiques au parlement [2], remplacé aujourd'hui
par le conseil d'état.

[1] Pasquier, *Recherches de la France*, liv. III, chap. 32.
[2] Velly, *Histoire de France*, IV, 412. — Crévier, *Histoire
de l'Université*, II, 310.

Au moment où les officialités étaient ainsi l'objet des plaintes de la couronne, l'évêque de Paris ne craignait pas d'attaquer l'Université dans ce qu'elle avait de plus cher, la conservation de ses priviléges. Il avait fait arrêter un écolier accusé d'avoir enlevé une femme, et de plus il l'avait condamné à l'amende, au mépris d'une bulle de Grégoire IX, de 1231, qui défendait à tout juge ecclésiastique d'infliger à un écolier une peine pécuniaire; l'Université somma l'évêque de restituer la somme, sur son refus le bannit de son sein, le déclara parjure, et porta l'affaire devant le pape qui condamna l'évêque à restituer [1].

Jean XXII régnait toujours, et ce pontife, déja si favorable à l'Université, lui accorda peu de temps après la confirmation d'un droit bien utile à ses membres, celui de posséder des bénéfices sans être obligé à résidence. Toutes ces faveurs cependant n'empêchaient pas la compagnie de s'élever contre les doctrines qui lui semblaient peu conformes à l'orthodoxie, quels qu'en fussent les auteurs; et on en eut bientôt un exemple. Le pape avait prétendu dans un sermon que les saints ne jouissaient pas de la vision de Dieu, et qu'ils ne l'auraient qu'au jour de la résurrection éternelle; cette opinion s'était répandue en France, et avait été prêchée à Paris même. Philippe de Valois, craignant les suites que pouvait avoir une querelle

---

[1] LE BEUF, *Histoire du Diocèse et de la Ville de Paris*, I, 537.

théologique, voulut anéantir celle-là dès sa naissance.
Dans ce but, il convoqua à Vincennes, dans sa maison [1], une assemblée de prélats et docteurs en théologie : la délibération fut unanime ; l'Université en corps
condamna la doctrine du pape, et déclara que les saints
voyaient Dieu *face à face* [2]. L'acte de cette décision, datée de 1333, fut envoyé au pape par le roi,
avec une lettre dans laquelle il lui disait : « Nos doc-
« teurs savent mieux ce qu'il faut croire en matière
« de foi que les juristes ou autres clercs qui compo-
« sent votre cour, et qui ne savent que peu ou point
« de théologie, et nous châtierons ceux qui soutien-
« nent le contraire [3]. » On dit même qu'il le menaçait, « s'il ne se révoquait, de le faire ardre [4] ; » mais
cette menace rapportée par un seul auteur (le cardinal Pierre d'Ailli) est peu probable ; on ne fut pas
obligé d'ailleurs d'en venir à de semblables extrémi-
tés, le pape se rétracta et mourut peu de temps après,
laissant le trône pontifical à Jacques Fournier, fils
d'un boulanger du comté de Foix, qui fut élu sous
le nom de Benoît XII, (1334). Le nouveau pontife,
élève de l'Université de Paris, donna des marques de

---

[1] LAUNOY, *Historia Collegii regii Navarræ*, pag. 61.

[2] FLEURY, *Histoire Ecclésiastique*, XIX, 494. — BULLEUS,
Historia Universitatis, IV, 235.

[3] DUVERNET, *Histoire de la Sorbonne*, I, 70. — VELLY, *Histoire de France*, IV, 422.

[4] LE BEUF, *Histoire du Diocèse et de la Ville de Paris*, I,
543. — CRÉVIER, *Histoire de l'Université*, II, 321.

prédilection pour le corps auquel il avait appartenu,
en lui faisant l'honneur de lui notifier son exaltation [1], usage qui fut suivi par plusieurs de ses successeurs, en ordonnant que tous les élèves qui se
distingueraient dans les monastères fussent envoyés
à l'Université pour s'y perfectionner; et enfin en autorisant les docteurs à porter, comme marque distinc-
tive de leur dignité, un chaperon rouge, ornement
qu'ils ont toujours conservé depuis.

Cette haute considération que le pape témoignait
pour l'Université, était partagée par tout le monde,
et les gens riches ou puissants s'empressaient de la manifester en continuant à l'envi de fonder dans son
sein des maisons où leurs compatriotes pussent venir
profiter de ses lumières. En 1332 un abbé de Saint-
Wast fondait le collége d'Arras. La même année,
Jeanne de Bourgogne, veuve de Philippe-le-Long,
faisait élever (peut-être pour expier ses erreurs),
dans la rue des Cordeliers, le collége de Bourgogne,
dont l'emplacement est occupé aujourd'hui par l'É-
cole de Médecine. Deux ans après, en 1334, un
archevêque de Tours, Étienne de Bourgueil, léguait
une maison et un verger qu'il possédait rue Serpente
n° 7, pour y établir le collége de Tours. Les étrangers même partageaient cette émulation qui peuplait
Paris de maisons d'enseignement, et on voyait tout
à-la-fois s'ouvrir sur le Mont-Saint-Hilaire, rue des
Carmes n° 23, le collége des Lombards, dû à la

---

[1] BULLEUS, *Historia Universitatis*, IV, 242.

libéralité de quatre Italiens, dont un apothicaire
(1334); le collége de Lizieux , fondé par l'évêque
de cette ville , Gui d'Harcourt , rue Saint-Jean-de-
Beauvais n° 5 , dans une maison consacrée maintenant à une florissante école d'enseignement mutuel
(1336); et celui d'Autun , rue Saint-André-des-Arts
n° 30 , auquel le cardinal Pierre Bertrand , évêque
d'Autun, attacha son nom (1337). Peu d'années se
passaient, ainsi qu'on le voit, sans être signalées par
quelque établissement de ce genre ; les dignitaires de
l'Église n'étaient pas les seuls qui s'en fissent gloire ;
les laïcs eux-mêmes aspiraient à cet honneur, et les
annales universitaires nous présentent deux colléges,
celui de l'Avé-Maria , rue de la montagne Sainte-
Geneviève n° 83 , et le collége Mignon , rue Mignon n° 2 , fondés, le premier en 1339, par Jean
Hubant , président de la chambre des enquêtes ,
pour des enfants âgés de moins de seize ans, parce
que, dit le fondateur, c'est alors qu'ils commencent
à tourner à mal; et le second en 1343 par Jean Mignon , clerc du roi et maître des comptes.

Ces nombreuses maisons voyaient sortir chaque
année de leur sein une grande quantité d'élèves
qui se répandaient dans toute l'Europe chrétienne,
et y portaient le nom et la réputation de la compagnie à laquelle ils étaient fiers d'appartenir.
Quelques-uns même, parvenus aux hautes dignités
civiles et ecclésiastiques, aimaient à combler de bienfaits l'école à laquelle ils devaient leur élévation;
aussi voyons-nous que l'Université possédait déja à

cette époque un trésor qui resta confié à la garde
de l'abbé de Sainte-Geneviève jusqu'en 1355, où il
fut transporté au collége de Navarre, à la suite d'une
querelle survenue entre l'abbé et l'Université [1].

Jaloux de conserver la réputation que leur avaient
transmise leurs devanciers, les maîtres faisaient tous
leurs efforts pour adopter les améliorations utiles.
C'est ainsi que la charge de doyen, qui donne dans
chaque faculté une espèce de suprématie, et qui tend
à faire considérer celui qui en est revêtu comme le
chef de ses collégues, cessa, en 1338, d'être déférée
à l'ancienneté, comme l'avaient voulu jusqu'alors l'u-
sage et l'étymologie, pour être confiée, par la voie
de l'élection, à celui qui en serait jugé le plus digne [2].
La faculté de médecine fut la première qui donna
l'exemple de cette innovation. On ne négligeait en
même temps rien de ce qui était nécessaire pour réformer les abus qui pouvaient être préjudiciables,
soit au bien des études, soit aux écoliers; le droit
du *béjaune* était de ce nombre. Ce nom singulier
était donné à une sorte de bienvenue, qu'on exigeait
des nouveaux étudiants, et qu'on employait à boire
et à manger. On l'avait appelée ainsi, selon Ducange,
par allusion aux becs jaunes des oiseaux qui ne sont
pas encore sortis de leurs nids, c'est-à-dire qui sont

[1] Le Brur, *Histoire du Diocèse et de la Ville de Paris*,
II, 92.

[2] Bulleus, *Historia Universitatis*, IV, 257.

I.   10

encore igorants ou novices [1]. Cet usage, qui donnait
lieu à toutes sortes d'excès, fut aboli en 1342 par
un décret de l'Université, et il fut défendu de l'exiger de force, sous peine de punition corporelle.
L'exemple que l'Université avait donné dans cette
circonstance, en ménageant les intérêts des écoliers
pauvres, fut suivi sept ans après par le pape Clément VI, pour les dépenses énormes que coutaient
les réceptions des bacheliers et des docteurs; une
bulle de 1349 défend de donner aucun festin pour
le baccalauréat, et de dépasser la somme de 2,000
livres tournois pour les frais de doctorat.

Tout en s'occupant de ces réformes utiles, l'Université veillait à ce que les principes qui avaient été
ceux de ses prédécésseurs, et auxquels elle-même
portait un vif attachement, ne reçussent aucune altération par l'introduction dans son sein de membres dont les doctrines n'auraient pas été en harmonie avec les siennes. On a vu la répugnance avec
laquelle elle avait accueilli les religieux mendiants,
lorsqu'elle avait été contrainte de les recevoir, après
une lutte aussi longue qu'opiniâtre, et qui avait failli
lui devenir funeste ; cette répugnance n'avait pas disparu, et elle cherchait à garantir au moins quelques-
unes de ses facultés de l'envahissement des religieux
réguliers, dont la théologie était inondée. C'est dans
ce but qu'elle dressa, en 1342, la formule du serment que devaient prêter les bacheliers ès-arts au

1 DUCANGE, *Glossarium*, V⁰ BEANUS.

moment de commencer à régenter. On leur faisait jurer, entre autres choses, d'être toujours du parti des maîtres séculiers, et de ne pas admettre au baccalauréat ni à la licence ès-arts, des religieux, quels qu'ils fussent[1]. C'est sans doute à ces sentiments hostiles contre les moines en général, qu'il faut attribuer les nombreuses querelles de l'Université avec l'abbaye de Saint-Germain ; querelles d'autant plus fréquentes et plus vives, que les deux partis se voyaient d'un mauvais œil. Le Pré-aux-Clercs, cet objet de la prédilection universitaire, était, comme on sait, voisin de l'abbaye, et la source ou le prétexte de mille contestations. Depuis la rixe tragique de 1278, la rivalité paraissait s'être un peu assoupie, lorsqu'elle se réveilla avec force en 1317, sur la question de savoir à qui devait appartenir la justice du Pré et des lieux circonvoisins. Des violences furent commises de part et d'autre, et l'affaire fut portée par l'Université devant la Cour de Rome ; les moines de leur côté en appelèrent au Parlement, qui ordonna que, pendant la durée du procès, la justice contestée serait mise en la main du roi. L'Université s'offensa d'un arrêt qui semblait lui ravir un droit acquis, et sa colère retomba sur le gardien nommé par le Parlement, Jean Morel, chevalier, et de plus l'un de ses membres. Elle le chassa du corps par un décret solennel, où elle le traitait de scélérat, d'excommunié, de sacrilége, de parjure, de membre pourri, etc., etc.,

---

[1] BULLEUS, *Historia Universitatis*, IV, 273.

et elle fit publier sa sentence par toute la ville, en ayant soin de la faire traduire en français pour l'intelligence du peuple [1]. Les esprits cependant finirent par se calmer, les partis se rapprochèrent en 1335, et enfin en 1345 l'affaire fut entièrement terminée, moyennant une somme de 300 livres payée par les religieux, et l'abandon qu'ils firent à l'Université du droit de présentation aux cures des églises de Saint-André-des-Arcs et de Saint-Côme, situées au coin des rues de la Harpe et de l'École de médecine [2].

La manière dont se termina cette querelle et les priviléges dont Philippe-de-Valois se plut à gratifier l'Université étaient une compensation de l'échec qu'elle venait d'éprouver en 1342, au sujet de l'impôt sur le sel, qui, suivant les paroles d'un contemporain, acquit à Philippe « l'indignation et male grace des grands « comme des petits et de tout le peuple [3]; » cet impôt, connu sous le nom odieux de *gabelle*, et qui valut au roi l'ironique épithète d'auteur de la loi salique, était impatiemment supporté. L'Université voulut s'en affranchir, mais ses efforts furent inutiles; elle invoqua, en vain, ses priviléges, et se servit sans succès de la plume d'un des plus illustres de ses membres, de Buridan, célèbre alors par ses écrits sur Aristote et par ses romanesques amours. On disait qu'il avait été l'amant de la reine Jeanne de Bourgogne,

[1] CRÉVIER, *Histoire de l'Université*, II, 364.
[2] DULAURE, *Histoire de Paris*, II, 319.
[3] VELLY, *Histoire de France*, IV, 497.

et qu'il avait échappé d'une manière miraculeuse au sort qui l'attendait. Cette princesse, qui habitait l'hôtel de Nesle, recevait souvent dans son lit les écoliers dont la figure lui plaisait, et, après avoir assouvi ses passions, pour ne laisser aucune trace de sa débauche, elle faisait précipiter dans la Seine, par les fenêtres de sa chambre à coucher, les malheureux objets de sa funeste prédilection.

> Semblablement où est la reine
> Qui commanda que Buridan
> Fût jeté en un sac en Seine [1].

Un seul de ces écoliers, Jean Buridan, dit Robert Gaguin, eut le bonheur d'échapper au supplice; c'est pourquoi il publia ce sophisme : *Ne craignez pas de tuer une reine, si cela est nécessaire* [2]. Cette épouvantable aventure est attestée par tous les écrivains contemporains, et les ballades du moyen âge ont célébré le bonheur de Buridan :

Mais si l'Université n'était point exempte dans cette occasion des charges que la misère du temps faisait peser sur tous les Français, elle voyait d'un autre côté non seulement ratifier, mais même aug-

---

[1] VILLON, *Ballades des Dames du temps jadis*, édit. de 1723, pag. 24. — DULAURE, *Histoire de Paris*, III, 290. — BRANTOME, *Histoire des Femmes galantes*, disc. II, art. I.

[2] *Compendium Roberti Gaguini*, liv. VII, pag. 139, édit. de 1507.

menter par des priviléges nouveaux les priviléges
anciens que les rois lui avaient octroyés. Philippe,
non content de confirmer les droits qu'elle possédait
déja, et surtout celui de ne pouvoir être forcée
à plaider ailleurs qu'à Paris, et qu'on appelait
de *garde gardienne*[1], avait publié des ordonnances
très-favorables. Une déclaration du 20 mai 1345
avait placé l'Université sous la protection spéciale du
prévôt de Paris, et l'avait chargé de punir, non-seu-
ment dans son ressort, mais encore dans toute l'é-
tendue du royaume, ceux qui porteraient atteinte à
ses priviléges. Cette ordonnance royale qui fut rendue
sans même que l'Université fût obligée de payer les
droits du sceau, *sine financia*, excita quelques
murmures de la part des juges, dont elle violait la
juridiction; mais le roi tint bon, et l'ordonnance
reçut sa pleine et entière exécution.

A ces avantages émanés du trône, à la protection
de l'autorité séculière, venait se joindre celle non
moins puissante de l'autorité spirituelle; et c'est à
cette époque qu'il faut rapporter l'origine d'un usage
précieux pour l'Université; usage qui dut sa naissance à la bienveillance que lui portaient les pontifes Romains. Clément VI avait remplacé Benoît
XII; élève, comme son prédécesseur, de l'Université, il s'en ressouvint pendant son règne, et c'est
à dater de son exaltation, en 1348, qu'elle prit l'ha-

---

[1] LE BEUF, *Histoire du Diocèse et de la Ville de Paris*, I,
549.

bitude d'envoyer chaque année à la cour de Rome, pour la distribution des bénéfices dont le pape avait à disposer, un rôle, sur lequel étaient inscrits les noms de ceux de ses suppôts qui y avaient le plus de droits [1]. Ces faveurs, qui rejaillissaient sur tout le corps, l'orgueil d'avoir donné plusieurs papes à la chrétienté, et d'avoir formé les plus illustres membres du clergé gallican, avaient porté la faculté de théologie à se considérer comme la première de l'Université, et comme supérieure aux autres facultés ses égales. Des divisions intestines qui prenaient, comme on voit, leur naissance dans l'amour-propre, ne tardèrent pas à éclater. Les théologiens avaient prétendu que l'Université ne pouvait être convoquée sans l'assentiment préalable de leur doyen, et que le recteur lui-même devait venir le lui demander. De telles prétentions, qui tendaient à ravaler la dignité du recteur, avaient été repoussées par la faculté des arts et les autres facultés, qui, pour punir leurs orgueilleux adversaires, les avaient même retranchés de leur sein, lorsque l'intervention du pape termina la querelle, en condamnant les théologiens. Malgré le peu de succès de cette tentative, ceux-ci n'en avaient pas moins conservé l'espoir d'arriver à leur but, qui était non seulement de tenir le premier rang entre les facultés, mais même de donner en toutes occasions au doyen, leur chef, la prééminence sur le recteur, ainsi que le droit de placer son nom avant le sien, en tête de tous les actes

---

[1] BULLEUS, *Historia Universitatis*, IV, 312.

émanés de l'Université entière. Ils saisissaient avec empressement toutes les circonstances qu'ils croyaient propres à les faire triompher, et ils se montraient aussi opiniâtres que leurs rivaux étaient persévérants. Déja plusieurs scènes désagréables avaient eu lieu pour usurper, dans des cérémonies publiques, le rang d'honneur auquel ils aspiraient, lorsqu'une scène de ce genre se renouvela, en 1347, avec plus de scandale et d'éclat. L'Université devait assister à un service célébré dans l'église de Saint-Germain, en présence de la reine Jeanne d'Évreux, de plusieurs prélats et de l'archevêque d'Embrun, alors nonce du pape en France, et docteur en théologie. L'archevêque, qui soutenait les prétentions de ses collègues, alla se placer sur le siége destiné au recteur, afin de faire par là, à l'avenir, un titre pour les théologiens. Le recteur, c'était Jean de La Marche, qui depuis fonda le collége de ce nom [1], arrive à la tête de l'Université, s'avance vers le prélat, et lui demande si c'était comme archevêque, ou bien comme docteur, qu'il occupait cette place ? C'est comme docteur, répond-il. A ces mots, il est sommé de la quitter : sur son refus, on l'expulse de force ; et la faculté des arts, qui regardait le recteur comme étant plus spécialement son chef, prouva, un peu trop énergiquement peut-être dans cette circonstance, qu'elle ne voulait souffrir aucun empiétement sur ses droits. L'archevêque offensé adressa des plaintes au pape, qui

[1] CRÉVIER, *Histoire de l'Université*, II, 417.

ordonna au recteur de lui faire satisfaction [1]. Au reste,
il paraît que, dans ces temps encore grossiers, rien
n'était plus commun que ces querelles sur les pré-
séances ; et nous voyons peu de temps après, en 1350,
s'élever, aux obsèques de Philippe-de-Valois, une rixe
entre le Chapitre de Notre-Dame et l'Université, dans
laquelle le recteur fut battu. Pour prévenir le retour
de pareilles scènes, il fut décidé, dans l'accord qui
intervint, que dorénavant le Chapitre et l'Université
marcheraient vis-à-vis l'un de l'autre et sur deux li-
gnes [2] égales. Mais l'harmonie fut plus difficile à rétablir dans le sein de l'Université, et plusieurs années
s'écoulèrent encore sans que les théologiens voulussent se départir de leurs prétentions. Ils se séparèrent
même tout-à-fait de l'Université, et voici dans quelles
circonstances : le roi de Navarre, Charles, surnommé
le Mauvais, commençait dès lors à préluder aux intrigues qui lui acquirent une si affreuse réputation,
et qui troublèrent pendant si long-temps le royaume.
Fier de la qualité de gendre du roi, il souffrait avec
peine l'ascendant que le connétable Charles d'Espagne
avait pris sur Jean II ; trop lâche pour l'attaquer à
force ouverte, il voulait cependant se défaire d'un
favori dont il redoutait l'influence ; et le connétable
fut assassiné à Laigle par ses ordres [3] (1353). La

---

[1] *Vetera acta et instrumenta Facultatis Theologiæ, contra
Rectorem.* Cité par CRÉVIER, II, 389.

[2] LE BEUF, *Histoire du Diocèse et de la Ville de Paris*,
II, 6.

[3] VELLY, *Histoire de France*, V, 45.

nouvelle de cet attentat, qu'il avait l'audace d'avouer publiquement, souleva contre lui l'opinion générale; et dans le temps même où il obtenait de la cour de France un pardon dérisoire, il crut devoir adresser aux principales villes, aux corps constitués et aux hommes puissants, des lettres de justification, dans lesquelles il leur faisait part des raisons qui l'avaient porté à commettre ce crime [1]. L'Université en reçut une, et, lorsque la réponse qu'elle faisait au prince fut lue en assemblée générale, les théologiens demandèrent que le nom du recteur, qui était en tête, fût retranché. Les facultés des arts, de droit et de médecine, soutinrent les prérogatives de leur chef, et la lettre fut envoyée telle qu'elle avait été conçue. Les théologiens irrités s'opiniâtrèrent, s'engagèrent par serment à ne pas renoncer à ce qu'ils considéraient comme un droit ; et comme ils n'avaient pas la majorité, ils cessèrent de venir aux assemblées de la compagnie. Cette scission se prolongea jusqu'à l'année 1358, dans laquelle le pape Innocent VI sembla décider implicitement la question, en adressant à l'Université une bulle, dont la suscription portait : « A nos chers fils, les recteur et maîtres « de l'Université de Paris [2] ». Néanmoins, toutes ces brouilleries ne cessèrent entièrement que plus de quatre ans après, en 1362, les théologiens ayant renoncé

---

[1] LE BEUF, *Histoire du Diocèse et de la Ville de Paris*, II, 18.

[2] BULLEUS, *Historia Universitatis*, IV, 375.

à leurs prétentions. Cette affaire, qui peut nous donner une idée du crédit dont l'Université jouissait,
puisque les rois même cherchaient à se concilier son
suffrage, peut aussi nous en donner une de son peu
de richesse; car nous voyons que le recteur et ses
partisans furent obligés de demander un délai, afin
de trouver de l'argent pour payer leurs procureurs et
leurs avocats [1].

Mais le soin de défendre l'honneur de son corps et
les prérogatives du recteur n'empêchait pas la faculté
des arts de s'occuper à rédiger pour elle-même les réglements qu'elle jugeait nécessaires, et nous trouvons,
en 1355, un statut décrété unanimement, qui ordonne aux maîtres de faire leurs leçons oralement,
avec défense de rien dicter à leurs élèves, excepté les
jours de fêtes. Ce statut, qui fut réformé un siècle
après, en 1452, par le cardinal d'Estouteville, est
un des monuments du goût de ce siècle, dans lequel
les savants aimaient à déployer leur érudition avec
un luxe oratoire tout-à-fait déplacé, et nous en pos-
sédons la preuve dans des ordonnances de Jean II,
rendues vers la même époque, qui enjoignent aux
avocats, sous *peine de punition*, de se renfermer
uniquement dans les questions qu'ils avaient à traiter,
sans y mêler des digressions étrangères, et qui leur
prescrivent aussi de « mettre leurs noms et surnoms
« en fin des mémoires et écritures qu'ils composent
« pour leurs clients [2]. »

---

[1] CRÉVIER, *Histoire de l'Université*, II, 404.
[2] *Ordonnances du Louvre*, III, 646.

Toutes les tribulations intestines qui tourmentè-
rent l'Université pendant cette période, n'avaient
nui en aucune manière à son accroissement; ce temps-
là, au contraire, avait été marqué par de nouvelles
fondations de colléges : l'année 1348 en avait vu
deux s'ouvrir, celui de Chanac et celui des Trois-
Évêques. Le premier situé rue de Bièvre, fut depuis
appelé de Saint-Michel, et eut le triste honneur de
compter au nombre de ses élèves le fameux cardinal
Dubois; l'évêque de Paris, Guillaume de Chanac en
avait été le fondateur. Le second, élevé sur la place
Cambrai, servit pendant long-temps aux cours de
la faculté de droit, et une partie de ses bâtiments
fut démolie, lors de la construction du collége de
France. En 1353, un chevalier, Pierre Becoud, affectait sa maison, rue Descartes n° 21, au collége
de Boncour, aujourd'hui réuni à l'École Polytechnique, et dont l'un des principaux élèves, P. Galland,
fut le traducteur des *Mille et une Nuits*. L'année
suivante, le collége de Justice, rue de la Harpe n° 84,
sur l'emplacement duquel se trouve maintenant le
collége Saint-Louis, était dû à la libéralité d'un
chanoine de Paris, qui lui donnait son nom; et enfin,
en 1359, Étienne et Godefroid de Boissi élevaient,
pour les membres de leur famille, le collége de Boissi,
consacré à des étudiants des quatre facultés. Ces
deux hommes honorables, que l'amour seul du bien
animait, prévoyant que leur famille pourrait venir
à s'éteindre, stipulèrent dans l'acte de fondation, que,
dans ce cas, « on pourrait choisir des sujets dans le

« village de Boissi, pourvu qu'ils ne soient pas nobles,
« mais du petit peuple, et pauvres comme nous et
« nos pères l'avons été [1]. »

Dans le temps où la fondation de ces nouvelles
maisons venait encore augmenter l'éclat dont bril-
lait l'Université de Paris, un de ses élèves, l'empereur Charles IV de Luxemboug, lui donnait une
rivale étrangère, en fondant en 1348, dans ses
États héréditaires de Bohème, l'Université de Prague.
Le but de cet établissement était de dissiper les ténèbres qui couvraient principalement cette partie de
l'Empire, et auxquelles on devait l'enfantement de
de mille systèmes religieux, de mille hérésies qu'un
peuple ignorant adoptait avec avidité, et qu'on ne
savait combattre et détruire que par le fer et le
feu. Une secte, que le douzième siècle avait vu naître
et mourir, et que les malheurs du temps avaient fait
revivre, troublait alors l'Allemagne ; c'était la secte
des Flagellants. Ces malheureux, parmi lesquels se
trouvaient un grand nombre de femmes, croyaient
appaiser la colère de la Divinité en offrant en expia-
tion leurs souffrances, et parcouraient les villes et
les campagnes, armés de fouets et de disciplines
dont ils se déchiraient les membres. Mais, comme
l'intolérance accompagnait leur superstition, ils s'é-
taient portés à de graves excès. L'Université les avait
condamnés en 1349 ; Philippe leur interdit l'entrée de
la France sous peine de la vie, et les foudres de l'É-

[1] CRÉVIER, *Histoire de l'Université*, II, 411.

glise ne tardèrent pas à les atteindre. Une secte aussi
sévère ne pouvait être tolérée par un pontife auquel
on reprochait ses manières cavalières, « qui, dit un
« ancien écrivain, étant archevêque, ne garda pas de
« mesures avec les femmes, et devenu pape ne sut
« ni se contenir ni se cacher. Les grandes dames al-
« laient dans sa chambre comme les prélats, entre
« autres une comtesse de Turenne, pour laquelle il
« faisait quantité de graces; quand il était malade,
« c'était les dames qui le servaient. [1] : » aussi Clément VI les proscrivit-il par une bulle [2]. Ils disparurent bientôt, mais les malheurs qui pesaient sur
la France ne devaient pas sitôt finir.

Depuis que Jean II avait remplacé son père Philippe sur le trône, la détresse publique n'avait fait
que des progrès; la prodigalité de ce prince avait
épuisé toutes les ressources, et son impéritie ne savait pas en créer de nouvelles; les intrigues du roi
de Navarre augmentaient les embarras du gouvernement, et les Anglais, maîtres de la Guyenne et
de Calais, venaient tous les ans ravager la France et
s'enrichir de nos dépouilles, sans trouver d'obstacles.
Le cri des peuples força enfin à prendre des mesures
qui eussent quelque efficacité; et les États convoqués en 1355 accordèrent au roi des subsides extraordinaires pour faire la guerre aux Anglais. Cet

---

[1] VILLANI, liv. III, chap. 54.
[2] FLEURY, *Histoire Ecclésiastique*, XX, 91. — BULLEUS,
Historia Universitatis, IV, 314.

impôt devait peser sur tout le monde, le clergé
lui-même n'en était pas exempt; on voulut y as-
treindre l'Université, elle s'y refusa ; mais en
même temps, pour venir autant qu'il était en elle
au secours de la patrie en danger, elle ordonna,
le 8 novembre 1356, que tous ses clients, libraires, relieurs, parcheminiers, etc., prendraient les
armes sous le commandement du recteur pour la
défense de la ville[1]. Il y avait déja, à cette époque,
une espèce de garde urbaine, composée des bourgeois et des corps des métiers, qui était chargée de
monter la garde pendant la nuit, sous les ordres
de deux inspecteurs appelés *clercs du Guet* [2].
L'Université en était exemptée par ses priviléges,
et nous verrons plus tard, en 1368, sous le règne
de Charles V, les libraires, relieurs, etc., etc., les
invoquer contre un prévôt de Paris, Hugues Au riot,
qui voulait les obliger à ce service comme les autres habitants [3]. Ces précautions, qui annonçaient
un état de trouble et de danger, étaient à cette
époque bien nécessaires. La funeste bataille de Poitiers, perdue le 19 septembre 1356 par l'imprudence
du roi Jean, avait augmenté la puissance déja si for-
midable des Anglais ; et le gouvernement, dans cette
horrible crise, restait confié aux soins d'un lieutenant-
général de dix-huit ans, le jeune duc de Normandie,

---

[1] BULLEUS, *Historia Universitatis*, IV, 335.
[2] VELLY, *Histoire de France*, V, 287.
[3] *Priviléges de l'Université*, pag. 82.

depuis Charles V. C'étaient des circonstances bien
favorables pour exercer le génie intrigant du roi
de Navarre; il résolut d'en profiter. Les États généraux, qu'on avait convoqués aussitôt après la dé-
faite et la captivité du roi, loin d'apporter quelque
remède aux maux de la France, n'avaient fait que
les augmenter. Paris, dévoué au roi de Navarre,
favorisait les desseins de ce prince, et le peuple,
dirigé par le prévôt des marchands, Étienne Marcel, s'était à plusieurs reprises ouvertement déclaré
contre le dauphin. Instruments de la politique as-
tucieuse de Charles-le-Mauvais, les séditieux ne tardèrent pas à immoler à leur fureur plusieurs seigneurs de la cour, et à prendre un signe distinctif
de ralliement qui consistait en un chaperon rouge
et vert avec un fermail or et argent, que le dauphin
lui-même fut contraint à porter. Mais l'Université,
qui, dans ces temps de trouble et d'anarchie, était
presque une puissance par le grand nombre de ses
écoliers, resta toujours étrangère à ces émeutes populaires, et nos historiens l'ont félicitée de la conduite qu'elle tint dans ces tristes circonstances en
défendant à tous ses membres de prendre aucune
marque de faction [1]. Aussi conserva-t-elle auprès du
prince toute son influence et toute sa considération,
et lorsque l'année d'après (1358) le dauphin eut menacé Paris de ses armes et de sa vengeance, Marcel
et ses partisans députèrent vers lui à Compiègne le

[1] VELLY, *Histoire de France*, V, 147.

recteur et quelques suppôts pour obtenir un arrangement [1]. Mais leurs efforts furent inutiles, et la tranquillité ne fut rétablie que par la mort de Marcel, tué d'un coup de hache à la porte Saint-Antoine, au moment où il allait la livrer aux troupes du roi de Navarre [2].

La faiblesse du pouvoir royal avait révélé dans ces derniers temps la puissance du peuple. Tout ce qui le composait, l'Université, les corporations avaient acquis plus d'importance; on écoutait leur voix, on recherchait leurs conseils [3], on s'efforçait de se concilier leur bienveillance; et lorsque le roi Jean, ennuyé de sa captivité, eut signé le traité de Bretigny, dont l'article 35 garantissait aux étudiants français et anglais la jouissance des priviléges universitaires [4], il s'empressa, aussitôt son retour, d'exempter l'Université de tout subside et impôt. Il n'avait fait en cela que suivre l'exemple que lui avaient donné la plupart de ses prédécesseurs; mais à cette époque de calamité, lorsque tout l'or de la France suffisait à peine pour payer la rançon du roi, il fallait que l'Université fût considérée avec bien de la faveur pour obtenir une exemption que Philippe-de-Valois lui avait refusée douze ans auparavant dans des circonstances bien moins difficiles.

[1] VELLY, *Histoire de France*, V, 169.
[2] DUVERNET, *Histoire de la Sorbonne*, I, 89.
[3] M. DE BARANTE, *Histoire des Ducs de Bourgogne*. Préface, pag. 61.
[4] VELLY, *Histoire de France*, V, 231.

I.   11

Cette protection ne l'abandonna pas sous le règne de son successeur. Jean II avait terminé en Angleterre une carrière qui n'avait été signalée que par des malheurs; et il était donné à son fils, qui avait fait, au milieu des discordes civiles, son apprentissage du gouvernement, de cicatriser les plaies de la France. Sous un monarque habile, instruit, qui possédait lui-même de grandes connaissances, parlait bien latin, et était *moult argumentatif* [1], l'Université devait être puissamment protégée : Charles en effet avait coutume de dire que « tant que sapience sera ho-
« norée dans ce royaume, il continuera à prospérité;
« mais quand déboutée y sera, il décherra [2]. » C'est à ce goût pour les études qu'on dut la première bibliothèque que la France ait possédée : elle était, dit un auteur contemporain [3], de neuf cents volumes, et composée « d'une belle assemblée de notables livres
« et belle librairie qu'il avait de tous les plus nota-
« bles volumes, qui par souverains aucteurs aient été
« compilés, soit de la Sainte-Escriture, de théologie,
« de philosophie et de toutes sciences, moult bien
« escripts et richement adornez, et tout temps les
« meilleurs escrivains qu'on pust trouver occupez
« pour lui en tel ouvrage. » Il avait fait traduire en

[1] VELLY, *Histoire de France*, V, 511.

[2] CHRISTINE DE PISAN, chap. XIV. — CRÉVIER, *Histoire de l'Université*, II, 428.

[3] CHRISTINE DE PISAN, *Livre des faits et bonnes mœurs du sage roi Charles V*, chap. XII.

français, par des membres de l'Université, plusieurs
ouvrages, et entr'autres Tite-Live, Valère-Maxime,
et les fables d'Ésope, connues alors sous le nom de
Bestiaire. Le plus célèbre de ces anciens traducteurs
était Nicolas Orêsme, autrefois précepteur du prince,
et souvent employé dans les négociations. Ses travaux étaient richement récompensés : nous voyons
qu'il reçut cent livres pour la traduction de la morale
d'Aristote, et qu'il eut une pension pour la politique du même auteur [1]. Le roi encourageait ainsi de
tout son pouvoir les études et les professeurs, et, dit
le chroniqueur que nous avons déja cité : « bien
« montrait son amour à sa très-aimée fille, l'Uni-
« versité des clercs de Paris, à laquelle gardait entiè-
« rement les priviléges et franchises, et plus encore
« leur en donnait, et jamais ne souffrit qu'ils fussent
« enfraints ; la congrégation des clercs avait en grande
« révérence. Le recteur, les maîtres et les clercs so-
« lennels dont il y a mainst, mandait souvent pour
« oyr la doctrine de leur science, usait de leurs con-
« seils à ce qui tient à l'espirituaulté, moult les hon-
« norait et portait en toutes choses, tenait bénivo-
« lans et en paix [2]. » Aussi fut-ce sous son règne que
l'Université, selon la plus commune opinion, commença à prendre un titre qui lui fut toujours cher,
celui de *Fille aînée du Roi*, titre que ce prince lui-

---

[1] LAUNOY, *Historia Regii Navarræ Gymnasii*, 457. — CRÉ-
VIER, *Histoire de l'Université*, II, 427.

[2] CHRISTINE DE PISAN, ouvrage cité, chap. XIII.

même s'empressa de lui donner lorsqu'il confirma ses
priviléges contre les entreprises des fermiers généraux des aides [1]. Ils étaient alors ses plus dangereux
ennemis : jaloux des exemptions dont elle jouissait,
ils s'efforçaient en toutes occasions de les restreindre,
souvent même de les anéantir. Elle possédait, entr'autres, le privilége de n'être assujétie à payer aucuns droits pour les provisions nécessaires à ses
membres, ou qui croissaient dans leur cru, lorsque les
fermiers obtinrent de Charles V un réglement qui y
portait atteinte. L'Université fit entendre ses plaintes
aux pieds du trône ; le roi l'accueillit avec bonté ; et,
dans une audience solennelle qu'il lui donna en 1366,
il la rétablit dans toutes ses immunités, enjoignant à
ses adversaires de respecter désormais ses franchises [2] ;
et, pour assurer l'exécution de sa volonté, il rendit,
dans le cours de son règne, en 1369 et 1371, deux
nouvelles ordonnances confirmatives de ce premier
édit.

Le prévôt de Paris était aussi un des ennemis de
l'Université : c'était à cette époque le fameux Hugues
Aubriot. Ce magistrat, à qui l'on doit la Bastille, le
Petit-Châtelet, le pont Notre-Dame, le quai du

---

[1] PASQUIER, *Recherches de la France*, liv. IX, chap. 26.

[2] Quamvis de jure nostro regio, pædagiorum et immunitatum
ad nos et forum nostrum spectet, et spectare dignoscatur, ta-
men *Filiæ nostræ Universitati parisiensi* concedimus quod con-
servator privilegiorum de præmissis cognoscat. *Ordonnance de
Charles V*, du 18 mai 1366. — LE BŒUF, *Histoire de la Ville et
du Diocèse de Paris*, II, 90.

Louvre, nos premières fontaines et nos premiers égouts [1], s'était rendu odieux aux écoliers par la sévérité avec laquelle il maintenait la police et réprimait leur turbulence. Il avait fait construire, dit l'historien de Paris [2], le Petit-Châtelet à l'extrémité sud du Petit-Pont, du côté des écoles, pour les tenir en respect, et il avait défendu de leur vendre, sans sa permission, des épées, des couteaux ou d'autres armes. Il n'en fallait pas davantage pour le faire détester : aussi nous le verrons succomber sous la vengeance de l'Université, lorsque, par la mort de Charles V, il eut perdu son protecteur. Quoi qu'il en soit, ses gens avaient violé les franchises du collége de Saint-Nicolas-du-Louvre, en pénétrant pendant la nuit dans la cour où les écoliers célébraient la fête de leur patron, et en en arrêtant plusieurs après les avoir maltraités. L'Université demanda satisfaction, et le roi ordonna au prévôt de s'excuser envers elle, condamna les sergents coupables à faire amende honorable, et accorda de plus aux écoliers cent livres en or à titre de dommages-intérêts; mais en même temps, par une sage disposition, il supprima la franchise, et, pour tenir lieu d'équivalent, il fit cadeau au collége d'une somme de mille livres.

Ce contact fréquent avec l'autorité avait augmenté la puissance du corps dont nous écrivons l'histoire.

---

[1] DUVERNET, *Histoire de la Sorbonne*, I, 994.

[2] DULAURE, *Histoire de Paris*, II, 62.

Toute insulte faite à sa dignité, tout attentat à ses
droits, était suivi d'une réparation éclatante, et il
avait le pouvoir d'y contraindre ceux même qui faisaient profession de ne reconnaître d'autre loi que
leur bon vouloir. Un chef de ces compagnies qui,
pendant nos malheurs publics, ravagèrent si long-
temps la France, Arnauld de Cervolle, seigneur de
Châteauvilain en Champagne, s'était rendu redoutable par ses nombreuses rapines. Ce chef qu'on appelait l'archi-prêtre, parce qu'il possédait un fief ecclésiastique [1], mais qui, dit le registre du recteur,
« méritait mieux d'être appelé l'archi-diable, puis-
« qu'il a merveilleusement pillé le monde par ses
« brigandages [2], » avait à plusieurs reprises arrêté et
volé des maîtres de l'Université : le recteur s'en plaignit, exigea et obtint une restitution de 286 livres,
somme alors importante. A peu de distance de là,
en 1373, un arrêt du parlement condamnait Robert
Puiscome, écuyer, et un de ses sergents, à une
peine de six vingts livres, et à faire amende honorable à l'Université et à un de ses membres, nommé
Cervoi, qu'ils avaient insulté.

Jouissant d'une tranquillité profonde, environnés
de respect, les maîtres profitèrent de ce moment favorable pour s'occuper des améliorations qu'ils jugeaient
utiles, soit à eux-mêmes, soit à l'intérêt public. Ils
avaient rendu un décret, dans lequel ils exigeaient

---

[1] M. DE BABANTE, *Histoire des Ducs de Bourgogne*, I, 27.
[2] BULLEUS, *Historia Universitatis*, IV, 387.

des libraires nommés inspecteurs de leurs confrères, une caution de deux cents livres, afin qu'ils s'acquittassent fidèlement de leur charge, lorsque, en 1366, un réglement de réforme fut dressé par les cardinaux de Saint-Marc et Aicelin de Montaigu. On y fixait à seize ans la durée des cours théologiques pour arriver à la licence [1], à neuf ans le temps nécessaire pour obtenir le doctorat en médecine ; et les classes devaient commencer à cinq heures du matin, ainsi que l'atteste un décret de la faculté des arts. Cette faculté avait établi ses écoles, comme on sait, dans la rue du Fouare ; mais l'accroissement que prenait sans cesse l'Université, qui, dans une assemblée tenue à cette époque, compta, sans y comprendre les écoliers, jusqu'à dix mille suffrages [2], l'avait obligée de les étendre dans le clos Bruneau. Ce clos qui, en 1202, était une vigne appartenant à l'évêque de Paris, fut ouvert aux constructions lorsque Philippe-Auguste aggrandit la ville ; il était situé entre les rues des Carmes, de Saint-Jean-de-Beauvais, du Mont-Saint-Hilaire et des Noyers. C'est là que s'établirent les écoles de la faculté des arts, et celles de la faculté de droit ; et bientôt après, elles rendirent à la salubrité publique un immense service, en obtenant du parlement un arrêt contre les bouchers qui habitaient la Montagne Sainte-Geneviève, et infectaient le quartier de leurs immondices.

[1] CRÉVIER, *Histoire de l'Université de Paris*, II, 449.
[2] VELLY, *Histoire de France*, VI.

Charles-le-Sage ne s'était pas contenté de favoriser
es études ; les arts aussi avaient ressenti l'heureuse influence de sa protection ; plusieurs monuments étaient
déja venus embellir Paris, lorsqu'il voulut pourvoir
à sa sûreté. Des fortifications nouvelles, nécessitées
par la guerre active qu'on faisait alors aux Anglais,
s'élevèrent autour de son enceinte, et le mirent à l'abri
de toute attaque. Ces travaux furent, pour l'Université, l'occasion d'une perte ; une de ses chapelles, celle
de Saint-Martin-des-Orges, fut démolie, mais on lui
donna en échange le droit de nomination à la cure de
Saint-Germain-le-Vieux, et de plus deux arpents et
demi de terre derrière la tuilerie Saint-Germain [1].
En même temps un nouveau collége, le collége de
Beauvais, rue Saint-Jean-de-Beauvais n° 7, s'élevait
dans ce clos Bruneau dont nous venons de parler.
Fondé, en 1370, pour vingt-quatre boursiers, par le
cardinal de Dormans, Charles V en posa la première
pierre, et il eut, dès son origine, une célébrité qui
ne se démentit jamais ; d'illustres élèves, saint Fran-
çois-Xavier, le cardinal d'Ossat, Boileau, le marquis
de la Gallissonnière, sortirent de son sein, et il posséda
pendant douze ans, de 1699 à 1712, le bon Rollin
pour principal. La même année, Gervais, *maître as-*
tronome du roi, faisait bâtir, rue du Foin-Saint-Jac-
ques n° 14, le collége de maître Gervais, occupé au-

---

[1] LE BEUF, *Histoire de la Ville et du Diocèse de Paris,*
II, 99.

jourd'hui par une caserne ; il était consacré à toutes
les sciences, et le roi voulut l'augmenter lui-même , en
y ajoutant deux bourses pour les mathématiques. En
1375, deux membres de l'Université, Jean et Guillaume de La Marche, achetaient les bâtiments en ruine
du collége de Constantinople, pour établir, rue de la
Montagne - Sainte - Geneviève n° 37 , près la place
Maubert, le collége de La Marche, qui renferme encore une pension [1].

---

[1] Dulaure, *Histoire de Paris*, II, 343.

CHAPITRE V.

Mort de Grégoire XI. — Origine du schisme de l'Église. — Urbain V et Clément VII. — La France et l'Université reconnaissent Clément. — Mort de Charles V. — Remontrances de l'Université. — Hugues Aubriot. — Les Maillotins. — Démêlés avec le chancelier de l'Église de Paris. — Controverse sur la conception immaculée. — Boniface IX et Benoît XIII. — Lettre de l'Université à ce pontife. — Soustraction d'obédience. — Benoît prisonnier à Avignon. — État florissant de la théologie et du droit canon. — Astrologie judiciaire. — Fuite de Benoît. — Restitution d'obédience. — Désordres du Royaume. — Plaintes de l'Université. — Procès contre sire Charles de Savoisy. — Innocent VIII. — Concile de Paris. — Nouvelle soustraction d'obédience. — Bulles d'excommunication de Benoît. — Ses envoyés sont arrêtés. — Confirmation des priviléges de l'Université. — Son pouvoir et sa vengeance contre le sire de Tignonville. — Assassinat du duc d'Orléans. — Apologie du docteur Jean Petit. — Concile de Pise, Alexandre V et Jean XXIII. — Le duc de Bourgogne tout puissant. — Guerre des princes. — États-généraux. — Discours de Benoît Gentien et d'Eustache de Pavilly. — Troubles, supplice de Desessarts. — Efforts de l'Université pour maintenir l'ordre. — Condamnation de la doctrine de Jean Petit. — État déplorable de la France. — Situation de l'Université. — Elle paie sa dette aux malheurs publics en renonçant à ses priviléges.

———◆———

A la fin de l'année 1370, l'Université perdit un de ses protecteurs dans le pape Urbain V, qui mourut à Avignon. Ce pontife entretenait, dit-on, à ses frais,

dans diverses écoles, plus de mille écoliers ; ce fut lui
qui transporta à Rome le siége pontifical, qui depuis
long-temps était à Avignon. Il résista aux prières du
roi, qui s'efforçait de le retenir en France, en faisant
valoir les avantages que notre patrie lui présentait,
et parmi lesquels on rangeait en première ligne l'existence de l'Université de Paris. Il eut pour successeur
Grégoire XI, dont la mort, arrivée en 1378, fut l'o-
rigine d'un schisme qui faillit être bien funeste à
l'Église. Depuis que les papes avaient fixé leur résidence à Avignon, Rome, privée de leur cour, voyait
disparaître sa splendeur. Grégoire y avait terminé
sa carrière, c'était là que devait se faire l'élection ;
mais la majorité des cardinaux était française, elle
voulait un pape de sa nation, et il était à craindre
pour les Romains qu'il n'abandonnât encore leur ville.
Une rumeur sourde régnait parmi le peuple, et était
le présage des excès qu'on pouvait avoir à redouter.
A peine les opérations du conclave étaient-elles commencées, que la populace entoura le palais où les cardinaux étaient rassemblés, en poussant les clameurs
les plus sinistres : « Nous le voulons romain, s'é-
« criait-elle ; nous le voulons romain ; *Romano lo*
« *volemo* ; sinon, seigneurs cardinaux, nous vous fe-
« rons les têtes plus rouges que vos chapeaux [1]. »
Effrayés du danger qui les menaçait, s'ils ne se con-
formaient aux désirs d'un peuple irrité, les cardinaux,

---

[1] FROISSARD, *Chroniques*, liv. III, chap. XII. — VELLY, *Histoire de France*, V, 545.

pour échapper à ce péril, nommèrent un Napolitain,
Barthélemi Prignano, archevêque de Bari. Cette élection était le résultat de la violence, le choix des cardinaux n'avait pas été libre ; mais peut-être l'eussent-
ils ratifiée sans la faute du nouveau pontife qui avait
pris le nom d'Urbain VI. Au lieu de ramener par la
douceur des esprits déja mal disposés, il les irrita
encore par une sévérité excessive ; il ne craignit pas
d'humilier leur amour-propre, et il alla jusqu'à leur
reprocher en public certains actes de leur conduite.
Le cardinal de La Grange, qu'il avait signalé comme
un des plus coupables, ne put se contenir, et lui donna
au milieu du consistoire un démenti ; ce fut comme
le signal de la défection. Tous les cardinaux quittèrent
Rome, et vinrent se réunir à Agnani, où commandait
le comte de Fondi, ennemi d'Urbain ; le cardinal ca-
merlingue lui-même s'enfuit, emportant la tiare et
les ornements pontificaux. De là, ils adressèrent à
Urbain l'exhortation d'abdiquer une dignité qu'il savait bien n'être pas canonique, et n'avoir été obtenue
que par la violence : ils écrivirent en même temps des
lettres à Charles V et à l'Université [1], pour les engager à se joindre à eux. Rome était ensanglantée, le
parti d'Urbain poursuivait avec fureur les Français,
lorsque les cardinaux, qui avaient protesté contre l'é-
lection de l'archevêque de Bari, et qui le qualifiaient
d'apostat et d'antéchrist, résolurent enfin de procéder
à la nomination d'un nouveau pape. Tous, sans en

---

[1] BULLEUS, *Historia Universitatis*, IV, 465.

excepter même les Italiens, étaient d'accord; ils se
rendirent à cet effet à Fondi; et, le 20 septembre
1378, ils élurent, à la place de Prignano, le cardinal
de Genève, homme d'une naissance illustre, qui prit
le nom de Clément VII. On assure que ce conclave
avait jeté les yeux sur le roi de France Charles V, alors
veuf; mais que ce prince avait refusé [1]. Clément, aussitôt son exaltation, s'était empressé de la notifier au
roi, qui convoqua dans son palais une nombreuse assemblée, où l'on devait examiner la validité des deux
élections. Les docteurs de l'Université reçurent l'ordre
de s'y rendre; le roi aimait à écouter leurs avis, et à
s'entourer de leurs lumières dans toutes les occasions
importantes. C'est ainsi qu'après l'avoir consultée, lorsqu'il rendit à Vincennes, en 1374, le fameux édit
qui fixait à quatorze ans la majorité des rois, il avait
voulu qu'elle fût présente lors de son enregistrement
au parlement [2]. Dans cette grande assemblée, il fut
décidé que l'élection d'Urbain était irrégulière et
nulle; et en conséquence le roi et la France se rangè-
rent sous l'obédience de Clément.

Une si prompte décision n'avait pas été approuvée par l'Université entière, elle avait d'abord reconnu
Urbain; et elle ne se prononça pas avec autant de
facilité. Une assez forte opposition d'ailleurs, exis-

---

[1] VILLARET, cité par M. DE BARANTE, *Histoire des Ducs de
Bourgogne*, I, 65.

[2] LE BEUF, *Histoire de la Ville et du Diocèse de Paris*,
II, 113. — VELLY, *Histoire de France*, V, 470.

tait dans son sein. Le roi, qui considérait son avis comme important, lui avait ordonné de s'assembler le 7 janvier 1379 ; ce jour-là elle ne put prendre de détermination, et fut obligée de s'ajourner. Enfin, le 25 mai, une nouvelle séance eut lieu aux Bernardins, et les facultés de droit, de médecine et de théologie, avec les nations de France et de Normandie, étant tombées d'accord, l'Université, malgré l'avis contraire des deux nations de Picardie et d'Angleterre, reconnut Clément VII. Cette délibération fut portée au roi, au donjon de Vincennes, par les députés de la compagnie ; et Amélius de Broille, envoyé de Clément, s'en fit donner acte pour le pape [1], qui bientôt (1379) adressa lui-même d'Avignon, où il s'était retiré après avoir été obligé d'abandonner Rome et l'Italie à son rival, des lettres de remercîments à l'Université.

Ce schisme, qui pendant quarante ans divisa la chrétienté, que la fureur du peuple avait fait naître, et que l'ambition et l'opiniâtreté surent perpétuer, troubla les dernières années de Charles V. Ce prince, qui mérita le surnom glorieux de Sage, avait, par ses talents, arraché la France de l'abîme où elle était plongée à son avénement au trône. Il avait éteint le feu des discordes civiles ; ses armes victorieuses avaient enlevé aux Anglais la Guyenne et la Normandie ; et on l'avait vu, avec un étonnement mêlé d'admiration, citer à son tribunal, avec la hauteur

[1] Crévier, *Histoire de l'Université*, III, 34.

d'un suzerain et d'un maître, le conquérant de la France, le vainqueur de Crécy et de Poitiers. De si incroyables résultats promettaient un avenir plein de gloire ; mais ce prince, à peine dans la force de l'âge, succombait sous une maladie lente qu'on attribuait au poison que lui avait donné dans sa jeunesse le roi de Navarre, et qui l'enleva à l'amour de son peuple le 16 septembre 1380. Sa mort fut le signal des maux qui devaient fondre de nouveau sur notre malheureuse patrie, et l'accabler pendant plus d'un siècle. Nous verrons l'Université jouer un rôle dans ces déplorables événements, prendre parti dans nos discordes civiles, et tour à tour instrument des factions, protéger ou combattre les Armagnacs et les Bourguignons. Arrachée à la tranquillité dont elle jouissait sous Charles V, à peine avait-il fermé les yeux, qu'elle dut s'apercevoir qu'elle ne pouvait attendre du régent, Louis d'Anjou, son frère, la protection dont le roi l'avait entourée. Héritier du trône de Naples, le duc d'Anjou cherchait à amasser en France les trésors dont il avait besoin pour y monter ; partisan du pape d'Avignon, Clément VII, il s'appuyait sur son autorité pour faire valoir ses droits à la succession de Jeanne ; et, pour reconnaître ses bontés, il abandonnait la France à ses exactions ; elles étaient excessives. Le pontife, dont elle composait presque toute l'obédience, faisait peser sur elle toutes les dépenses nécessaires à sa cour : c'était avec son or qu'il achetait des partisans, et ils s'entendaient ensemble, dit un historien, pour laisser les bénéfices en vacance, et en partager les revenus [1]. L'Université, qui d'abord s'était déclarée pour Urbain, et qui ensuite, par égard peut-être, était revenue à l'obédience de Clément, parut fléchir dans son opinion. Indignée des rapines exercées par la cour papale, elle éleva la voix; Jean de Roncé, docteur en théologie, portait la parole, et se plaignit au régent avec beaucoup de force. Au lieu d'écouter ses remontrances, le prince voulut les étouffer, et l'orateur fut emprisonné par son ordre [2]. Relâché sur les plaintes de l'Université, il quitta la France, et se retira auprès d'Urbain. Peu de temps après, le recteur, avec un grand nombre de membres, suivit son exemple [3]. Et ce fut à cette époque que pour la première fois on proposa, afin d'anéantir la division qui paraissait sur le point de naître, la convocation d'un concile; mais un semblable projet ne convenait pas au régent, et il ne reçut alors aucune exécution.

Le peuple, pendant ce temps-là, souffrait impatiemment les impositions nouvelles; il savait qu'à son lit de mort, le roi Charles avait ordonné la suppression des aides; il voulait que sa volonté fût accomplie. Fort de l'assentiment de l'Université, il refusa de payer; déclara qu'il « aimait mieux mourir que de « vivre si misérablement, et de supporter tant d'in-

---

[1] M. DE BARANTE, *Histoire des Ducs de Bourgogne*, I, 121.

[2] LE BEUF, *Histoire du Diocèse et de la Ville de Paris*, II, 129.

[3] DUVERNET, *Histoire de la Sorbonne*, I, 106.

« jures [1] », et se porta en armes au palais. Il fallut
alors abolir les gabelles : l'exaspération du peuple
néanmoins ne s'apaisait pas, il y avait sans cesse de
nouvelles séditions. Hugues Aubriot, prévôt de Paris, en fut la victime : il était haï pour la sévérité avec
laquelle il exerçait ses fonctions, et détesté de l'Université, dont il violait souvent les priviléges. Tout récemment encore, aux obsèques de Charles V, il y
avait eu une querelle occasionée par une contestation de préséance entre les écoliers et ses sergents qui
en avaient emprisonné plusieurs [2]. On disait en outre
qu'il avait fait creuser dans le petit Châtelet, et exprès pour eux, deux cachots qu'il appelait par dérision, l'un le clos Bruneau, l'autre la rue du Fouare.
Tous ces actes, tous ces bruits n'avaient pas été ou-
bliés ; l'Université s'en souvint ; elle le traduisit devant la justice de l'évêque, où elle l'accusa d'impiété,
d'hérésie et de débauche. Condamné par l'official à
une prison perpétuelle, il fut enfermé au Fort-l'É-
vêque, rue Saint - Germain - l'Auxerrois n° 65, qui
était la prison du tribunal ecclésiastique [3] ; mais il n'y
resta pas long-temps. L'année suivante, le peuple,
dans la sédition des Maillotins, le tira de captivité

---

[1] *Discours d'un Savetier* rapporté par M. DE BARANTE, *Histoire des Ducs de Bourgogne*, I, 126.

[2] VELLY, *Histoire de France*, VI, 52. — CRÉVIER, *Histoire
de l'Université*, III, 40.

[3] DULAURE, *Histoire de Paris*, IV, 390.

I. 12

pour le mettre à sa tête ; et il profita de sa liberté
pour se retirer en Bourgogne, sa patrie [1].

Cette sédition, qui eut lieu en 1382, avait pour
cause le rétablissement de la gabelle, supprimée l'année précédente. Le peuple, dans sa fureur, força les
portes de l'Hôtel-de-Ville, et s'empara des maillets
de plomb qui y étaient déposés, et avec lesquels il
assomma les collecteurs des aides. Le conseil de régence fit marcher des troupes sur Paris ; mais l'Université et l'évêque s'entremirent, se transportèrent
auprès du roi à Vincennes, lui présentèrent la défense
des coupables, et obtinrent un édit d'absolution, dont
les chefs seuls furent exceptés [2]. L'année suivante,
l'Université fut moins heureuse ; la révolte avait re-
commencé pendant les guerres de Flandre ; et le
roi, victorieux à Rosebecque, revenait, à la tête de
son armée, châtier les Parisiens. L'Université le sup-
plia de nouveau, et son orateur fit une si noble et si
touchante harangue, que le prince en fut ému ; mais
le duc de Berri, alors tout puissant, ne laissa aucun
espoir. « On doit faire exemple, dit-il, sur les auteurs
« de tant de rebellions ; » en effet, les supplices se succédèrent, beaucoup étaient cousus dans des sacs et jetés
à la rivière pendant la nuit, sans jugement [3].

---

[1] M. DE BARANTE, *Histoire des Ducs de Bourgogne*, I, 133.

[2] BULLEUS, *Historia Universitatis*, IV, 585.

[3] LE BEUF, *Histoire de la Ville et du Diocèse de Paris*,
II, 138. — M. DE BARANTE, *Histoire des Ducs de Bourgogne*, I,
212.

Au moment où ces troubles agitaient les premières années du règne de Charles VI, l'Université intentait devant le pape un procès aux chanoines du Chapitre de Notre-Dame, qui prétendaient avoir le droit de faire enseigner les décrétales dans leurs écoles ; et à la même époque, le chancelier de l'Église de Paris, Jean Blanckaert, voyait renaître entre lui et les professeurs une vieille querelle qui n'était que mal éteinte ; c'était au sujet des droits que le chancelier voulait exiger de ceux qui demandaient la licence. L'Université, s'appuyant sur le statut du cardinal de Courçon, le réglement de Grégoire IX, et la réforme du cardinal de Montaigu, soutenait que l'obtention de tous les grades devait être gratuite, défendit au chancelier de rien recevoir, et déclara nulles toutes les licences pour lesquelles une taxe aurait été prélevée. L'affaire fut portée au Parlement et au pape, le 6 février 1379 [1]; mais la décision nous est restée inconnue : seulement nous voyons, dans les plaidoieries qui ont été conservées, que le chancelier demandait, pour sa peine et ses travaux, la somme de 10 livres par candidat [2]. Ce qui est certain, c'est que les généreux efforts de l'Université n'eurent aucun succès, et que les chanceliers parvinrent, malgré les textes positifs des réglements, à exiger un droit de chaque bachelier qu'ils admettaient à la licence. Ces droits variaient suivant les fa-

---

[1] PASQUIER, *Recherches de la France*, liv. III, chap. 33.
[2] CRÉVIER, *Histoire de l'Université*, III, 72.

cultés. Les licenciés en droit ne payaient qu'un franc;
cette monnaie alors était toute nouvelle (1386); car,
dit le plaidoyer de l'Université, « en 1360 il n'était
« encore aucun franc [1]. »

C'est vers cette époque, en 1384 à peu près, que
prit naissance une fameuse controverse théologique
qui divisa long-temps les franciscains et les dominicains; c'est celle de la conception immaculée de la
sainte Vierge. Il s'agissait de savoir si la Vierge avait
été entachée du péché originel. Jean Scot, francis-
cain, surnommé le *docteur subtil*, soutint à Paris
la négative avec beaucoup d'éclat [2]. Sa doctrine fut
reçue avec applaudissement par l'Université et l'ordre de saint François. Les dominicains, par opposition peut-être aux franciscains, embrassèrent l'opinion contraire qu'ils soutinrent vigoureusement;
de là naquit une guerre scholastique, qui, pendant
cent années, partagea l'Europe chrétienne. Jean de
Montson, dominicain, en donna le signal dans une
thèse qu'il soutint à Paris en 1387. Ses propositions
ayant été censurées par la faculté de théologie, on
le somma de se rétracter, mais au lieu de le faire,
il s'enfuit à Avignon et interjeta appel au pape [3].
Pierre d'Ailli, théologien célèbre, fut chargé de défendre le jugement de ses confrères; il y réussit, et

---

[1] Bulleus, *Historia Universitatis*, IV, 611.

[2] Fleury, *Histoire Ecclésiastique* XIX, 156.

[3] Le Boeuf, *Histoire de la Ville et du Diocèse de Paris*, II,
148.

malgré les intrigues de la cabale dominicaine, qui soutenait Jean de Montson, sa doctrine fut condamnée. L'Université porta alors un décret qui prononçait la perte des priviléges académiques contre tous les partisans des propositions proscrites, bannit les dominicains de son sein, et leur interdit l'enseignement [1]. Il paraît qu'il y eut contre eux une espèce de soulèvement général, occasioné moins peut-être par cette dispute religieuse que par leur qualité d'inquisiteurs, car on obligea tous leurs adhérents à faire en public des rétractations humiliantes, et on y soumit même des personnages élevés, parmi lesquels on remarque le confesseur du roi, Guillaume, évêque d'Évreux [2].

Au grand scandale des fidèles, deux papes occupaient toujours la chaire de saint Pierre. Urbain VI, contre lequel s'étaient déclarés la France et l'Université, loin de suivre l'exemple de ses prédécesseurs et de favoriser les religieux mendiants, venait, dans une bulle de 1384, de leur interdire la confession et la prédication, à moins qu'ils ne fussent autorisés par les ordinaires. Ces principes, conformes à ceux de l'Université, ne l'avaient cependant pas rapprochée de lui; au contraire, la scission qui avait existé dans son sein, venait de disparaître par la réunion des nations de Picardie et d'Angleterre, jusqu'alors dissi-

---

[1] BULLEUS, *Historia Universitatis*, V, 82, 83. — M. DE BARANTE, *Histoire des Ducs de Bourgogne*, II, 86.

[2] VELLY, *Histoire de France*, VI, 238.

dentes, à l'obédience de Clément. Néanmoins l'Université, ainsi que le clergé de France s'occupaient par tous les moyens possibles de rétablir l'union dans l'Église [1]. Déja un concile, où elle avait assisté, avait été tenu en 1384 à Lille en Flandres, sans produire aucun résultat. Déja plusieurs expédients avaient été proposés, tels que la cession des deux concurrents ou la convocation d'un concile général. Mais, à chaque pas, les difficultés se compliquaient par les entraves qu'y apportaient les deux élus, lorsque Urbain VI mourut à Rome, le 15 octobre 1389. Cet événement devait terminer le schisme, si l'intérêt et l'esprit de parti ne s'étaient pas efforcés de le perpétuer : les cardinaux du parti d'Urbain ne voulurent pas se réunir à Clément, et élurent un autre pape, Pierre Tomacelli, surnommé Boniface IX.

Cette nouvelle élection venait d'augmenter les difficultés. C'est en vain que les deux rivaux empruntaient le langage de la modération, leurs actes étaient en opposition avec leurs paroles. La cour se montrait fortement attachée au parti de Clément, qui favorisait la cupidité des princes en autorisant la levée de décimes et autres impôts de cette nature ; l'Université cependant, ne craignit pas de délibérer sur les moyens propres à rendre la paix à l'Église ; une assemblée générale de tous ses membres fut convoquée, et l'on y décida unanimement qu'il fallait que les deux papes s'en remissent à la décision d'arbitres convenus, ou

---

[1] M. DE BARANTE, *Histoire des Ducs de Bourgogne*, II, 215.

qu'ils fissent cession; ou bien, dans le cas où ils n'y consentiraient pas, qu'on devait assembler un concile général [1]. Un mémoire fut rédigé dans ce sens par Pierre d'Ailli, alors chancelier de l'Église de Paris, homme d'un immense savoir, et qui s'éleva par son mérite aux premières dignités de l'Église, et par Nicolas de Clémengis, le plus élégant des écrivains de son temps. Ce mémoire, écrit avec beaucoup de liberté et en termes très-énergiques, fut approuvé de l'Université entière. L'important était d'obtenir la sanction du roi; ce malheureux prince, attaqué de la maladie cruelle qui, pendant vingt ans, fut la cause des malheurs de la France, était incapable de volonté : l'État, dans ces tristes moments, était gouverné par ses oncles, les ducs de Berri et de Bourgogne, que le duc d'Orléans son frère s'efforçait d'expulser. L'Université s'adressa d'abord au duc de Berri, mais ce prince, dévoué à Clément, la reçut très-durement, l'accusa de témérité et menaça de faire jeter à la rivière [2] les chefs de ce qu'il appelait une cabale séditieuse. Rebutée, mais non découragée, elle se tourna alors du côté du duc de Bourgogne, et obtint une audience du roi : elle eut lieu avec beaucoup de solennité, le roi étant sur son trône, entouré de toute sa cour; mais les intrigues du cardinal de Lune, qui venait de succéder à Clément VII,

---

[1] CRÉVIER, *Histoire de l'Université*, III, 18 et suiv.

[2] BULLEUS, *Historia Universitatis*, IV, 696. — M. DE BARANTE, *Histoire des Ducs de Bourgogne*, II, 225.

prévalurent, et il lui fut défendu de s'immiscer dorénavant dans cette affaire [1]. Alors elle ferma ses écoles
et cessa toutes ses leçons [2].

Clément en effet était mort à Avignon, le 16 septembre 1394, après un pontificat malheureux et
agité. A cette nouvelle, toute l'Europe, et l'Université une des premières, se mit en mouvement pour
que cette circonstance pût enfin rétablir l'union dans
l'Église. Mais tous les efforts furent inutiles, les motifs qui avaient fait nommer un successeur à Urbain
en firent donner un à Clément, et ce successeur fut le
cardinal Pierre de Lune, Aragonais, qui avait été long-
temps légat près la cour de France : homme instruit,
habile négociateur, esprit adroit, tout à la fois souple
et opiniâtre; il prit le nom de Benoît XIII. A son
exaltation, l'Université lui écrivit une lettre remarquable, où, tout en le félicitant, elle l'exhorte à travailler à la paix de l'Église : « Si vous remettez à
« demain, lui dit-elle, ce que vous pouvez faire au-
« jourd'hui, voici que bientôt un second jour se passe
« et tout de suite un troisième : et par ces délais
« successifs on tombe enfin dans la négligence et
« l'oubli de l'ouvrage entrepris. Viendront à l'appui
« les flatteurs qui, sous l'apparence d'affection, in-
« spirent le poison de l'amour-propre et de l'indiffé-
« rence pour le bien général; viendront les ambitieux
« qui attendront de vous des dignités et des bénéfices;

---

[1] M. DE BARANTE, *Histoire des Ducs de Bourgogne*, II, 230.
[2] LE RELIGIEUX DE SAINT-DENIS,

« viendront les courtisans, serviteurs infaillibles de
« la puissance présente : et à toutes ces séductions,
« se joindra celle de l'habitude si douce de comman-
« der ; séduction la plus attrayante, la plus insinuante,
« la plus capable de détourner des sentiers du devoir.
« Nous ne craignons pas, en vous tenant ce langage,
« de blesser vos oreilles, que nous savons très-pa-
« tientes ; vous aimez la vérité et c'est ce qui nous en-
« hardit à vous parler avec franchise. La nature hu-
« maine, comme vous le savez, est fragile, amoureuse
« de sa propre excellence, plus portée au repos, aux
« délices trompeuses, à la tranquillité, qu'au travail
« qui fatigue : mettez donc promptement la main à
« l'œuvre, nous vous en conjurons par les plus hum-
« bles prières, et rejetez toute remise, toute tergi-
« versation. Si vous êtes aujourd'hui capable de bien
« faire, pourquoi attendre à demain ?.... Si vous ne
« l'êtes pas aujourd'hui, demain vous le serez moins
« encore ; car il est d'expérience que les délais et les
« intervalles n'augmentent pas l'activité, mais au
« contraire la diminuent et la refroidissent. D'ailleurs
« le mal exige un prompt secours et ne souffre point
« de retardement, vu que depuis le long temps qu'il
« subsiste, il se trouve dans le cas, si une main di-
« ligente n'applique le remède, de dégénérer en un
« état désespéré[1]. »

Benoît qui, au moment d'être élu, avait promis
de faire le sacrifice de sa dignité, si le bien de l'É-

---

[1] Crévier : *Histoire de l'Université*, III, 133.

glise l'exigeait, resta inébranlable : la lettre ne fit sur lui aucun effet. Tant d'obstination, partagée également par Boniface IX, indisposait les partisans même les plus dévoués des deux papes; on s'éloignait de deux ambitieux qui, dans leur esprit d'égoïsme, préféraient la conservation de leur grandeur à l'intérêt de la religion; et le roi convoqua alors à Paris (1395) un concile de l'Église gallicane. Il fut présidé par Messire Simon de Cramaud [1], archevêque d'Alexandrie : plus de quarante évêques y assistèrent, l'Université y envoya des députés, à la tête desquels était Pierre d'Ailli. Les universités de Toulouse, d'Orléans, d'Angers, suivirent cet exemple; des conseillers au parlement, des avocats y siégèrent; et enfin, après une longue et solennelle discussion, on se rendit à l'un des avis déja proposé par l'Université, et on décida que les deux papes devaient abdiquer [2].

Il était plus facile de prendre une semblable délibération que de les déterminer à y adhérer : aussi le roi crut-il devoir faire tous ses efforts pour les engager, au nom de Dieu, dont ils se disaient les vicaires, à faire le sacrifice de leur grandeur. Benoît XIII fut le premier à qui on s'adressa. Une ambassade extraordinaire, composée des deux oncles et du frère du roi, fut envoyée à Avignon; on leur adjoignit des députés du clergé et de l'Université,

---

[1] M. DE BARANTE, *Histoire des Ducs de Bourgogne*, II, 342.
[2] CRÉVIER, *Histoire de l'Université*, III, 140.

dont l'un des membres, Gilles des Champs, professeur de théologie, était chargé de porter la parole [1].
Les ambassadeurs avaient l'ordre d'employer tous
les moyens possibles pour arriver à leur but : les
prières, les menaces même ne devaient pas être épar-
gnées ; car « les paroles douces et flatteuses ne sont
« propres qu'à entretenir et fortifier le mal au lieu
« de le guérir [2]. » Mais tout fut inutile : après bien
des conférences, bien des pourparlers, leurs efforts
n'amenèrent aucun résultat, Benoît resta inflexible,
et les ambassadeurs quittèrent Avignon sans avoir
pu rien obtenir.

Le peu de succès de ces démarches avait convaincu
les plus incrédules, et achevé d'enlever au parti des
deux papes ceux qui jusqu'alors leur avaient été le
plus attachés. Le roi avait pris cette affaire à cœur,
et désirait la terminer ; il demanda de nouveau à l'U-
niversité de lui proposer les moyens de faire cesser
cette déplorable division [3] : et la compagnie réunit
tous ses soins pour seconder, autant qu'il était
en elle, les bonnes dispositions du prince. Par son
ordre, les plus distingués de ses membres, Pierre
Plaoul, Jean de Courtecuisse, etc. etc., furent envoyés dans toute l'Europe chrétienne pour exhorter
le clergé et les universités étrangères à concourir avec

---

[1] M. DE BARANTE, *Histoire des Ducs de Bourgogne*, II, 240.

[2] BULLEUS, *Historia Universitatis*, IV, 740.

[3] M. DE BARANTE, *Histoire des Ducs de Bourgogne*, II, 219.

elle à l'extinction du schisme [1] ; en même temps
elle redoublait d'instances et de supplications auprès
de Benoît pour l'engager à déposer la tiare. Ses
lettres au pontife étaient rédigées avec une grande
liberté : elle lui déclare « que s'il n'obtempère pas à
« ses prières et aux vœux de l'Église, elle lui résis-
« tera en face, parce qu'elle ne veut en aucune fa-
« çon être soumise ni adhérer à son opiniâtreté [2]. »
On n'avait pas toujours tenu ce langage ; mais
l'Université se sentait appuyée par le roi et la nation : aussi les menaces du pape ne l'intimidèrent
pas ; elle répondit à sa bulle par un appel au pape
futur et *légitime*, et constitua pour son procureur
Jean de Craon, maître ès-arts et notaire apostolique.

L'entêtement du pape avait rompu, comme on
voit, tous les liens qui l'unissaient à ses adhérents ;
on attribuait au scandale qu'il donnait à l'Église les
maux qui désolaient la France, et particulièrement
la maladie du roi : on gémissait de voir les infidèles
se moquer de notre sainte religion, et toutes ces pensées, dit M. de Barante [3], donnaient grand courage
contre les deux papes. On commençait à convenir
que l'avis proposé par l'Université de ne reconnaître
ni l'un ni l'autre des deux élus, était le plus propre
à rétablir la paix et à vaincre leur obstination. Le
roi, qui venait d'avoir à Rheims une entrevue avec

---

[1] CRÉVIER, *Histoire de l'Université*, III, 152.
[2] CRÉVIER, *Histoire de l'Université*, III, 157, 160.
[3] M. DE BARANTE, *Histoire des Ducs de Bourgogne*, II, 240.

l'empereur d'Allemagne, Venceslas, pour délibérer
sur les moyens de faire cesser le schisme, assembla
à Paris, le 22 mai 1398, un concile où furent appelés huit archevêques, trente-deux évêques, des
abbés et les députés des universités de Paris, d'Orléans, d'Angers, de Montpellier et de Toulouse.
Les princes le présidèrent en l'absence du roi malade :
le patriarche d'Alexandrie, Simon de Cramaud, prononça en français, pour être entendu des princes,
un discours où il indiquait la soustraction d'obédience comme la seule manière d'arriver à un résultat ; l'Université donna ensuite ses conclusions par
l'organe du recteur, en déclarant que « l'on devait
« dès maintenant cesser et soy départir du tout de
« l'obéissance de notre Saint Père [1] : » et on entendit
après elle les orateurs pour et contre. Le résultat ne fut
pas un instant douteux ; sur trois cents votants, deux
cent quarante-sept opinèrent pour la soustraction, et
le 28 juillet, le chancelier fit connaître la volonté du
roi en disant : « Attendu ce qui précède, il est ré-
« solu que pour l'avenir on ôte et fasse soustraction
« à M. Benoît, ainsi qu'à son adversaire, non seu-
« lement de la collation des bénéfices du royaume,
« mais encore de toute sorte d'obéissance. » Des peines
sévères furent prononcées contre quiconque n'adop-
terait pas la soustraction, et on ordonna en même
temps que l'Église gallicane se gouvernerait désor-

---

[1] CRÉVIER, *Histoire de l'Université*, III, 172.

mais selon ses anciennes libertés et franchises [1]. Ces
moyens extrêmes auxquels on avait été obligé de recourir, ne parvinrent pas à ébranler le pontife ; il
résista à toutes les menaces qui lui furent faites, à
toutes les ambassades qui lui furent envoyées. Abandonné par tous ses cardinaux, on ne le vit pas fléchir un instant, et bientôt après, lorsque le roi eut
fait partir, sous les ordres du maréchal de Boucicaut,
des troupes pour Avignon, et que lui-même eut été
fait prisonnier, il aima mieux tout endurer que de
renoncer à sa dignité.

La part que l'Université avait prise à tous ces
événements, prouve sa puissance et l'état florissant
dans lequel elle se trouvait : on la comblait de faveurs, on l'enrichissait par des dons. C'est ainsi
qu'au moment de partir pour son expédition en Angleterre, le duc de Bourgogne, Philippe-le-Hardi,
lui léguait (1386), par testament, une somme assez
considérable. Parmi les choses qui composaient l'enseignement, deux sciences étaient principalement la
cause de cette splendeur, par l'influence qu'exerçaient
dans les affaires tous ceux qui les avaient étudiées ;
ces deux sciences étaient la théologie et le droit canon. Des professeurs célèbres, que leur mérite avait
élevés à de hautes dignités, Pierre d'Ailli, Gerson,
Nicolas de Clémengis, Gilles des Champs enseignaient
la théologie à une multitude d'élèves avides d'ap-

---

[1] BULLEUS, *Historia Universitatis*, IV, 853.

prendre et d'arriver aux honneurs par la voie que leurs maîtres avaient suivie. Le droit canon n'était pas moins cultivé, parce qu'il offrait un moyen également rapide de parvenir : favorisé par les papes dont il embrassait la législation, tous ceux qui se distinguaient dans cette étude étaient sûrs d'une protection puissante : aussi voyait-on alors les plus hauts personnages joindre à leurs dignités le titre de docteurs en décret [1].

Excepté donc la théologie et le droit, les autres sciences, sans être négligées, avaient fait peu de progrès, et étaient encore dans un état peu satisfaisant. La médecine n'inspirait aucune confiance et ne jouissait d'aucune considération : une foule d'individus sans connaissance, sans instruction, abusaient de la crédulité du peuple, usurpaient les fonctions de médecin et faisaient payer à leurs imprudents malades le tribut de leur ignorance, au point que le roi fut obligé, en 1390, d'ordonner au prévôt de Paris de réprimer avec sévérité ce déplorable abus. Aristote était encore le seul guide pour la logique et la philosophie ; *le maître l'a dit*, était à la fois l'axiome favori des écoles, et l'argument irrésistible devant lequel devaient disparaître tous les raisonnements.

Quant à la grammaire et à la rhétorique, on les avait depuis long-temps mises en oubli [2], pour se

---

[1] *Histoire Littéraire de la France*, XVI, 74. — BULLÆUS, *Historia Universitatis*, IV, 591 et suiv.

[2] *Histoire Littéraire de la France*, XVI, 48, 162.

livrer avec ardeur aux subtilités de la scolastique, lorsque Nicolas de Clémengis s'efforça, par son exemple et ses talents, de rétablir le goût de l'élégance et de la politesse du style. Cette grossièreté dans les discours et dans les écrits, dont nous aurons peut-être occasion de donner des exemples; cet abandon total des belles lettres n'avait rien d'étonnant, car il était prescrit en quelque sorte par l'intérêt personnel. En effet, à peine les écoliers en avaient-ils pris quelque idée, qu'ils se hâtaient de quitter une étude improductive pour se consacrer exclusivement à la théologie ou au droit canon, afin d'arriver par là à la fortune et aux grandeurs.

Les mathématiques commençaient aussi à être en honneur, ainsi que les sciences qui s'y rattachent, telles, par exemple, que l'astronomie; mais cette dernière était cultivée moins pour connaître la marche des astres et le mécanisme admirable de la nature, que pour chercher par son moyen à déchirer le voile de l'avenir et à sonder les décrets de la Providence. L'astrologie judiciaire, dont la connaissance des astres formait la base, était à cette époque une science qui avait ses principes et ses professeurs, et dont les erreurs infectaient depuis le trône jusqu'à la chaumière [1]. Cette confiance, cette crédulité dans les esprits, qui les portait à attribuer à des moyens surnaturels tout ce dont ils ne pouvaient découvrir la cause, avaient aussi contribué à donner un grand empire à la magie.

---

[1] *Histoire Littéraire de la France*, XVI, 119.

On croyait aux démons, aux sortiléges, aux pactes infernaux, et cette opinion, fortement enracinée, avait principalement contribué à rendre le duc d'Orléans odieux au peuple, parce qu'on disait qu'à l'aide du diable il avait jeté un sort sur le roi. Ces absurdités étaient crues de bonne foi, non seulement par le peuple et les grands, mais les savants eux-mêmes ne savaient pas s'en défendre. Gerson, dont le nom se place souvent à la tête de l'Université pendant la durée de nos troubles civils, avait écrit pour prouver l'effet des influences célestes sur les corps sublunaires, et la faculté de théologie concédait aux démons, en 1398, le pouvoir de faire quelquefois, avec l'aide de Dieu, des choses merveilleuses : *error nam talia, quandoque permisit Deus*[1]. Aussi la réputation des écoles parisiennes y ayant attiré, vers cette époque, un jeune homme que les écrits du temps signalent comme un prodige, qui à vingt ans savait les sept arts libéraux, la théologie, la médecine, les droits civil et canon, les langues grecque, latine, hébraïque, arabe et chaldéenne, les armes et l'équitation[2], on ne sut expliquer une si étonnante réunion de connaissances dans un même individu qu'en le fai-

---

[1] Determinatio Parisiis facta per almam facultatem theologicam, anno 1398. — DUVERNET, *Histoire de la Sorbonne*, I, 219. — VOLTAIRE, *Dictionnaire Philosophique*, article INCUBE.

[2] FÉLIBIEN, *Histoire de Paris*, II, 834. — LAUNOY, *Regii Navarræ Gymnasii Historia*, 157. — CRÉVIER, *Histoire de l'Université*, IV, 140.

I.

sant passer pour l'Antechrist [1], et un poète contemporain disait :

> J'ai vu par excellence
> Un jeune de vingt ans
> Avoir toutes sciences,
> Et les degrés montans,
> Soy vantant savoir dire
> Ce qu'oncques fut escript
> Par seule fois le lire
> Comme un jeune Antéchrist [2].

Il faut le dire cependant, déja quelques esprits supérieurs s'élevaient contre la croyance générale, et ne craignaient pas de taxer d'erreur ce que tout le monde admettait comme une triste réalité. Maître Serisy, faisant devant le roi l'apologie du duc d'Orléans assassiné par le duc de Bourgogne, qui pour le rendre odieux, l'accusait de magie, s'écriait : « O toi, Université de Paris, puisses-tu corriger cette opinion ; car ces « sciences trompeuses ne sont pas seulement défendues « parce qu'elles sont contre l'honneur de Dieu, mais « parce qu'elles ne contiennent ni vérité ni effets [3]. »

Depuis que la soustraction d'obédience avait été prononcée, aucune amélioration n'était encore survenue dans les affaires de l'Église. On se plaignait,

---

[1] PASQUIER, *Recherches de la France*, liv. VI, chap. 39.

[2] GRANGER-CHATELAIN, *Collection des Merveilles advenues de notre temps.*

[3] M. DE BARANTE, *Histoire des Ducs de Bourgogne*, III, 180.

au contraire, de ce que, privée de son chef, elle était abandonnée en quelque sorte au pouvoir séculier. L'Université, quoique invariablement attachée à l'opinion qu'elle avait fait adopter, faisait aussi entendre ses plaintes, réclamait la plénitude de ses droits et priviléges et une répartition plus égale des bénéfices. Des prélats nommés par le roi avaient été chargés de la distribution, et il paraît que la justice ne présidait pas toujours à leurs choix : « Ils préféraient à tous au-« tres leurs parents et amis, qui devenaient chanoines « avant de savoir lire ; et on n'obtenait rien d'eux à « moins qu'on ne soit de leur famille, ou qu'on ne « donne de l'argent, ou qu'on ne soit un grand hypo-« crite [1]. » L'Université fatiguée (1400), suspendit toutes ses leçons, et ne les reprit qu'après qu'on lui eut rendu la justice qu'elle réclamait [2].

Cette soustraction qu'on paraissait avoir adoptée avec tant d'empressement, commençait déja à trouver des contradicteurs. L'Espagne, qui avait adhéré à la délibération du 22 mai 1398, s'en était désistée. L'Université de Toulouse avait envoyé des députés au roi pour lui faire des représentations. Le duc d'Orléans se déclarait publiquement le protecteur de Benoît, et il avait entraîné dans son parti quelques membres célèbres de la faculté de théologie, d'Ailli, Clémengis, Gerson, qui naguère avaient été les ad-

---

[1] FABLIAUX DE BARBAZAN, édit. de Méon, 1808, I, 304.

[2] LE BEUF, *Histoire de la Ville et du Diocèse de Paris*, II, 184.

versaires les plus ardents du pape. L'Université n'en persista pas moins dans son opinion, mais la division régnait partout; et dans le temps même où le duc d'Orléans exigeait·des excuses du recteur qui avait soutenu devant lui la soustraction, en prétendant qu'on avait voulu l'insulter, le duc de Berri faisait mettre en prison les députés de l'Université de Toulouse, pour avoir déclamé contre cette même soustraction [1].

Depuis près de quatre ans néanmoins, le pape, détenu par les troupes françaises dans son palais d'Avignon, n'exerçait plus aucune autorité, lorsqu'un événement imprévu vint faire renaître les espérances de ses amis. Fort de la protection du duc d'Orléans, et aidé par un gentilhomme normand, Robert de Braquemond, l'un des commandants français, Benoît trompa la vigilance de ses gardes, et s'échappa d'Avignon le 12 mars 1405, déguisé en domestique. De Château-Renaud où il s'était retiré, il écrivit au roi, aux princes et à l'Université [2] pour leur annoncer qu'il avait quitté son palais, et qu'il allait travailler efficacement au bien de l'Église. A peine était-il dehors, que ses partisans ne craignirent plus d'exprimer ouvertement leurs vœux : ses cardinaux qui l'avaient abandonné, sollicitèrent leur pardon, et ceux qui s'étaient le plus prononcés contre lui, s'empressèrent de se rétracter. La masse de l'Université

[1] M. DE BARANTE, *Histoire des Ducs de Bourgogne*, II, 390.
[2] CRÉVIER, *Histoire de l'Université*, III, 202.

cependant lui était toujours opposée, mais les plus
illustres docteurs s'étaient déja déclarés, et se joignaient aux députés des universités provinciales de
Toulouse, d'Orléans, de Montpellier et d'Angers', qui
lui avaient été sans cesse favorables. Leur intention
était de faire annuler la décision du concile tenu à
Paris quatre ans auparavant; ils n'eurent pas de peine
à réussir, et, malgré les efforts des ducs de Berri,
de Bourgogne, et de l'Université, excitée par la
nation de Normandie, qui tenait opiniâtrement à
ses opinions ¹, le roi, vaincu par les sollicitations
de son frère, se rendit, et l'acte de restitution
d'obédience fut signé ². ·

Le prix de cette restitution avait été la promesse
faite par Benoît d'abdiquer, si son concurrent ab-
diquait lui-même, mourait ou était déposé; de n'inquiéter personne pour ce qui s'était passé durant la
soustraction, et enfin d'assembler dans l'année un
concile général, à la décision duquel il se soumet-
trait. Les premiers actes de Benoît furent une violation de ses promesses, en voulant attaquer comme
nulles les collations de bénéfices faites pendant la
soustraction. L'Université lui députa alors Gerson
et quelques autres de ses membres, pour l'engager à
ne pas troubler la paix de l'Église. Le roi, de son
côté, lui envoya des ambassadeurs; et comme Be-

---

¹ LE BEUF, *Histoire de la Ville et du Diocèse de Paris*,
II, 200.

² DUVERNET, *Histoire de la Sorbonne*, I, 113.

noît apportait toujours quelque résistance, il se détermina à agir d'autorité; et, le 19 décembre 1403, il
rendit une ordonnance qui confirmait toutes les nominations [1], et défendait aux officiers du pape de
les inquiéter.

C'était ainsi que de temps en temps l'autorité
royale cherchait à faire sentir sa force; mais ces
symptômes de puissance devenaient de plus en plus
rares. Le gouvernement faible et anarchique du
malheureux Charles VI, entravé par l'ambition des
factions qui commençaient à se disputer le pouvoir,
devenait, pour tous les bons citoyens, un sujet de
douleur : la majesté du trône était avilie, la volonté du
monarque jamais respectée. C'est en vain que l'U-
niversité, touchée des malheurs publics, présentait,
dans l'intérêt de la patrie, une requête au roi, pour le
prier de pourvoir au bon gouvernement du royaume,
en indiquant les moyens qu'il fallait employer. Le roi
rendait bien des ordonnances qui auraient pu rétablir
la tranquillité, comme par exemple lorsqu'il prescrivait au Parlement de ne pas obéir à ses ordres ver-
baux [2] : mais ces ordonnances n'étaient pas exécutées,
tout le monde les éludait. Aussi les efforts que pouvait faire l'Université pour arrêter la fureur des partis étaient à peu près inutiles : « Vous n'appeleriez
« point de soldats dans vos assemblées, pour vous ai-

---

[1] M. DE BARANTE, *Histoire des Ducs de Bourgogne*, II. —
LE BEUF, *Histoire de la Ville et du Diocèse de Paris*, II, 202.

[2] *Ordonnance du* 20 *Avril* 1402.

« der à résoudre un point de doctrine (lui disait le duc
« d'Orléans, en 1405), et l'on n'a que faire de vous
« ici dans les affaires de guerre : retournez à vos écoles,
« restez dans votre métier, et sachez qu'encore qu'on
« appelle l'Université *la Fille du Roi*, ce n'est pas à
« elle à s'ingérer du gouvernement du royaume [1]. »

Le désordre qui régnait dans l'État s'était répandu
dans toutes les classes, et l'Université n'en avait pas
été exempte : les troubles civils avaient accoutumé les
écoliers à la licence ; et le collége de Boissi surtout
était le théâtre de scènes scandaleuses, dont l'auteur
était un boursier, nommé Artaut. Cité devant le tribunal académique, il s'y présenta en armes et accompagné d'une troupe de bandits. L'Université, néanmoins, s'armant de fermeté, chassa le coupable et le
priva de sa bourse. La sévérité qu'elle déploya dans
cette circonstance, où l'on avait voulu lui arracher
par la crainte un pardon honteux, ne se démentit
jamais. Elle avait intenté, quelques années auparavant (1392), un procès contre des archers qui
avaient maltraité quelques écoliers réunis ensemble
sous la conduite d'un licencié, nommé Veulet, qui
était leur maître de pension, et dont l'établissement,
appelé *Pédagogie*, est le premier de ce genre qui ait
été formé [2] ; lorsque (1404) elle déploya une
grande persévérance, et presque de la rigueur dans
une action criminelle dirigée contre un seigneur de la

---

[1] M. DE BARANTE, *Histoire des Ducs de Bourgogne*, III, 48.
[2] CRÉVIER, *Histoire de l'Université*, III, 105.

cour, Charles Savoisy, chambellan du roi. Ses pages
s'étant pris de querelle avec les écoliers dans une procession qu'ils faisaient à sainte Catherine, pour obtenir la fin du schisme et la guérison du roi, tombèrent
sur eux à main armée, les maltraitèrent, en blessè-
rent plusieurs, et troublèrent l'office divin. L'Université fit cesser aussitôt toutes ses leçons, et demanda
justice au roi, qui la renvoya devant le Parlement.
Gerson porta la parole devant « cette cour très-ho-
« norable de parlement, ce sénat de pères conscripts,
« où repose sans muer et défaillir la royale authorité. »
L'arrêt fut prononcé à l'hôtel Saint-Pol, en présence
du roi et de toute la cour, et sa sévérité fut excessive.
Il portait que « la maison de Savoisy serait démolie,
« qu'il fournirait le fonds de cent livres de rente per-
« pétuelle pour fonder cinq chapellenies; qu'il paie-
« rait mille livres de dommages-intérêts aux blessés,
« et mille livres à l'Université [1]. » Des peines corporelles furent prononcées contre ses gens, qui furent
condamnés à être bannis, après avoir été fouettés par
le bourreau et fait amende honorable : quant à sire
Charles Savoisy, un auteur contemporain (Juvénal
des Ursins) assure qu'il n'échappa à cette condamnation infamante qu'à cause de sa qualité de clerc.
L'arrêt fut exécuté, la maison de Savoisy démolie, et
il ne put jamais la reconstruire. Ce n'est que cent
douze ans après, en 1517, que l'Université y consen-

---

[1] *Registre du Parlement.*—VELLY, *Histoire de France*, VI,
435.

tit ; encore exigea-t-elle qu'une inscription, placée
au-dessus de la porte, fût chargée de rappeler cet
événement. Cette inscription nous a été conservée,
elle était ainsi conçue : « Cette maison de Savoisy,
« en l'an 1404, fut démolie et abattue par arrêt,
« pour certains forfaits et excès commis par messire
« Charles de Savoisy, chevalier, pour lors seigneur
« et propriétaire d'icelle maison et ses serviteurs, à
« aucuns suppôts et escoliers de l'Université de Paris,
« et a demeuré démolie et abattue l'espace de cent
« douze ans, jusque ce que ladite Université de grâce
« espéciale et pour certaines causes a permis la réédi-
« fication d'icelle en l'an 1517 [1]. »

A cette époque, malgré tous les soins que l'Université se donnait, les affaires de l'Église étaient
plus embarrassées que jamais, et le schisme moins
prêt de s'éteindre. Benoît, rendu à la liberté, ne se
mettait pas en peine de tenir ses promesses, et on
en eut bientôt une preuve complète. Il avait promis
d'abdiquer, dans le cas où son concurrent, le pape
de Rome, viendrait à mourir. Boniface IX, en effet,
était mort, et on s'attendait enfin à voir se terminer
ce schisme déplorable, qui, depuis vingt-six ans,
partageait la chrétienté, lorsque Benoît refusa de
déposer la tiare. Les cardinaux romains, indignés,
élurent Innocent VIII, et l'espoir d'une réconciliation
dut encore s'évanouir. Le nouveau pape s'empressa
d'envoyer une bulle à l'Université, qui lui députa

---

[1] CRÉVIER, *Histoire de l'Université*, III, 229.

quelques-uns de ses membres, et pour mettre à l'abri
des périls du voyage et leurs personnes et leurs biens,
elle les plaça, par une délibération du 20 septembre
1405, sous sa protection spéciale, déclarant personnelle à elle toute injure qui leur serait faite [1].

Les princes, occupés alors du gouvernement de
l'État, ne prenaient plus le même intérêt aux divisions
qui agitaient l'Église ; ils laissaient ce soin au Parlement
et à l'Université [2], qui proposa de revenir de nouveau
à la soustraction d'obédience, persuadée que ni l'un ni
l'autre des concurrents ne consentirait jamais à faire
à la religion le sacrifice de sa dignité. A cette nouvelle, Benoît, alarmé, envoya un légat à Paris pour
défendre ses intérêts ; et l'Université de Toulouse fit
paraître en même temps une lettre apologétique.
Cette lettre fut attaquée par l'Université de Paris. Le
conseil du roi, saisi d'abord de l'affaire, la renvoya
au Parlement. La plainte fut soutenue par Jean Petit,
cordelier, depuis fameux par l'audace avec laquelle il
entreprit de justifier le meurtre du duc d'Orléans.
L'avocat-général Jean Juvénal des Ursins donna des
conclusions conformes, et l'arrêt, rendu le 10 juillet 1406, déclara la lettre « injurieuse et diffamatoire
« du roy et de sa majesté royale, et de tous ceux de
« son sang, de son conseil, du clergé de France et de
« l'Université de Paris ; et, comme telle, ordonna
« qu'elle sera despécée en pièces en la cour séante à

---

[1] BULLEUS, *Historia Universitatis*, V, 119.
[2] M. DE BARANTE, *Histoire des Ducs de Bourgogne*, III, 60.

« Paris ; et la semblable à Toulouse et sur le pont
« d'Avignon [1]. » Le 11 septembre, un nouvel arrêt du
Parlement défendit, jusqu'à nouvel ordre, au clergé
de rien payer au pape et à ses officiers ; et, le 10 décembre, un concile s'ouvrit à Paris, par ordre du
roi, pour délibérer définitivement sur la soustraction
d'obédience. Soixante-quatre archevêques et évêques
s'y trouvèrent, avec un bien plus grand nombre d'autres ecclésiastiques et de docteurs. Des défenseurs
furent nommés pour et contre, c'étaient Jean Petit
et Simon de Cramaud : la cause du pape était soutenue
par l'archevêque de Tours, Amelius de Broille, et
Pierre d'Ailli, transfuge de l'Université, dont il avait
autrefois partagé les opinions : l'avocat du roi, Juvénal des Ursins, y porta la parole. Les adversaires
de la soustraction, tout en soutenant les principes les
plus opposés aux droits de la couronne, et qu'ils furent obligés de désavouer [2], protestaient de leur respect pour elle et pour l'avis de *madame l'Université
de Paris* [3] ; d'ailleurs, disait Amelius de Broille, la
rigueur ne produira aucun bien, elle redoublera au
contraire l'opiniâtreté de Benoît, car « il n'en fera
« pas mieux ; vous avez vu que par cinq ans en pri-
« son a esté, qu'il n'a onc voulu faire autre chose :
« cuidez-vous maintenant quand il a la clé des

---

[1] Pasquier, *Recherches de la France*, liv. iii, chap. 24. —
Duvernet, *Histoire de la Sorbonne*, I, 115.

[2] Velly, *Histoire de France*, VI, 454.

[3] Crévier, *Histoire de l'Université*, III, 247.

« champs, qu'il en fasse autrement ? Je cuide que
« nenny : il est du pays des bonnes mules (Benoît
« était Aragonnais), quand elles ont pris un chemin,
« l'on les escorcheroit plutôt que de les faire retour-
« ner, il faut qu'elles fassent à leur teste.[1] » Maître
Juvénal soutint avec éloquence les droits de la couronne, adressa des admonitions sévères aux partisans
de l'omnipotence pontificale, et conclut avec l'Université pour la soustraction. Le 7 janvier 1407, on
alla aux voix, et on décida la convocation d'un concile général et la soustraction provisoire. Le roi
ratifia la délibération, mais l'effet en fut quelque
temps arrêté par un événement inattendu, la mort
d'Innocent VII (1406). Le roi engagea, mais en
vain, le conclave à ne pas faire un nouveau choix ;
on élut le cardinal Corrario, vieillard septuagénaire,
qui prit le nom de Grégoire XII, après s'être engagé
par les serments les plus solennels à descendre du
trône si son adversaire venait à abdiquer ou à mourir. Il notifia son exaltation à l'Université, et ses efforts
pour l'extinction du schisme paraissaient si sincères
qu'on devait s'attendre à un résultat heureux et pro-
chain. Le roi lui envoya une ambassade solennelle,
composée d'un grand nombre de prélats et de seize
députés de l'Université. Déja les deux papes étaient
convenus d'une entrevue dans laquelle ils délibére-
raient sur la paix de l'Église : elle devait avoir lieu
à Savone, mais ils avaient eu soin de ne pas se fixer

---

[1] CRÉVIER, *Histoire de l'Université*, III, 248.

positivement sur le jour, et l'un y arriva lorsque l'autre en était déja parti. De cette manière ils s'accusèrent publiquement d'avoir manqué à leur parole, lorsqu'ils s'applaudissaient intérieurement d'une circonstance qui peut-être avait été concertée d'avance entre eux.

La mauvaise foi des deux pontifes était évidente; ni l'un ni l'autre ne voulait déposer la triple couronne, l'indignation était à son comble dans toute l'Europe; l'Université, la première, éclata. Après plusieurs délibérations, elle adressa à tous les princes et prélats de la chrétienté une lettre pour les engager à se soustraire à l'obédience des deux contendants et à embrasser la neutralité. Cet acte de vigueur fut approuvé par la cour, et, le 12 janvier 1408, le roi rendit une ordonnance dans laquelle il déclarait que, si dans un délai fixé la paix n'était pas rétablie, il proclamerait la neutralité [1].

L'orage avait beau gronder sur la tête de ces deux ambitieux, rien n'était capable d'ébranler leur constance : il ne leur restait plus qu'à être abandonnés de leurs soutiens naturels, les cardinaux; c'est ce qui arriva. Grégoire, par ses violences, avait contraint le sacré collége à s'éloigner de lui; et Benoît, craignant de tomber entre les mains du maréchal de Boucicault qui avait ordre de l'arrêter, fut obligé de quitter l'Italie, laissant ses cardinaux à eux-

---

[1] LE BEUF. *Histoire de la Ville et du Diocèse de Paris*, II, 237. — VELLY, *Histoire de France*, VII, 18.

mêmes. A la nouvelle de la soustraction d'obédience, consentie par le clergé français, ce pontife, sans réfléchir à la position précaire dans laquelle il se trouvait, agit comme s'il eût eu toute l'Europe à ses pieds; et, dans une bulle du 19 mai 1487, il lança les foudres les plus terribles de l'excommunication contre tous les partisans de la soustraction, princes ou autres, et les adressa au roi.

Le ton insultant de ces bulles exigeait qu'on en fît justice, et l'Université la demanda; présenta requête au parlement et se porta partie contre le pape. Un de ses membres, maître Jean de Courtecuisse, surnommé le docteur évangélique [1], porta la parole dans une assemblée composée du roi, des princes, du clergé, des bourgeois et de l'Université. Il prouva, par douze propositions, que Benoît était hérétique et schismatique, et conclut à ce que les bulles fussent supprimées, lacérées, et à ce que les partisans de Benoît, dont quelques-uns étaient présents, fussent arrêtés comme criminels de lèse-majesté. Ces conclusions furent adoptées, la bulle fut déchirée en présence du roi par le chancelier qui, selon quelques écrivains [2], en remit ensuite les fragments au recteur de l'Université, pour agir de la même manière; et l'on arrêta, séance tenante, le doyen de Saint-

---

[1] GRANCOLAS, Hist. de la Ville, de l'Évéché et de l'Université de Paris, II, 238.

[2] LE RELIGIEUX DE SAINT-DENIS. — BULLÆUS, Historia Universitatis, V, 158.

Germain, signalé par l'Université comme fauteur du pape d'Avignon ; les jours suivants, de nouvelles arrestations eurent lieu; l'abbé de Saint-Denis, l'évêque de Gap et plusieurs autres ecclésiastiques marquants furent emprisonnés.

Ces violences n'étaient que le prélude de celles auxquelles on devait se livrer. Les chaires des églises retentissaient chaque jour des imprécations les plus violentes contre l'opiniâtre pontife. Des prédicateurs grossiers et fougueux mêlaient à leurs sermons des injures dégoûtantes que la barbarie du temps pouvait seule faire tolérer ; et un mathurin, docteur de l'Université, Urbain Talvende, pour exprimer son horreur pour le pape, osait employer. dans le temple de la Divinité des comparaisons qu'on aurait cru empruntées aux lieux de débauche et de prostitution [1] ; en même temps, par une violation odieuse du droit des gens, on faisait arrêter à Troyes les messagers qui avaient apporté les bulles, et on les condamnait à faire amende honorable. Ils furent amenés au palais dans un tombereau, vêtus d'une robe noire, ayant des mitres de papier sur la tête, et une inscription portant : « Ceux « sont desloyaux à l'Église et au Roi; [2] » là ils furent exposés aux huées et aux insultes de la populace, et

---

[1] DUVERNET, *Histoire de la Sorbonne*, I, 121. — VELLY, *Histoire de France*, VII, 21. — *Chronique manuscrite de la bibliothèque royale*, n° 6194.

[2] PASQUIER, *Recherches de la France*, liv. III, chap. 18. — LE BEUF, *Histoire de la Ville et du Diocèse de Paris*, II, 239. — DUVERNET, *Histoire de la Sorbonne*, I, 121.

on leur lut la sentence qui les condamnait à une prison perpétuelle.

On s'occupa ensuite du mode de gouvernement de l'Église pendant la soustraction, et de la manière dont s'opérerait la collation des bénéfices. On nomma des commissaires pour examiner les rôles que l'Université avait coutume d'envoyer au pape ; et il fut statué qu'un tiers des nominations serait spécialement affecté à l'Université, et que tous les bénéfices de premier ordre, tels que les archevêchés, évêchés, abbayes ne pourraient être donnés qu'à des candidats qui seraient docteurs en théologie ou en droit canon [1].

La part que l'Université avait prise dans les désordres de l'Église, son zèle, sa persévérance avaient augmenté l'empire qu'elle exerçait sur les esprits. Comme corps elle jouissait de grands avantages ; et, individuellement, c'était un titre de faveur et de recommandation que de lui appartenir. Les graces dont on la comblait étaient à cette époque d'autant plus remarquables, qu'elles consistaient principalement en exemption des impôts dont l'avidité des princes de la famille royale accablait la France. A cet égard, Charles VI était resté fidèle aux exemples de ses ancêtres. Quoique le chancelier Arnaud de Corbie ne fût pas favorable à l'Université, ce prince, à plusieurs reprises, avait accordé aux maîtres et écoliers des franchises sur les denrées, et en 1404 il

---

[1] CRÉVIER, *Histoire de l'Université*, III, 292.

confirma en général tous leurs priviléges, parce que, dit l'ordonnance, « c'est à raison de ces priviléges « que ladite Université a été multipliée et augmentée « d'un moult grand nombre de suppôts par lesquels « nous et nos prédécesseurs avons été conseillez et « servis, notre royaume et plusieurs autres pays et « nations honorez et enluminez des sciences et « bonnes doctrines. »

Son crédit était parvenu au plus haut degré d'élévation ; et l'Université avait tant de pouvoir, dit le noble auteur des ducs de Bourgogne, que lorsqu'elle mettait la main à une chose, il fallait bien qu'elle en vînt à bout [1] : elle en donna à cette époque un exemple que bien des gens trouvèrent excessif. Le prévôt de Paris, le sire de Tignonville, avait fait arrêter deux écoliers, Legier Dumoussel et Olivier Bourgeois, convaincus des plus grands crimes, et avait d'abord offert de remettre les coupables à la justice de l'Université : mais elle avait répondu qu'elle désavouait de pareils membres ; ils furent donc condamnés et pendus. Le duc de Bourgogne, alors tout-puissant, était l'ennemi secret du sire de Tignonville ; il ne pouvait pardonner à ce magistrat ses recherches actives après le meurtre du duc d'Orléans ; recherches qui l'avaient obligé de s'en déclarer l'auteur. Il suscita contre lui, dans cette circonstance, les étudiants de la nation de Normandie,

[1] ALAIN CHARTIER, *Vie de Charles VI.* — PASQUIER, *Recherches de la France*, liv. III, ch. 29.

I.   14

qui lui étaient dévoués; car, à l'exemple de son père
le duc Philippe, Jean-sans-Peur avait cherché un appui dans l'Université. Ils excitèrent les passions de
leurs confrères, et réclamèrent contre cette violation
de leurs priviléges. Une cessation générale des sermons et des études fut ordonnée; et, comme le gouvernement paraissait approuver la conduite du prévôt, l'Université en corps alla trouver le roi, et lui
dit que puisqu'on lui refusait justice, et qu'on violait ses franchises, la fille du roi, persécutée dans
son honneur, s'en irait, comme une brebis errante,
chercher ailleurs un asyle. Le recteur ajouta que, pour
n'être pas ingrate et montrer qu'elle gardait le souvenir de tant de bienfaits reçus du roi, elle venait
prendre congé de lui : [1] « Vous ne vous en irez pas,
« lui répondit ce prince, nous ne souffrirons point
« que notre fille bien-aimée, depuis si long-temps et
« si doucement élevée par nos ancêtres à l'ombre des
« fleurs-de-lys, aille chercher un autre père que nous :
« loin de vouloir retrancher à vos priviléges, nous
« les augmenterons plutôt ; et, dans la présente af-
« faire, vous aurez de nous la satisfaction que des
« enfants doivent attendre de leur père. » En effet,
satisfaction fut accordée à l'Université. Un arrêt du
conseil déclara que le prévôt avait agi avec imprudence et précipitation, lui ordonna d'aller en personne détacher les cadavres du gibet, de les baiser
à la bouche, de payer les frais du convoi que devait

---

[1] M. DE BARANTE, *Histoire des Ducs de Bourgogne*, III, 151.

conduire le bourreau revêtu d'un surplis [1], et de le suivre avec tous ses gens (18 mai 1408): il fut ensuite destitué de sa charge et remplacé par Pierre Desessarts. Les corps des deux bandits furent inhumés dans le cloître des Mathurins, où on leur éleva un tombeau qui les représentait attachés au gibet, avec l'inscription suivante, destinée à rappeler la mémoire de cet événement [2].

« Ci-dessous gissent Legier Dumoussel et Olivier « Bourgeois, jadis clercs, écoliers et étudiants en l'U- « niversité de Paris, exécutés à la justice du roi notre « bon sire, par le prévôt de Paris, l'an 1407, le vingt- « sixième jour d'octobre, pour certains cas à eux im- « posés; lesquels, à la poursuite de l'Université, furent « restitués et amenés au parvis de Notre-Dame, et « rendus à l'évêque de Paris comme clercs, et aux « députés de l'Université comme suppôts d'icelle, à « très-grande solennité; et de là en ce lieu-ci furent « amenés pour être mis en sépulture l'an 1408, le « dix-huitième jour de mai : et furent lesdits prévôt et « son lieutenant démis de leurs offices, à ladite pour- « suite, comme plus à plein appert, par lettres-patentes « et instruments sur ce cas : priez Dieu qu'il leur « pardonne leurs péchés. *Amen*[3]. »

---

[1] ALAIN CHARTIER, *Vie de Charles VI.* — PASQUIER, *Recherches de la France*, liv. III, chap. 29.

[2] DULAURE, *Histoire de Paris*, II, 331. — CRÉVIER, *Histoire de l'Université*, III, 297.

[3] VELLY, *Histoire de France*, VII, 15.

Cette excessive puissance qui forçait l'autorité même
à se soumettre à toutes ses exigeances, était blâmée
par beaucoup de monde, et le sire de Tignonville,
que le roi fit peu après président de la cour des
comptes, obligé de faire ses excuses à l'Université, ne
craignit pas de lui faire sentir tout ce qu'elle avait de
ridicule : « Messeigneurs, leur dit-il, en se raillant,
« outre le pardon que vous m'accordez, je vous ai
« grande obligation ; car lorsque vous m'avez attaqué,
« je me tins pour assuré d'être mis hors de mon
« état, mais je craignais qu'il ne vous vînt aussi en
« idée de conclure à ce que je fusse marié, et je suis
« bien certain que si une fois vous eussiez mis cette
« conclusion en avant, il aurait fallu bon gré mal
« gré me marier. Par votre grace, vous avez bien
« voulu m'exempter de cette rigueur, ce dont je vous
« remercie très-humblement [1]. »

La faiblesse du gouvernement, à cette époque,
s'explique par les circonstances. Depuis le moment
fatal de la maladie du roi, la France était en proie à
la plus horrible anarchie, et des factions implacables
se disputaient et s'arrachaient tour à tour le sceptre
qui échappait de la main d'un roi imbécille. Le frère
unique du roi, le duc d'Orléans, venait de succomber
(23 novembre 1407) sous les poignards des assassins
que le duc de Bourgogne lui-même avait armés , et

---

[1] VELLY, *Histoire de France*, VI, 77. — *Chronique manuscrite de la Bibliothèque royale*, n° 10, 297. — M. DE BARANTE,
Histoire des Ducs de Bourgogne, III, 154.

qui, fier de sa toute-puissance, ne craignit pas de s'en
avouer l'auteur. On aurait peine à le croire, si l'histoire ne nous avait pas transmis et conservé le discours
prononcé par son apologiste, le 8 mars 1408, dans
une grande assemblée, présidée par le dauphin, en
l'absence du roi malade, et composée de comtes, barons, chevaliers, du recteur de l'Université et d'une
foule de docteurs et de bourgeois[1]. C'était un cordelier,
maître Jean Petit, docteur de l'Université, qui pour
de l'or cherchait à excuser cet atroce attentat; « car,
« disait-il, monseigneur le duc de Bourgogne sachant
« que j'étais très-petitement bénéficié, m'a donné
chascun an bonne et grande pension pour m'aider
« à tenir aux escholes, de laquelle pension j'ai trouvé
« une grande partie de mes dépenses, et trouverai
« encore s'il plaît à sa grace[2]. » Après cet exorde
digne d'un caffard, comme dit Pasquier[3], il soutint
par douze raisons, en l'honneur des douze apôtres,
qu'il était permis et même glorieux de tuer un tyran,
et que le roi devait récompenser le duc de Bourgogne, à l'exemple des rémunérations que Dieu donna à
« Monseigneur saint Michel Archange, pour avoir tué
« le diable[4]; et c'est, disait-il, droit, raison, équité, que
« tout tyran soit occis vaillamment ou par guet-à-pens,
« et c'est la propre mort dont doivent mourir les ty-

---

[1] M. DE BARANTE, *Histoire des Ducs de Bourgogne*, III, 108.

[2] VELLY, *Histoire de France*, VII, 8.

[3] PASQUIER, *Recherches de la France*, liv. VI, chap. 38.

[4] VOLTAIRE, *Histoire du Parlement de Paris*, chap. VI.

« rans déloyaux, et il est non seulement licite, mais ho-
« norable et méritoire à chaque sujet, et encore plus
« aux parents du roi d'occire ou faire occire un traître
« et déloyal tyran ; et c'est, ajoutait-il, une action
« courageuse, une très-sainte chose, et on ne peut
« faire à Dieu un sacrifice plus agréable [1]. » L'Université, alors attachée au parti bourguignon, ne s'é-
leva pas contre ces affreuses doctrines ; mais nous
verrons que plus tard, au concile de Constance, elle
en fit justice par l'organe de Gerson. On sait au reste
que dans cette assemblée, le duc de Bourgogne, dont
la puissance effrayait tout le monde, sortit triom-
phant, et que le roi lui donna des lettres-patentes
dans lesquelles il déclarait qu'il demeurerait en son
singulier amour. Obligé peu de temps après de quitter Paris pour voler en Flandre au secours de son
beau-frère, Jean de Liège, assiégé dans Mastricht
par ses sujets, il abandonna le champ à ses adversaires les Orléanistes. La veuve et les fils du prince
assassiné vinrent à Paris implorer la justice du roi ;
et, le 11 septembre de la même année, leur orateur,
Maître Pierre Cousinet, avocat au parlement, dans un
discours qui avait pour texte ces paroles de Jacob :
Fera pessima devoravit filium meum, se porta
accusateur du duc de Bourgogne devant une nombreuse assemblée des princes, des seigneurs, des prélats, du parlement, de l'Université et des bourgeois :
mais les succès de leur puissant adversaire contre les

[1] M. de Barante, *Histoire des Ducs de Bourgogne*, III, 13.

Flamands révoltés vinrent arrêter le cours de ces poursuites.

Au milieu de tous ces grands événements, les esprits étaient toujours occupés du schisme de l'Église, et les regards se fixaient sur la ville de Pise. Là s'étaient rassemblés les cardinaux des deux papes Grégoire XII et Benoît XIII, qu'on avait abandonnés. Résolus de rétablir enfin l'unité pontificale et la paix religieuse, ils avaient convoqué un concile général où se rendit une députation du clergé de France, et où l'Université envoya plusieurs de ses membres, au nombre desquels se trouvait Gerson [1]. Après avoir plusieurs fois en vain cité les deux concurrents à comparaître, les cardinaux assemblés les déposèrent solennellement, et le cardinal Philargi, archevêque de Milan, fut élu, le 17 juin 1409, sous le nom d'Alexandre V. C'était un savant homme qui avait autrefois enseigné la théologie à l'Université de Paris : aussi ce choix fut-il reçu en France avec applaudissement [2]. Mais à peine était-il assis sur le trône des apôtres, qu'il s'aliéna l'esprit de ses anciens collègues, en publiant des bulles qui faisaient revivre les vieilles querelles entre les religieux réguliers et les ordinaires, par la manière dont il favorisait les premiers. L'Université, fidèle à ses princi-

---

[1] LAUNOY, Regii Navarræ Gymnasii Historia, 483. — BULLEUS, Historia Universitatis, V, 193.

[2] M. DE BARANTE, Histoire des Ducs de Bourgogne, III, 244. — CRÉVIER, Histoire de l'Université, III, 314.

pès, exigea des mendiants qu'ils renonçassent aux bénéfices de la bulle sous peine d'être retranchés de son corps[1]. Les dominicains se soumirent, mais les franciscains, de l'ordre desquels sortait le pape, fiers de cet appui, refusèrent positivement d'y consentir[2], et poussèrent l'audace jusqu'à parcourir les rues la bulle à la main, en insultant les ordinaires. L'Université, qui venait d'avoir recours à la puissance royale, pour s'opposer à une levée de subsides, imposée par le pape sur le clergé français, y recourut de nouveau et obtint une ordonnance qui défendait à tout curé, sous peine de saisie de son temporel, de laisser prêcher ou confesser les franciscains dans sa paroisse.

Les choses en étaient à ce point lorsque Alexandre V mourut. Son successeur, Jean XXIII, signala son avénement à la tiare par la révocation de cette bulle; mais cette faveur ne put déterminer l'Université à appuyer les demandes d'argent que le pape faisait alors au clergé. Il avait beau prétendre que quiconque la refuserait *n'était mie chrétien,* elle s'y opposa constamment. Ce fut en vain que les légats firent tous leurs efforts pour la fléchir; elle resta inébranlable, et convoqua une assemblée générale de tous ses membres, docteurs, maîtres, licenciés et bacheliers. On y décida que la demande du pape était inad-

---

[1] VELLY, *Histoire de France,* VII, 48.

[2] LE BEUF, *Histoire de la Ville et du Diocèse de Paris,* II, 251.

missible, qu'on devait punir les collecteurs de ces
subsides, et requérir le parlement d'intervenir dans
une affaire où il s'agissait du maintien des constitutions du royaume [1]. Néanmoins, à force de sollicitations, les légats parvinrent, malgré l'Université, à
obtenir une moitié de décime à titre de grace. Le
temps était bien mal choisi : chaque jour venait augmenter les maux de la France, et empirer sa triste
situation. Pour comble de malheur, la maladie du roi
prenait sans cesse plus de gravité, et laissait moins
d'espoir de voir renaître le calme et la tranquillité.
Le duc de Bourgogne, depuis son crime, était devenu plus puissant; son retour à Paris, après les
guerres de Flandre, avait été marqué par des proscriptions, et le sire de Montaigu, grand-maître de
la maison du roi, venait d'expier sur l'échafaud le
tort d'avoir acquis d'immenses richesses, et d'être
attaché à la famille du duc d'Orléans. Il faisait faire
en même temps un examen général des finances. Les
comtes de Vendôme et de la Marche s'assemblaient
à cet effet à l'hôtel Saint-Paul, avec des hommes ex-
périmentés de l'Université et du parlement [2].

Tant de puissance excitait la jalousie des princes,
ils ne purent la supporter, quittèrent Paris et prirent
les armes, ayant le duc de Berri à leur tête, après avoir
adressé au roi une lettre qui contenait leurs motifs,

---

[1] VELLY, *Histoire de France*, VII, 67. — BULLEUS, *Historia
Universitatis*, V, 210 et suiv.

[2] M. DE BARANTE, *Histoire des Ducs de Bourgogne*, III, 259.

et dont ils envoyèrent copie aux bonnes villes et à l'Université [1]. La désolation était générale par toute la France : les hommes d'armes des deux partis commettaient d'horribles ravages, et les Églises retentissaient des prières que l'on adressait à Dieu pour rétablir la concorde entre les princes [2]. Les Orléanistes cependant s'étaient avancés jusqu'à Montlhéri ; l'Université, « qui seule pour lors maintenait l'honneur, le « respect de la vraie religion et l'amour du bien pu- « blic [3], » crut qu'il était de son devoir d'interposer ses bons offices. Elle envoya une députation solennelle au duc de Berri. Ce prince la reçut gracieusement, lui dit qu'il était fort affectionné à l'Université, « cette « fille du roi, source du savoir, de la vérité, de la vertu ; » mais elle ne put le décider à poser les armes. Les efforts de la reine n'eurent pas plus de succès, et le roi, voyant leur inutilité, résolut d'aller en personne combattre les rebelles. Le jour était fixé, déjà les troupes commençaient à sortir, et le roi lui-même allait monter à cheval, lorsque le recteur de l'Université, en grand appareil, à la tête de sa compagnie, vint le haranguer. Il lui dit que l'Université serait contrainte de transporter ses leçons dans un lieu plus paisible, où les régents et les écoliers trouvassent de quoi vivre, et ne fussent pas en butte aux

[1] M. DE BARANTE, *Histoire des Ducs de Bourgogne*, III, 286.

[2] LE RELIGIEUX DE SAINT-DENIS.

[3] GOLLUT, cité par M. DE BARANTE, *Histoire des Ducs de Bourgogne*, III, 296.

violences et aux outrages des gens de guerre ; il ajouta :
« à vous parler franchement, sire, vous êtes tenu de
« mettre la paix dans votre maison ; et le meilleur
« conseil qu'on puisse vous donner, c'est d'exclure à
« la fois les princes de leurs prétentions au gouver-
« nement [1]. » Enfin la paix fut conclue le 2 novembre
1410, sous les murs de Paris, au château de Bicêtre,
où le duc de Berri était venu s'établir ; mais elle fut
de peu de durée ; les Orléanistes ne tardèrent pas à reprendre les armes, et les hostilités recommencè-
rent. Le roi, placé sous l'influence du parti Bourguignon, et à qui on avait persuadé que sa maladie ne
provenait que des sorcelleries de son frère, résolut
de les réduire par les armes. Une taxe pour subve-
nir aux frais de la guerre fut imposée sur tout le peuple ; l'Université refusa d'y contribuer en invoquant ses
priviléges, et l'on prétend même qu'elle alla jusqu'à
dire que lorsqu'on abusait de l'autorité d'un roi
pour opprimer ses sujets par des exactions injustes,
ce pouvait être un motif de secouer le joug et de déposer le monarque [2]. Tant alors, dans ces temps de
trouble et d'anarchie, l'autorité royale était peu respectée.

Cette nouvelle guerre entraîna tous les maux que
causent les guerres civiles ; la France fut saccagée, et
le roi rappela à Paris le duc de Bourgogne. Déja il

---

[1] M. DE BARANTE, *Histoire des Ducs de Bourgogne*, III, 298.

[2] LE PÈRE DANIEL, *Histoire de France.* — VELLY, *Histoire
de France*, VII, 81.

y était tout-puissant. Le comte de Saint-Pol, un de ses plus dévoués partisans, en était gouverneur ; la faction des bouchers se déclarait hautement pour lui, et chassait de Paris tous ceux qu'on soupçonnait attachés au parti d'Orléans. Enfin il y arriva, avec des secours fournis par l'Angleterre, le 30 octobre 1411 ; et les Armagnacs furent obligés de s'éloigner. Vaincus par les armes, on voulut encore appeler sur leurs têtes les foudres de l'Église ; des excommunications furent lancées contre eux, dans tous les temples on allumait des cierges que l'on éteignait sous les pieds au son lugubre des cloches, en signe de malédiction ; et l'on arborait sur les autels les étendards de Bourgogne [1]. En même temps des processions, pour attirer la protection du ciel sur les armes du roi, furent ordonnées ; et l'Université entre autres en fit une si nombreuse, que, quand les premiers étaient à Saint-Denis, dit Juvénal des Ursins, les derniers étaient encore à Saint-Mathurin [2]. Peu de temps après, cependant, une nouvelle réconciliation, dans laquelle l'Université pria le roi de la comprendre formellement, pour la garantir de la haine qu'elle pouvait avoir encourue en soutenant son parti, eut lieu entre les princes rivaux, sous le nom de paix d'Auxerre, et ne fut pas plus long-temps ni mieux observée (1412).

Le but du duc de Bourgogne était de demeurer

[1] DUVERNET, *Histoire de la Sorbonne*, I, 156.

[2] JUVÉNAL DES URSINS, *Histoire de Charles VI*, ann. 1411, — BULLÆUS, *Historia Universitatis*, V, 235.

seul maître des affaires, et d'en écarter les Orléanistes.
Il fut servi par les circonstances et par l'Université,
dont il avait su gagner la confiance par son apparente affection pour le bien public. Le roi avait convoqué à Paris, au commencement de l'année 1413,
les députés des États du royaume, pour trouver les
moyens de repousser la guerre dont l'Angleterre nous
menaçait : l'Université y assista. Maître Benoît Gentien
porta la parole pour elle. Après s'être élevé contre le
mauvais maniement des finances, il reprocha au roi
de ne pas suivre les exemples que lui avait laissés son
père, le bon roi Charles V. « Sire, ajouta-t-il en ter-
« minant, l'Université votre fille et vos bons et fidèles
« bourgeois en ont beaucoup de douleur. » Ce discours,
néanmoins, fut trouvé trop modéré, et pour réparer ce qu'on appelait la lâcheté de Gentien, l'Université demanda au roi une nouvelle audience, et le
carme Eustache de Pavilly fut son orateur [1] : son
langage fut amer ; il tonna contre les abus et les dé-
voila au grand jour. « La dépense du roi et du dau-
« phin, qui autrefois, dit-il, ne coûtait que quatre-
« vingt-douze mille francs, va aujourd'hui jusqu'à
« quatre cent cinquante mille francs ; et celle de la
« reine qui était fixée à trente-six mille francs, s'é-
« lève maintenant à cent quatre mille francs. Toutes
« ces choses, s'écria-t-il, l'Université ne vous les a
« point dites pour en tirer un avantage personnel,

---

[1] DUVERNET, *Histoire de la Sorbonne*, I, 144. — LE BEUF,
Histoire de la Ville et du Diocèse de Paris, II, 286.

« mais pour faire son devoir; chacun sait que ce n'est
« pas elle qui est accoutumée d'avoir les offices et les
« profits; elle ne se mêle que de ses études, et de vous
« remontrer ce qui touche votre honneur et votre bien.
« On a dit publiquement que l'Université parlait ainsi
« par haine, et sur le témoignage de cinq ou six per-
« sonnes; mais vous savez qu'elle n'a pas coutume de
« prendre ses informations de la sorte, elle n'a rien
« dit qui ne soit clair et notoire; mais cela ne leur
« donnera pas gain de cause, car l'Université ne se
« taira pas parce qu'ils le veulent [1] » Il signala ensuite
les auteurs de ces désordres, dont plusieurs étaient
dévoués au duc d'Orléans. Celui contre lequel les attaques furent dirigées d'une manière plus vive, fut
Pierre Desessarts, prévôt de Paris, qui, du parti des
Bourguignons, avait depuis peu passé dans celui de
leurs adversaires. L'Université avait contre lui quelques sujets de plainte, et la principale cause venait
de ce qu'un cheval, mort chez un huissier au Châtelet, avait été déposé pendant la nuit devant la porte
du collége d'Harcourt. Une querelle s'était engagée, à
cette occasion, entre les élèves et l'huissier, dans
laquelle le prévôt avait pris la défense de ce dernier,
au grand mécontentement des écoliers [2]. Aussi fut-il
obligé de s'enfuir de Paris; mais il y rentra bientôt
rappelé par le dauphin, et s'empara de la Bastille.

[1] MONSTRELET..................................... M. DE
BARANTE, *Histoire des Ducs de Bourgogne*, IV, 40, 58.

[2] BULLÆUS, *Historia Universitatis*, V, 235.

La faction des bouchers, ayant à sa tête un écorcheur nommé Caboche, se porta aux plus coupables excès. Suivie du peuple ameuté, elle assiégea la Bastille, et vint à l'hôtel du dauphin arracher sous ses yeux, et jusque dans ses bras, ceux de ses amis qu'on soupçonnait opposés au duc de Bourgogne. On força ce jeune prince à mettre sur sa tête le chaperon blanc, insigne de la faction bourguignone ; et le moine Eustache de Pavilly avait l'audace de lui dire : « La folie du roi votre père, et la mort du duc d'Orléans « sont les châtiments de leurs débauches; si vous les « imitez, ou si vous ne changez de conduite, on vous « privera de la couronne [1]. »

Le trouble était à son comble, les proscriptions atteignaient tous les partisans du dauphin ; plusieurs avaient déja péri dans les supplices, lorsque Pierre Desessarts, qui avait rendu la Bastille au duc de Bourgogne lui-même, en se mettant sous sa sauvegarde, fut, au mépris des serments les plus sacrés, envoyé à la mort le 1er juillet 1413.

L'Université gémissait de cette tyrannie populaire, et se repentait de la part qu'elle avait prise dans toutes ces affaires, d'autant plus qu'on l'avait fort blâmée de vouloir régenter les princes et gouverner l'État comme ses classes : elle refusait de se mêler en rien des actes des séditieux; et bien plus, elle s'assembla pour blâmer leurs excès. Gerson qui, dans un sermon, leur avait reproché leurs fureurs, et avait refusé de

---

[1] DUVERNET, *Histoire de la Sorbonne*, I, 145.

payer une taxe qu'ils imposaient, faillit devenir leur victime. Il fut obligé de se réfugier dans les voûtes de Notre-Dame, et on saccagea sa maison [1].

La domination du duc de Bourgogne était devenue odieuse, tous les corps de l'État invoquaient la paix; l'Université la demanda par l'organe d'Ursin de Tarevende, docteur en théologie [2]. On n'avait plus d'espérances que dans les princes; ils furent rappelés, et avec eux un calme momentané rentra. Les chefs des factieux furent forcés de s'enfuir pour éviter un légitime châtiment; et l'Université, qui, dans ces temps malheureux, avait employé toute son influence pour le maintien de l'ordre et le rétablissement de la paix, en reçut une honorable récompense; les princes vinrent en personne lui en témoigner leur reconnaissance, et le dauphin l'envoya remercier solennellement de sa belle conduite et de sa sagesse [3].

C'est alors que le duc de Bourgogne, qui voyait son crédit diminuer chaque jour, craignant que bientôt il n'y eût plus de sûreté pour lui, quitta Paris en fugitif, abandonnant ainsi le gouvernement à ses adversaires. A peine fut-il parti, qu'on ne garda plus aucun ménagement; le peuple, toujours ex-

---

[1] LAUNOY, *Regii Navarræ Gymnasii Historia*, 483.

[2] M. DE BARANTE, *Histoire des Ducs de Bourgogne*, IV, 113.

[3] FÉLIBIEN, *Histoire de Paris.* — M. DE BARANTE, *Histoire des Ducs de Bourgogne*, IV, 117. — CRÉVIER, *Histoire de l'Université*, III, 366.

trême, menaçait quiconque avait appartenu au parti bourguignon; et le 16 septembre 1416, le Parlement, sur les remontrances de l'Université, fut obligé de défendre, par arrêt, de tuer, ou publier qu'on pouvait tuer sans autorité de justice [1]. Le roi, dans des lettres récemment promulguées, venait de condamner l'assassinat du duc d'Orléans. L'Université crut devoir rompre le silence que la puissance du duc de Bourgogne l'avait trop long-temps contrainte de garder, et s'expliquer à son tour sur les propositions contenues dans l'apologie de Jean Petit. Un examen fut provoqué par le vénérable Gerson, chancelier de l'Université; et, après de mûres délibérations auxquelles prirent part l'évêque de Paris et l'inquisiteur de la foi, car alors il y en avait un en France, le sentiment de l'Université fut unanime. Mais les coupables inspiraient encore par leur puissance tellement de crainte, qu'on procéda contre les actes sans oser en nommer les auteurs. Toutefois la doctrine de Jean Petit fut condamnée. L'évêque de Paris prononça le jugement devant une assemblée nombreuse, et le lendemain (13 février 1414) l'apologie fut brûlée sur la place publique par la main du bourreau. On dit même qu'on alla déterrer à Hesdin, où il était mort, le cadavre de Jean Petit [2].

[1] Pasquier, *Recherches de la France*, liv. iv, ch. 3.
[2] *Censures de la Faculté de Théologie*, imprimées en 1717. — Le Beuf, *Histoire de la Ville et du Diocèse de Paris*, II, 335. — Félibien, *Histoire de Paris*, II, 776. — Crévier, *Histoire de l'Université*, III, 376 et suiv.

I.

Ce premier pas fut suivi d'un autre; ce furent les obsèques du duc assassiné, que depuis sept ans on n'avait pas pu faire. Son oraison funèbre fut prononcée le 5 janvier 1415, dans Notre-Dame et aux Célestins, par Gerson et Jean de Courtecuisse, et la nation de France fit célébrer, le 10 juin de la même année, un service solennel, et ordonna une procession où assistèrent tous ses membres.

Les calamités qui depuis si long-temps accablaient notre malheureux pays, et qui l'avaient conduit à deux doigts de sa perte en anéantissant tous les bienfaits du règne de Charles V, n'avaient pas eu sur l'Université un effet aussi déplorable que sur la nation. Le règne malheureusement trop long de l'infortuné Charles VI avait aussi vu, comme celui de ses prédécesseurs, s'ouvrir plusieurs colléges. Deux fondations nouvelles étaient venues augmenter le nombre déja considérable des maisons qui composaient l'Université parisienne. C'étaient le collége de Fortet, fondé en 1394, rue des Sept-Voies n° 27, par un chanoine de Paris, et le collége de Rheims, même rue n° 18, établi dans les bâtiments de l'hôtel de Bourgogne, que le fondateur, Gui de Roye, archevêque de Rheims, avait acheté en 1412 du comte de Nevers [1]; et à la même époque les religieux de l'abbaye de Saint-Victor formèrent, avec l'autorisation de l'Université, une école publique de leur maison [2].

[1] Félibien, *Histoire de Paris*, II, 761.
[2] Bulleus, *Historia Universitatis*, V, 207, 210.

Les causes de cette prospérité toujours croissante, même au milieu de nos désastres, s'expliquent assez facilement par les événements qui, pour la masse des Français, étaient une source de maux. Tour-à-tour les princes de la famille royale avaient fait peser sur le peuple un joug de fer. Leur mauvaise administration, leur avidité avaient épuisé toutes les ressources de la France. Des impôts excessifs, des taxes arbitraires étaient prélevés par chaque parti pour soudoyer ses hommes d'armes ou enrichir ses partisans. En même temps les sources de la prospérité et de l'opulence publique tarissaient de jour en jour; l'industrie était nulle, l'agriculture anéantie, et des années s'écoulaient sans que des provinces entières, ravagées par les guerres civiles, pussent être cultivées.

Indépendamment de ces éléments de destruction, un sombre horizon couvrait la France et lui annonçait un sinistre avenir. La guerre avec les Anglais était toujours imminente, et venait augmenter les embarras et les besoins du gouvernement. Malgré les paix et les trèves souvent renouvelées, jamais l'harmonie n'avait été parfaitement rétablie entre les deux nations rivales : sans cesse il fallait aviser au moyen de repousser des invasions, et de nouveaux impôts, que pouvait à peine acquitter un peuple déja ruiné par les généraux des aides, devenaient cependant nécessaires. Un nouveau roi, Henri V, venait de s'asseoir sur le trône britannique, et il annonçait, par la hauteur de son langage, qu'il ne tarderait pas à exécuter des projets dont l'issue devait

15.

nous être si funeste. Placé dans cette triste position, menacé également par le fer de l'Angleterre et l'épée de ses concitoyens, le peuple était dans une situation déplorable; nulle garantie ne lui était offerte, et, s'abandonnant à son désespoir, il avait, à plusieurs reprises, saisi des armes et immolé indistinctement dans sa fureur tous ceux qu'il soupçonnait être les auteurs de ses maux.

L'Université avait joué un grand rôle dans toutes ces commotions politiques. Loin de diminuer, le nombre de ses membres s'était accru. L'espoir de devenir quelque chose, soit dans l'État, soit dans l'Église, était soutenu par les exemples qu'on avait sous les yeux. Les ministres de Charles V, ceux de son successeur, étaient presque tous des hommes nouveaux, et l'épouvantable catastrophe de quelques-uns n'était pas susceptible d'arrêter l'ardeur des aspirants. En outre, et en écartant même ces idées de grandeur et d'ambition, les priviléges énormes dont elle jouissait comme corps étaient suffisants pour faire désirer d'entrer dans son sein. Au nombre de ses plus précieux avantages se trouvait l'exemption des impôts, et on osait rarement y porter atteinte en raison de son grand pouvoir. Elle avait soin, sous chaque monarque, d'en demander le maintien et la conservation, et de renouveler sa demande dans toutes les occasions où elle pouvait craindre pour ses droits. Ces priviléges cependant, nous l'avouons avec plaisir, ne lui faisaient pas oublier qu'elle était française, et qu'elle s'appelait la *Fille aînée du Roi;* elle savait, dans des circonstances pénibles, faire à la patrie le sacrifice de son intérêt personnel; et, lorsqu'en 1418 les succès rapides des Anglais, qui venaient de conquérir la Normandie, eurent exigé le prélèvement d'un impôt extraordinaire, l'Université voulut payer sa dette à la France, et offrit de contribuer comme tous les autres citoyens, pourvu toutefois que l'exemple ne tirât pas à conséquence [1]. Ces offres furent acceptées, mais le roi voulut qu'on en exemptât les maîtres et les docteurs [2]. Car alors, comme depuis, ses membres n'étaient pas riches, et les droits que le recteur prélevait sur chaque maître-ès-arts, lors de son entrée à la maîtrise, et qui composaient tous ses émoluments, ne s'élevaient pas au-delà d'une bourse de six sols par personne.

Cette noble conduite avait beaucoup augmenté l'influence de l'Université, et la considération dont elle jouissait était accrue encore par la supériorité de ses lumières; aussi toutes les factions qui se partageaient le royaume s'efforçaient-elles de se concilier son affection et d'obtenir son assentiment. Cette considération et l'importance qu'on attachait à son opinion étaient telles, que les princes et le roi lui-même ne dédaignaient pas de venir à ses assemblées [3]. C'est un

---

[1] Crévier, *Histoire de l'Université*, III, 56.
[2] *Ordonnance du 27 Octobre 1418.*
[3] Fuerunt dominus noster Rex, et omnes domini prænominati, scilicet domini Bituriæ, Aurelianensis, Borbonii, comites virtutum et de Augo. Item fuerunt tres cardinales, plures episcopi et quamplures milites et nobiles. Sic quanto in honore et pretio

honneur qui lui fut accordé en 1417, à la fête de saint Guillaume, et la nation de France donna à cette occasion, aux chevaliers qui accompagnaient le roi, et à ses suppôts, un déjeuner dont la dépense totale monta à onze livres onze sols quatre deniers [1].

litteras litteratosque habeant reges, principes, cardinales, episcopi, flos nobilitatis totius, ostendunt, nec possunt indiciis certioribus ostendere. LAUNOY, *Regii Navarræ Gymnasii Historia*, pag. 122.

[1] BULLEUS, *Historia Universitatis*, V, 308. — CRÉVIER, *Histoire de l'Université*, III, 382, 383.

CHAPITRE VI.

Pendant que la France était ainsi en proie aux plus violentes convulsions, l'Église n'était pas moins agitée. Trois papes se partageaient la chaire de saint Pierre; mais Jean XXIII, successeur d'Alexandre V,

élu par le concile de Pise, était le seul reconnu,
l'obstination des deux autres concurrents ayant éloigné d'eux toute la chrétienté. Pour faire cesser cet
état de trouble et de scandale, un concile général
avait été indiqué ; Jean le convoqua à Rome en 1412 ;
mais l'Italie était alors toute en feu par les guerres
que soutenait Ladislas, roi de Naples, et le concile
ne put avoir lieu. Comme il fallait cependant satisfaire aux vœux de l'Europe chrétienne, l'empereur
Sigismond offrit ses États pour la tenue du concile, et
Constance, ville impériale de la Souabe, fut choisie.

L'ouverture s'en fit le 1er novembre 1414 ; tous les
princes de l'Église s'y étaient rendus. L'Université y
avait aussi envoyé ses députés ; leur chef était le célèbre Gerson, et à ce titre déja honorable il joignit
celui plus imposant encore d'ambassadeur du roi [1].

Trois objets importants fixèrent l'attention de cette
célèbre assemblée, et l'occupèrent : l'extinction du
schisme, l'examen de la doctrine de Jean Hus, et la
réformation de l'Église.

Jean XXIII, qui avait convoqué le concile, y fut
déposé : cette déposition était injuste et illégale, car
il avait été canoniquement élu par les cardinaux dé-
tachés des deux autres papes, qu'on considérait comme
schismatiques. Ce résultat, que l'Université de Paris
seconda puissamment, était l'ouvrage de Sigismond,
ennemi de Jean. En vain, il avait cherché par la fuite

---

[1] VELLY, *Histoire de France*, VII, 152. — LAUNOY, *Regii
Navarræ Gymnasii Historia*, chap. 3.

à se soustraire au sort qui l'attendait; abandonné de ses partisans, il fut fait prisonnier, ramené à Constance, juridiquement déposé; et le 8 novembre 1417, le cardinal Colonne fut élu à sa place, sous le nom de Martin V.

Grégoire XII n'avait pas attendu qu'on en vînt là à son égard, il avait abdiqué le 4 juillet 1415, et renoncé authentiquement à la tiare. Il n'en fut pas de même de Benoît XIII, tous les moyens qu'on employa furent inutiles. C'est en vain qu'il fut déclaré parjure, perturbateur du repos public, hérétique, rejeté de Dieu et opiniâtre [1], rien ne put l'ébranler. Du château de Piniscola en Arragon, où il s'était retiré, il brava les ordres du concile, et la sentence de déposition prononcée contre lui le 26 juillet 1417; il garda le pontificat, et conserva l'Arragon sous son obédience, jusqu'à sa mort, arrivée en 1423.

La doctrine de Jean Hus, docteur en théologie de l'Université de Prague, fut ensuite examinée. Il était accusé d'hérésie, et on lui reprochait principalement de soutenir qu'un homme en péché mortel, fût-il pape ou autre chose, cessait de l'être [2]. Cette doctrine que l'accusé expliquait, en disant que le péché ne le privait pas de la place, mais l'en rendait seulement indigne, était dangereuse dans ses conséquences, sous ce rapport qu'elle subordonnait l'obéissance aux idées de vertu

---

[1] VOLTAIRE, *Annales de l'Empire*, pag. 371.

[2] LENFANT, *Histoire du Concile de Constance.* — FLEURY, *Histoire Ecclésiastique*, XXI.

qu'on pouvait avoir des hommes; elle n'était pas suffi-
sante néanmoins pour motiver une condamnation atroce
que les lois de l'Église et l'humanité réprouvaient,
et pour violer les promesses les plus saintes, les garanties les plus formelles; puisque Jean Hus n'était
venu au concile que sous la foi d'un sauf-conduit délivré par Sigismond. Les députés de l'Université prirent beaucoup de part à sa condamnation. Long-temps
avant le concile (en 1410), Gerson avait écrit à l'archevêque de Prague, pour l'engager à livrer l'hérétique au bras séculier. Sa conduite au concile ne
démentit pas ses premiers sentiments; il poursuivit
Jean Hus avec rigueur, et contribua beaucoup à sa
condamnation [1]. Tout le monde sait que Jean Hus et
son disciple Jérôme de Prague furent brûlés.

On s'occupa bientôt après d'une affaire à laquelle
le duc de Bourgogne et l'Université attachaient une
égale importance. C'était l'appel du jugement qui avait
condamné comme infâme l'apologie de Jean Petit, et
que le prince avait déféré au concile. L'évêque de Paris
et l'Université défendaient leur ouvrage, et Gerson
plaida la cause de la morale et de la raison contre
les partisans du Bourguignon, qui, en présence de
l'Europe entière, à l'appui de leur infâme défense,
invoquaient des maximes plus infâmes encore. On
peut en juger par la lecture d'une seule que je tran-
scris textuellement: « Quand on jure, on n'est obligé
« qu'à ce qu'on avait actuellement en vue en jurant;

---

[1] LAUNOY. *Regii Navarræ Gymnasii Historia*, 484.

« et celui qui jure amitié à quelqu'un est excusable de
« ne pas tenir son serment, s'il n'a eu en vue que
« d'empêcher que celui qu'il voulait tuer ne se défiât
« de lui. » Et cette autre : « L'homicide est excusable
« et juste, quand il se fait à bonne intention, par
« zèle pour le roi, Dieu et son prince [1]. » Cette doctrine
audacieusement débitée par des Jacobins et des Dominicains, créatures du duc de Bourgogne, et à la
tête desquels on remarquait le vidame de Rheims,
Pierre Cauchon, depuis si célèbre par sa haine contre
sa patrie, et l'acharnement avec lequel il persécuta la
Pucelle d'Orléans, ne fut pas alors anéantie; plus
tard on la vit ressortir de la plume des Escobard et
des Malagrida.

L'Université fit, à Constance comme à Paris, tous
ses efforts pour faire condamner ces atrocités; mais
les intrigues et l'or de son puissant adversaire, qui
faisait distribuer aux cardinaux les meilleurs vins de
ses celliers de Bourgogne [2], paralysèrent ses généreux
efforts, et il n'intervint pas de décision définitive. Ce
furent là les derniers travaux de Gerson : poursuivi
par la haine du duc de Bourgogne, il fut obligé de
fuir et de se cacher, et il mourut à Lyon, âgé de
soixante-six ans, quelques années après le concile de
Constance, dont il avait mérité d'être appelé l'ame [3].

---

[1] LENFANT, Histoire du Concile de Constance.

[2] M. DE BARANTE, Histoire des Ducs de Bourgogne, IV, 199.

[3] DUVERNET, Histoire de la Sorbonne, I, 152. — LAUNOY,
Regii Navarræ Gymnasii Historia, pag. 490.

Si le concile n'avait pas fait justice, le Parlement de
Paris ne suivit pas son exemple ; car, le 4 juin 1416,
il enregistra la délibération de l'Université, avec l'ordonnance du roi qui la confirmait, défendant par
arrêt, à qui que ce soit, d'enseigner de pareilles
maximes, sous peine de confiscation de corps et de
biens.

Pendant la tenue du concile de Constance, l'empereur Sigismond, dans le but de servir de média-
teur entre la France et les Anglais, était venu à Paris,
où il reçut les hommages de l'Université, à laquelle
il répondit, porte le registre de la nation de France,
en fort bon latin [1]. Mais comme on le soupçonnait
secrètement attaché au roi Henri, on le considérait
avec une sorte de défiance ; aussi on fut d'abord presque tenté de ne pas reconnaître les opérations du
concile qui s'était tenu sous son influence, ni le pape
qu'on y avait élu ; car, disait-on avec naïveté, « Le
« roi ne doit penser aucune chose avoir été duement
« faite, où si inconstante et mauvaise personne a eu
« la puissance et l'autorité [2]. » Et l'Université ayant
voulu envoyer à Martin V le rôle des bénéfices, défense lui en fut faite. Elle se soumit ; mais peu de
temps après, ayant eu à se plaindre des prélats chargés de la collation des bénéfices, qui ne respectaient pas les droits universitaires, elle s'éleva contre
eux dans le Parlement, en présence du dauphin, et

[1] BULLEUS, *Historia Universitatis*, V, 299
[2] VELLY, *Histoire de France*, VII, 213.

appela de leur décision au pape. L'avocat du roi,
Guillaume Le Tur, voyant dans ces plaintes et cet
appel une attaque directe contre les ordonnances qui
avaient institué les prélats, réprimanda les orateurs,
soutint « qu'on ne pouvait sans crime mettre la ju-
« ridiction temporelle, puissance et autorité du roi,
« au ressort de la juridiction ecclésiastique et spiri-
« tuelle : » et requit leur arrestation ainsi que celle
du recteur, au nom de qui ils avaient parlé [1]. Ils ne
tardèrent pas à être élargis, sous la réserve toutefois
qu'ils se désisteraient de leur appel [2].

Depuis sa fuite de Paris, le duc de Bourgogne,
retiré dans ses États, avait laissé les Armagnacs maîtres de la cour et du gouvernement. Déja on commençait à recouvrer un repos devenu nécessaire après
tant de troubles, lorsqu'une guerre étrangère vint
replonger la France dans le cahos dont elle ne faisait que sortir. Henri V, roi d'Angleterre, passe le
détroit à la tête d'une armée, s'empare d'Harfleur, et
la funeste bataille d'Azincourt (1415) vient mettre le
comble à ses succès. Sept princes du sang avaient péri
dans cette fatale journée, l'élite de la France était
morte ou prisonnière du monarque anglais : tout était
dans la consternation. C'est alors que le duc de Bourgogne crut le moment favorable pour ressaisir son influence. A la tête d'une armée il s'avança vers Paris ;

[1] Crévier, *Histoire de l'Université*, III, 481. — Velly,
Histoire de France, VII, 214.

[2] Pasquier, *Recherches de la France*, liv. III, chap. 28.

mais le roi refusa de le recevoir, et nomma même connétable du royaume le comte d'Armagnac, son plus violent ennemi.

Ne pouvant réussir par la force, il tenta d'autres moyens, et proposa, de Lagny où il s'était retiré, la médiation du duc de Bretagne. Beaucoup de gens penchaient pour une réconciliation qu'ils regardaient comme précieuse dans les circonstances critiques où se trouvait la France. Quelques membres de l'Université, dans laquelle le duc de Bourgogne comptait beaucoup d'amis, avaient exprimé une opinion favorable à cet égard : mais le plus grand nombre avait rejeté ces propositions, et le recteur avait même déclaré qu'il était faux que l'Université voulût une paix *cabochienne* [1]. Cette division dans les opinions avait fait naître quelques troubles, que le connétable fit cesser en chassant de l'Université et de Paris les partisans les plus zélés du duc de Bourgogne. On fit prêter ensuite, à tous ceux qui restèrent dans la ville, serment de fidélité, et de se défendre contre le roi d'Angleterre et le duc de Bourgogne ; et on ordonna qu'en cas de siége cinq cents écoliers des plus robustes prendraient les armes [2].

Le dauphin Louis, duc d'Aquitaine, gendre de Jean-sans-Peur, mourut alors, et la qualité d'héri-

---

[1] M. DE BARANTE, *Histoire des Ducs de Bourgogne*, IV, 267. — VELLY, *Histoire de France*, VII, 184.

[2] LE BEUF, *Histoire de la Ville et du Diocèse de Paris*, II, 346.

tier du trône fut acquise à son frère Jean, duc de
Touraine. Ce prince ne survécut pas beaucoup à son
aîné, et le troisième des fils du roi, Charles de Pon-
thieu, devint dauphin (1417). Loin d'être, comme
ses deux frères, attaché au duc de Bourgogne, il
était au contraire dévoué aux Orléanistes par lesquels
il avait été élevé : aussi une nouvelle tentative pour
s'emparer de Paris fut-elle infructueuse ; et le duc
Jean fut obligé, pour la seconde fois, de s'éloigner.
Son pouvoir paraissait ne devoir jamais y être rétabli, lorsqu'un événement imprévu vint subitement
changer la face des choses. Une des portes de la ville
fut livrée au Sire de l'Ile-Adam, dans la nuit du 28
mai 1418, par Perrinet-le-Clerc qui était chargé de
la garder. Tous les membres du gouvernement, le
connétable, le chancelier, furent jetés dans les fers ;
mais le dauphin échappa par le courage du prévôt
Tannegui du Châtel, qui l'enleva de son lit. Le
peuple, long-temps comprimé par la terreur qu'inspirait le comte d'Armagnac, reprit les couleurs de
Bourgogne, et se répandit dans les rues, forçant
et pillant les maisons de ceux qu'on soupçonnait attachés au parti vaincu. Il se porta ainsi au collége
de Navarre, et voulait massacrer les maîtres et les
étudiants, lorsque le Sire de l'Ile-Adam arriva à
temps pour les sauver [1]. Ce n'était là que le prélude

---

[1] LAUNOY, *Regii Collegii Navarræ Historia*, 126.— DULAURE,
Histoire de Paris, III, 591. — M. DE BARANTE, *Histoire des
Ducs de Bourgogne*, IV, 255. — LE BEUF, *Histoire de la Ville
et du Diocèse de Paris*, II, 369.

des plus sanglants excès. Les bouchers, chassés de
Paris par les Armagnacs, revinrent ayant soif de
carnage. Les prisons furent ouvertes et tous les prisonniers massacrés (12 juin 1418). Dans le nombre
étaient le connétable, le chancelier, les évêques de
Coutance, de Bayeux, de Senlis et d'Évreux, des
présidents au parlement, des gens de la chambre
des comptes, des membres de l'Université, etc. etc.
On épuisa sur leurs cadavres tous les raffinements de
la rage populaire : on leur enlevait sur la poitrine
des bandes de chair, pour figurer par dérision l'é-
charpe blanche que portaient les Armagnacs. Au
moins douze à quinze cents personnes périrent le
premier jour; le lendemain les massacres recommen-
cèrent [1]; et dans la cour des prisons, dit un auteur
contemporain, on avait du sang jusqu'à la cheville
du pied [2].

Le duc de Bourgogne, devenu ainsi le maître,
dirigea seul le gouvernement : un de ses premiers
actes fut de faire annuler la condamnation qui
avait été portée contre la doctrine de Jean Petit.
L'Université, opprimée par la force, plia, et la révocation de la sentence fut prononcée dans une assemblée solennelle [3]. Le prince trouva plus de résistance

---

[1] *Journal de Paris*, sous le règne de Charles VI. — LE BEUF,
Histoire de la Ville et du Diocèse de Paris, II, 376.

[2] VELLY, *Histoire de France*, VII, 222. — M. DE BARANTE,
Histoire des Ducs de Bourgogne, IV, 368. — CRÉVIER, *Histoire
de l'Université*, IV, 13.

[3] FÉLIBIEN, *Histoire de Paris*, IV, 573.

dans le parlement, lorsqu'il voulut faire enregistrer un édit contraire aux libertés de l'Église gallicane; le parlement refusa, et l'édit ne fut enregistré que nonobstant protestation.

Pendant que les factions déchiraient le royaume avec plus d'acharnement que jamais, que le dauphin, retiré dans le Poitou, y reconstituait un gouvernement composé des débris de l'ancien échappés aux massacres de Paris, les Anglais poursuivaient le cours de leurs succès, s'emparaient de la Normandie, et mettaient le siége devant Rouen. Pressés par l'ennemi, les assiégés implorèrent des secours. L'Université, le parlement, supplièrent le duc de Bourgogne de sauver la ville; mais les malheurs de l'État touchaient peu ce prince, et Rouen fut obligé de se rendre. Les conquêtes de l'ennemi étranger, qu'un écrivain [1] compare pour la rapidité à celles des Européens en Amérique, forcèrent cependant les princes à ouvrir les yeux, et à chercher à se réunir contre l'adversaire commun. Des négociations furent entamées à cet effet. Une première entrevue eut lieu près de Melun, une seconde à Montereau-Faut-Yonne le 10 septembre 1419; c'est là que périt le duc de Bourgogne, assassiné par les officiers du dauphin, qui vengèrent ainsi le meurtre du duc d'Orléans.

A cette nouvelle, tout en France s'émeut contre le dauphin. Philippe de Bourgogne, fils du duc assassiné, s'unit aux Anglais, et la reine Isabeau de Ba-

---

[1] VELLY, *Histoire de France*, VII, 230.

I.   16

vière, animée contre son fils d'une haine qu'on croirait étrangère au cœur d'une mère, devient sa plus
cruelle ennemie. Le dauphin déshérité en appelle à la
pointe de son épée, et Henri d'Angleterre, époux de
Catherine de France, est déclaré, par le traité de
Troyes, régent et héritier du trône. Pour colorer ces
mesures qui violaient ouvertement les principes constitutifs de la monarchie, on s'appuya sur l'avis de
tous les corps de l'État, et on leur en fit jurer l'observation. L'Université, comme les autres, avait été consultée ; et, dominée par la crainte, elle avait donné
son approbation à ces odieux arrangements [1]. Pour
prix de sa condescendance, on lui avait garanti tous
ses droits et priviléges ; mais elle ne tarda pas à s'apercevoir qu'une main étrangère dirigeait le gouvernement. De nouveaux impôts, plus durs encore que
les anciens, furent ordonnés, les aides, la gabelle,
qu'on avait momentanément supprimées, furent rétablies : l'Université elle-même n'en fut pas exempte ;
ses priviléges furent méconnus, et lorsqu'elle voulut
faire des remontrances, le roi Henri la fit taire, et
la menaça de prison [2]. Les malheurs publics, qui
étaient à leur comble, avaient, comme on voit,
sur l'Université une fâcheuse influence : elle ne s'étendait pas seulement sur ses franchises, qu'on foulait
aux pieds sans nul respect pour la foi promise, mais

---

[1] CRÉVIER, *Histoire de l'Université*, IV, 22.

[2] LE BEUF, *Histoire de la Ville et du Diocèse de Paris*, II,
419.

les effets s'en faisaient encore ressentir dans son administration intérieure. Le désordre le plus complet régnait dans son sein, et on était arrivé à ce point que la plupart des bourses étaient possédées par des gens tout-à-fait étrangers aux lettres, qui prenaient le titre de clercs, et jouissaient des avantages qui y étaient attachés. L'Université voulut remédier à ces scandaleux abus, et, en 1421, elle ordonna une visite générale de tous les colléges [1].

Un des droits les plus chers à l'Université, un de ceux qu'elle considérait comme le plus précieux, était de ne pas dépendre des tribunaux séculiers, et de n'être soumise qu'à la justice ecclésiastique. Ce privilége, dont l'origine était si ancienne, que les maîtres s'étaient toujours efforcés de défendre, souvent même par des moyens violents, et qui quelquefois avait attiré leur vengeance sur les infracteurs, devait recevoir une atteinte sous la domination anglaise. Un médecin poursuivi criminellement devant le Châtelet opposait l'incompétence des juges, et demandait son renvoi devant les tribunaux ecclésiastiques, en sa qualité de clerc et de membre de l'Université. Celle-ci appuyait sa demande. L'affaire fut portée au parlement. Les Anglais l'avaient composé de leurs partisans, et ils saisirent avec empressement cette occasion de restreindre un privilége exorbitant, dont l'expérience avait montré les dangers. Il fut ordonné que le prévenu serait renvoyé devant le juge d'Église,

[1] BULLEUS, *Historia Universitatis*, V, 350.

qu'on lui adjoindrait deux conseillers de la cour. L'Université réclama contre cette innovation qui blessait des droits acquis : elle menaça de cesser toutes ses leçons; mais ses plaintes furent inutiles, la fille aînée du roi de France avait perdu son père, il fallut se soumettre, et l'arrêt fut exécuté [1].

Le peu de protection que lui accordait le nouveau gouvernement, lui faisait amèrement regretter le temps où les princes légitimes l'accueillaient avec bonté, l'entouraient de considération, et se plaisaient à l'accabler de leurs bienfaits. Aussi, depuis que les Anglais avaient toute la puissance, elle avait bien déchu de son ancienne splendeur. Cependant deux colléges, le collége de Séez, rue de La Harpe n° 85, occupé aujourd'hui par l'hôtel de Nassau, et le collége de Sainte-Barbe, avaient été fondés, le premier en 1428 [2], le second en 1430, par Jean Hubert, docteur en droit canon [3]. Mais du reste toutes les études étaient négligées. Chaque jour elle voyait diminuer le nombre de ses étudiants, et tous ceux de ses membres qu'animait encore l'amour de la patrie, avaient fui dans le midi de la France se ranger autour de l'étendard royal que l'ancien dauphin, Charles VII, venait de relever. Ils avaient reformé l'Université à Poitiers; de là ils désavouaient tous les actes de leur ancienne compagnie, qui, sous le joug britannique,

[1] BULLEUS, *Historia Universitatis*, V, 381.

[2] FÉLIBIEN, *Histoire de Paris*, II, 808.

[3] FÉLIBIEN, *Histoire de Paris*, II, 1047.

n'était plus que l'ombre d'elle-même; et pour en citer un seul exemple, les langues anciennes y étaient tellement négligées, que la nation de France, afin d'en encourager l'étude, fut obligée d'ordonner que la préférence pour la collation des bénéfices serait accordée aux professeurs de grec et d'hébreu.

Au milieu de tant de sujets de désolation, un événement heureux pour la France était cependant arrivé. Henri V, roi d'Angleterre, arrêté au milieu de ses conquêtes par la maladie, venait d'expirer à Vincennes, à la fleur de son âge (1422), et, trente jours après, le vieux et infortuné Charles VI était également descendu dans la tombe. Cet événement, en présageant pendant la minorité du jeune Henri VI, à peine âgé d'un an, un avenir plus heureux pour le prince légitime, avait ranimé les espérances des Français. Les obsèques du vieux roi se firent, selon la coutume, à Saint-Denis. Le clergé, les évêques tenaient la droite, tandis que l'Université occupait la gauche. Après la cérémonie, Henri VI, au berceau, fut proclamé roi de France sous la régence de son oncle le duc de Bedford; et tous les corps de l'État, le Parlement et l'Université lui prêtèrent serment de fidélité [1]. Ce ne fut néanmoins qu'en 1431, lors de l'entrée à Paris du jeune prince, qu'il confirma ses priviléges. Le roi anglais vint après la cérémonie dîner à la table de marbre, dans la grande salle du

---

[1] VELLY, *Histoire de France*, VII, 352. — LE BEUF, *Histoire de la Ville et du Diocèse de Paris*, II, 433.

palais. Des tables y avaient été dressées pour l'Université; mais le défaut d'ordre était tèl qu'elle ne put
y pénétrer qu'à grande peine et en fendant la presse,
et se trouva confondue pêle-mêle avec les savetiers et
les derniers du peuple [1].

La France, à cette époque, était toujours ravagée par
la guerre. Le roi Charles VII, retiré derrière la Loire,
faisait à l'usurpation anglaise une guerre active et
soutenue de succès divers, lorsque tout à coup ses
affaires prirent une tournure plus favorable, grace à
l'enthousiasme qu'inspirait l'héroïne d'Orléans. Jeanne
d'Arc avait paru, et sa présence avait fait rentrer le
courage et l'espoir dans le cœur des plus désespérés.
Comme dans ces siècles peu éclairés on redoutait
surtout les manœuvres du démon, et qu'on voulait toujours reconnaître son pouvoir dans tout ce qui paraissait surnaturel, on n'accepta ses services qu'après l'a-
voir soumise à l'examen des docteurs de l'Université de
Poitiers, récemment créée par le roi [2]. « Ah! disait-
« elle en chevauchant pour s'y rendre, je sais bien que
« j'aurai fort à faire à Poitiers, où l'on me mène; mais
« messire m'aidera. Or, allons-y donc, de par Dieu [3]! »
Bientôt les succès firent oublier les revers, partout
les Anglais étaient défaits. Orléans fut délivré, Jar-
gau pris, et la bataille de Patai vint couronner nos

M. DE BARANTE, *Histoire des Ducs de Bourgogne*, VI, 169.

Lettres-patentes du Roi, du 16 mars 1431. — PASQUIER,
Recherches de la France, liv. IX, ch. 37.

[1] M. DE BARANTE, *Histoire des Ducs de Bourgogne*, V, 287

victoires et réduire les ennemis furieux à traiter de
sorcière l'héroïne devant laquelle ils fuyaient. Leur
puissance déclinait de jour en jour ; le roi venait
d'être sacré à Reims, et cette cérémonie religieuse
avait encore exalté le courage de ses partisans ; aussi
le duc de Bedfort fut-il forcé, sur la demande expresse
de l'Université [1], de se démettre de la régence, qui fut
conférée au duc de Bourgogne. Tant de revers ne
furent compensés que par la prise de la Pucelle.
Elle avait été faite prisonnière au siége de Compiègne par un bâtard de Vendôme, qui l'avait vendue
au sire de Luxembourg, qui, à son tour, l'avait cé-
dée pour dix mille livres aux Anglais. Pierre Cauchon, évêque de Beauvais, que ses diocésains venaient de chasser après avoir ouvert leurs portes au
parti du roi, la réclama de concert avec l'inquisiteur
de la foi, comme justiciable en qualité d'hérétique et
de sorcière des tribunaux ecclésiastiques. De son
côté, l'Université de Paris, ou du moins ceux de
ses membres qui, dévoués aux Anglais, étaient restés
dans cette ville, appuyait fortement cette demande :
« Nous craignons beaucoup, disaient ces docteurs,
« que par la séduction et la malice des ennemis d'en-
« fer, et par les subtilités des mauvaises personnes et
« de vos adversaires, qui mettent, dit-on, tout leur
« soin à la délivrer, elle soit mise hors de votre puis-
« sance par quelque manière que Dieu ne voudrait

---

[1] LE BŒUF, *Histoire de la Ville et du Diocèse de Paris*, II,
449.

« pas permettre : en vérité, au jugement de tout bon
« catholique, jamais il ne serait de mémoire d'homme
« advenue si grande lésion de la sainte foi, si énorme
« péril et dommage pour la chose de ce royaume, que
« si elle échappait par une voie si damnable, et sans
« punition convenable[1]. » Une ordonnance du roi Henri,
sur la demande de l'évêque et de l'Université, qui se
montrait des plus ardentes, ordonna, par lettres-patentes
du 30 janvier 1430, que Jeanne d'Arc lui fût remise. Alors on commença son procès. L'Université de
Paris fut souvent consultée pendant sa durée, « et
« lorsque les juges se trouvaient empeschez dans les
« responses de ladite Pucelle, ils lui en escrivaient
« afin d'avoir son opinion, laquelle s'assemblait tan-
« tost aux Bernardins, tantost aux Mathurins, et
« pour ceste cause le procèz est plein d'une infinité
« de ses advis[2]. » Des docteurs avaient été nommés
pour assister comme assesseurs les deux juges, qui
étaient l'inquisiteur frère Martin et l'évêque de
Beauvais; et, malgré le soin qu'on avait eu de les
choisir, la plupart agissaient plutôt par peur que
par conviction; car ceux qui lui témoignaient dans
les interrogatoires quelque indulgence, et qui l'en-
courageaient à répondre, étaient insultés et souvent menacés d'être jetés à la rivière. Tous les pro-
cès-verbaux furent falsifiés, et ceux qu'on envoya à

---

[1] M. DE BARANTE, *Histoire des Ducs de Bourgogne*, VI, 87.
— PASQUIER, *Recherches de la France*, liv. III, ch. 29.

[2] PASQUIER, *Recherches de la France*, liv. VI, chap. 5.

l'Université pour avoir son avis étaient un tissu de
fausseté et de mensonges. Cet avis, comme on peut
bien le penser, ne lui fut pas favorable [1]. Il était
rendu sous l'influence du persécuteur de Jeanne d'Arc,
Pierre Cauchon, alors conservateur apostolique de
l'Université, et dont le nom était si tristement fameux, depuis qu'il s'était associé à Jean Petit pour
louer l'assassinat du duc d'Orléans. Déclarée blasphé-
matrice envers la divinité, comme portant des habits
d'homme, et hérétique envers l'Église, elle fut brûlée
à Rouen, le 30 mai 1431. « L'Université de Paris
« voulant aussi jouer son rolle, fist une procession
« générale le jour de Sainct-Martin-d'Esté, à Sainct-
« Martin-des-Champs, où un frère Dominicain fist
« une déclamation contre ceste pauvre fille pour
« monstrer que tout ce qu'elle avait faict c'estaient
« œuvres du diable, non de Dieu [2]. »

L'atrocité de cette condamnation, les prodiges qui,
dit-on, avaient accompagné sa mort, et qui trouvaient facilement des gens pour y ajouter foi, avaient
contribué encore à affaiblir la puissance des Anglais
tout en la faisant détester. Partout on désirait vivement une réconciliation avec le duc de Bourgogne :
réconciliation qui seule pouvait assurer le repos de la
France. L'Université, qui s'était montrée si dévouée
aux Anglais, revenait peu à peu à des sentiments plus
nationaux. Déja, en 1432, elle avait envoyé au duc

[1] BULLEUS, *Historia Universitatis*, V, 408.
[2] PASQUIER, *Recherches de la France*, liv. VI, chap. 5.

Philippe des députés pour le conjurer de faire cesser
les maux qui affligeaient la patrie; et lorsque ce prince
vint à Paris, au commencement de l'année 1435, elle
se présenta devant lui et fit un grand discours pour
établir la nécessité de la paix[1]. Tant de représentations ébranlaient ce prince; il se rappelait qu'il
était de la maison de France, et ne pouvait écouter
sans douleur le récit des maux qui pesaient sur le
peuple, et dont il avait été la cause par son alliance
avec l'Angleterre; aussi il ne tarda pas à fléchir. Des
conférences furent indiquées à Arras la même année;
tous les États chrétiens y envoyèrent des ambassadeurs; l'Université y eut des députés[2]; et le duc, convaincu par les raisonnements des docteurs de France,
et relevé de ses serments par les légats du pape, signa
enfin cette paix qui devait être le signal de la ruine
des Anglais. Il est vrai qu'ils faisaient tout pour s'a-
liéner ceux même qui jusqu'alors leur avaient été le
plus attachés. L'Université qui leur avait rendu
tant de services, n'était pas pour cela mieux trai-
tée; ils l'avaient surtout mécontentée par l'établissement d'une Université nouvelle, l'Université de Caen.
Dès l'année 1424, le duc de Bedford avait sollicité
l'autorisation du pape Martin V pour son érection;
mais il l'avait différée jusqu'en 1431, où parurent
les lettres-patentes du roi d'Angleterre qui l'établissait. L'Université de Paris, qui déja avait conçu

---

[1] M. DE BARANTE, *Histoire des Ducs de Bourgogne*, VI, 277.

[2] BULLEUS, *Historia Universitatis*, V, 429.

quelques alarmes de l'érection de l'Université de Louvain, fondée en 1425 par Jean de Brabant [1], s'opposa à leur enregistrement au Parlement, et implora la protection du pape ; ses efforts furent inutiles, on ne fit aucune attention à ses plaintes [2]. Cet échec la refroidit singulièrement ; bientôt elle ne craignit plus de s'exprimer avec liberté sur les actes de l'autorité, et le recteur, en blâmant devant le Parlement certains décrets du gouvernement anglais, disait « que de semblables ordonnances devraient plu« tôt être appelées *désordonnances* [3] ». Peu de temps après elle manifesta plus ouvertement encore sa répugnance, en changeant (1431) le nom de celle de ses nations qui s'appelait d'Angleterre contre celui d'Allemagne, changement qui subsista jusqu'à nos jours [4].

C'est ainsi que s'opérait le retour des esprits vers le prince légitime, et que se préparait en quelque sorte une ère nouvelle par la prise de Paris. Depuis dix-huit ans la capitale était occupée par les étrangers, lorsqu'elle revint sous la domination française. Le Sire de l'Ile-Adam, le même qui, dix-huit années auparavant, s'en était emparé pour le duc de Bourgogne, fut le premier qui y entra au

[1] VELLY, *Histoire de France*, VIII, 68.

[2] CRÉVIER, *Histoire de l'Université*, IV, 79. — LE BEUF, *Histoire de la Ville et du Diocèse de Paris*, II, 461.

[3] CRÉVIER, *Histoire de l'Université*, IV, 79.

[4] PASQUIER, *Recherches de la France*, liv. IX, chap. 24.

nom du roi, et, le 13 avril 1436, les bourgeois ouvrirent leurs portes au connétable de Richemond et
aux troupes qu'il commandait. Tout le monde était
dans l'ivresse ; l'Université témoigna sa joie par une
procession générale ; quatre mille de ses membres y
assistèrent ayant tous un cierge à la main ; elle envoya aussitôt après une députation au roi qui était
en Languedoc, et le monarque, dans un édit du
mois de mai, daté de Bourges, s'empressa de confirmer tous les priviléges dont elle était en possession [1]. Mais à cette époque, comme auparavant,
elle ne s'en fit pas un titre d'exemption lorsqu'elle
croyait que ses secours pouvaient être utiles. Un
nouvel impôt, pour continuer la guerre, ayant été
mis sur tous les Français, elle se hâta d'y consentir
et d'y contribuer, lorsque les députés du conseil du
roi vinrent lui demander, « que, sans préjudice des
« priviléges donnés et octroyés aux recteur, maîtres
« docteurs, écoliers et suppôts, ils voulussent souf-
« frir et permettre lesdits suppôts, contribuer audit
« aide ou emprunt selon qu'il serait assis et imposé
« raisonnablement, et ainsi que la nécessité le re-
« quiert [2], se contentant seulement de déclarer que
« c'était de son présent consentement et octroi, pour
« cette fois seulement, et non pour autres, et en
« demandant acte », ce qui lui fut accordé [3].

[1] *Priviléges de l'Université*, pag. 15.

[2] Bulleus, *Historia Universitatis*, V, 445.

[3] *Ordonnance du Roi*, du 2 septembre 1437.

Bientôt après, le roi fit son entrée dans la capitale: il en était le maître depuis dix-huit mois; mais les affaires du royaume l'en avaient jusqu'alors tenu éloigné. Il y rentra le 12 novembre 1437, après une absence de plus de dix-neuf années. Son retour excita une allégresse universelle : partout on criait *noël*, et à la porte Saint-Denis on avait placé l'écu de France, sur lequel on avait écrit les vers suivants :

> Très-excellent roi et seigneur,
> Les manants de votre cité
> Vous reçoivent en tout honneur
> Et en très-grande humilité [1].

Tous les corps de la ville, le parlement, l'Université, le clergé, allèrent au-devant de lui jusqu'à la Chapelle. A son arrivée à Notre-Dame, il fut harangué par l'Université, et le lendemain il reçut de nouveau ses hommages à l'hôtel Saint-Pol, en présence de toute la cour.

Depuis quelques années on était encore occupé en Europe d'un nouveau concile, c'était le concile de Bâle. Il s'était ouvert en 1431, en vertu d'un décret du concile de Constance, qui l'avait lui-même indiqué. On devait principalement travailler dans ce concile à la réformation de l'Église, à la réunion des communions grecque et latine, et enfin à la conversion des Bohémiens, devenus hussites. Depuis le sup-

[1] MONSTRELET, tome II.

plice de leur compatriote, Jean *Hus*, ce peuple avait
pris les armes, et les efforts de l'empereur Sigismond
pour le réduire avaient jusqu'alors été infructueux.
Le pape Martin V, élu à Constance, venait de mourir en 1431, et il avait eu pour successeur Eugène IV,
par les ordres duquel le concile s'assembla. L'Université y envoya des députés choisis dans les quatre facultés, et dont la dépense était fixée par jour à vingt
sous pour les théologiens, et seize sous pour les artiens, décrétistes et médecins [1] ; en même temps elle
écrivait des lettres pressantes aux princes et aux prélats pour exciter leur zèle. A peine s'était-on réuni,
que le pape, craignant les délibérations du concile,
et redoutant qu'il ne portât une trop grande atteinte
à sa puissance, entreprit de le dissoudre, ou du
moins de le transférer en Italie, dans une ville où il
pût lui être facile de l'influencer; et, dans ce but, il
indiqua Bologne dès le 18 décembre 1431. A partir
de ce moment, la mésintelligence éclata entre le pontife et les pères du concile. Ceux-ci s'opposèrent formellement à la translation, et déclarèrent qu'ils voulaient rester à Bâle jusqu'à l'accomplissement de leur
ouvrage. Ils étaient soutenus dans leur résistance
par les plus puissants princes, tels que les rois de
France, d'Angleterre et l'Empereur, et par l'assentiment de toutes les universités, entr'autres de celle de
Paris, qui leur avait écrit, le 9 février 1432, « que
« si le pontife romain voulait dissoudre le concile de

---

[1] BULLEUS, *Historia Universitatis*, V, 387.

« sa pleine autorité avant l'entière décision des ma-
« tières entamées, on ne devrait pas lui obéir sur ce
« point, mais bien plutôt lui résister en face ¹ : » ils
commencèrent par renouveler les décrets du concile de Constance, touchant la supériorité des conciles sur les papes; ensuite ils arrêtèrent qu'Eugène
serait sommé de révoquer son décret de dissolution,
et de se rendre à Bâle, lui ou ses fondés de pouvoirs. On vit dans cette circonstance quelle importance on attachait alors à l'opinion de l'Université ;
car le pape mit tout en usage pour l'attirer dans son
parti; mais ce fut en vain, elle resta inébranlable.
L'opiniâtreté d'Eugène, qui cassait les uns après les
autres tous les actes du concile, en avait indisposé
les membres, et on se préparait à employer contre
lui des moyens rigoureux, lorsqu'une réconciliation
vint réunir l'Église avec son chef (1434). Cette
paix ne pouvait durer long-temps : le concile
voulait trop restreindre le pouvoir de la cour de
Rome ; il venait d'abolir les annates, de déclarer
gratuite toute institution de bénéfices, et il avait prononcé des peines contre les contrevenants, quels
qu'ils fussent; de sorte que, disaient les Pères de Bâle :
« Si le pontife romain, qui est plus obligé qu'aucun
« autre d'observer les saints canons, scandalisait l'É-
« glise en violant le présent décret, il doit être dé-
« féré au concile général. » Cette disposition avait
été accueillie avec transport par l'Université, qui

¹ CRÉVIER, *Histoire de l'Université*, IV, 59.

s'en était fait donner une expédition authentique [1] ;
mais elle avait irrité le pape, il refusa de la sanctionner; et, pour se soustraire à une puissance qui
le menaçait si vivement, il prononça la dissolution
du concile de Bâle (1437), et en indiqua un nouveau à Ferrare. De leur côté les membres du concile
cessèrent de garder aucun ménagement, ils citèrent
Eugène à comparaître, sur son refus prononcèrent
contre lui, le 29 juin 1439, une sentence de déposition, et, le 5 novembre de la même année, ils élurent à sa place, sous le nom de Félix V, le duc
Amé de Savoie, qui depuis peu avait quitté la couronne ducale pour aller habiter sa retraite de Ri-
paille. Cette mesure violente fut peu goûtée; on
disait qu'elle n'était propre qu'à causer de nouveaux
désordres dans l'Église. Tout le monde la blâmait,
et les poètes même ne craignaient pas d'en faire le
sujet de leurs vers. J'ai, disait Granger-Chatelain,

> J'ai un duc de Savoie
> Veu pape devenir,
> Ce qui fut hors de voie
> Pour à salut venir.
> Si en vint dure plaie
> En l'Église de Dieu,
> Mais il en reçut paie
> En ripaille en son lieu [2].

[1] BULLEUS, *Historia Universitatis*, V, 432.

[2] GRANGER-CHATELAIN, *Récollection des Merveilles advenues
de nostre temps*.

Aussi la France et les principaux États de l'Europe refusèrent obéissance au nouveau pontife, et la conservèrent à Eugène, tout en reconnaissant néanmoins la validité des canons du concile concernant la discipline de l'Église ; et il y parut bien dans l'assemblée du clergé français, que le roi venait de convoquer à Bourges, et dans laquelle siégèrent les députés de l'Université, munis d'instructions qui nous ont été conservées [1]. Là fut rendue la fameuse ordonnance connue sous le nom de *pragmatique sanction*, qui renouvelait les décrets de Saint-Louis, abolissait les annates, enlevait au Saint-Siége les élections de bénéfices, interdisait les appels à Rome, et proclamait la suprématie des conciles : ordonnance qui devint l'objet de la haine des papes, qui firent par la suite, comme nous aurons occasion de le voir, tous leurs efforts pour l'anéantir.

Le concile de Bâle avait fourni à l'Université l'occasion de manifester l'attachement qu'elle portait à ses priviléges. Elle avait eu lieu de craindre en effet qu'on n'étendît jusque sur elle la réforme qu'on voulait introduire dans l'Église, et elle recommandait à ses députés de ne souffrir aucun empiétement à cet égard. « Nous vous signifions, leur écrivait-elle, que « notre intention n'est pas que nos priviléges soient « soumis à aucune discussion devant quelque juge « que ce puisse être ; nous voulons qu'ils soient sup- « posés et reconnus pour des principes avoués, parce

---

[1] CRÉVIER, *Histoire de l'Université*, IV, 99.

I.   17

« que, d'une part, ils sont fondés sur le droit com-
« mun ; et que, de l'autre, leur exercice constant et
« notoire de toute antiquité fait prescription et vaut
« titre [1] ». Ses craintes étaient fondées. On n'avait
plus pour ses priviléges le même respect, et on leur
portait de fréquentes atteintes, qui toujours, il est
vrai, ne restaient pas impunies. En 1440, des huissiers avaient arraché de force, du couvent des Augustins, un maître en théologie, malgré la résistance
des religieux dont un avait été tué. Les Augustins
étaient membres de l'Université ; elle prit leur défense, et demanda justice de cet attentat commis contre les maisons claustrales, menaçant de fermer ses
écoles si on ne l'écoutait pas. Justice fut rendue.
Les huissiers condamnés à faire amende honorable,
nu-pieds et une torche à la main, furent ensuite
bannis ; et on plaça, au coin des rues des Grands-
Augustins et du quai de la Vallée, un bas-relief aujourd'hui déposé au Musée des monuments français,
qui représentait cet événement [2].

Mais cette satisfaction qu'on accordait à l'Université
contre des agents subalternes, elle ne l'obtenait plus
lorsqu'il s'agissait d'objets plus importants. Malgré la
confirmation de ses priviléges, on voulait toujours la
soumettre aux taxes et impôts extraordinaires qu'on
était souvent obligé de lever sous le règne de Char-

[1] CRÉVIER, *Histoire de l'Université*, IV, 117.

[2] FÉLIBIEN, *Histoire de Paris*, II, 830. — DULAURE, *Histoire de Paris*, II, 539.

les VII ; elle se refusait à payer, en se retranchant derrière ses prérogatives, et en invoquant les promesses royales [1]. Un nouvel impôt avait été ordonné en 1445, et on avait nommé des commissaires qui étaient chargés de présider à son prélèvement, et de juger toutes les contestations qu'il pourrait faire naître. L'Université ne voulut ni payer ni se soumettre à la juridiction des commissaires, prétendant ne pouvoir être jugée que par le roi en personne, ainsi que cela avait eu lieu dans les affaires de Tignonville et de Savoisi, et aussitôt elle ordonna une cessation générale de leçons et de prédications. En même temps elle adressa un mémoire au roi, et lui envoya une députation chargée de lui demander le maintien de ses priviléges, que tout récemment encore le Parlement venait de violer en s'emparant, au préjudice des tribunaux ecclésiastiques, d'une affaire criminelle, dans laquelle les prévenus étaient des écoliers de l'Université.

Le roi l'accueillit assez peu favorablement, lui ordonna de reprendre ses exercices interrompus, refusa de connaître des affaires de l'Université, et, par une ordonnance du 27 mars 1446, il lui donna pour juge dans toutes ses contestations le Parlement, parce que, dit-il, « les grandes et hautes « affaires de notre royaume, en quoi nous sommes « continuellement occupé, ne nous permettent pas

---

[1] *Priviléges de l'Université*, pag. 17.

« de vacquer ni entendre en notre personne, ouïr,
« discuter et décider des querelles, causes, négoces
« et questions de notre fille l'Université de Paris,
« ni des suppôts d'icelle; et que de moult plus
« grandes choses que celles de ladite Université,
« notre dite cour de Parlement connoît, décide et
« détermine de jour en jour [1]. » Cette ordonnance
était loin de plaire à l'Université; elle n'était pas obligée, il est vrai, de reconnaître le tribunal des commissaires, mais aussi elle perdait la précieuse préro-
gative de n'être jugée que par le roi, et ensuite elle
se trouvait soumise à un corps dont elle se regardait
comme l'égale : « car, disent les écrits du temps, la
« Cour de Parlement est *sœur* de l'Université, mais
« non pas sa *maitresse* [2]. »

Ce n'étaient pas seulement là tous ses sujets d'inquié-
tude. Une rivale, qui comptait encore peu d'années
d'existence, lui donnait de vives craintes; c'était l'université de Caen, qui, récemment érigée par les Anglais, attirait à elle tous les étudiants de la province
de Normandie, et avec d'autant plus de facilité que
cette partie de la France était sous la domination
anglaise. L'Université de Paris paraissait prévoir
ce qui arriva bientôt après, c'est-à-dire que, quand
même les ennemis seraient chassés, le roi n'en con-
serverait pas moins leur ouvrage. En effet, après la
conquête de la Normandie, le roi confirma, par une

---

[1] CRÉVIER, *Histoire de l'Université*, IV, 131.
[2] BULLEUS, *Historia Universitatis*, V, 816.

ordonnance du 30 octobre 1452, l'établissement d'une université dans la ville de Caen [1].

A ces causes de sollicitude, se joignait en outre le besoin d'une réforme qui chaque jour se faisait sentir davantage, et que mille abus, fruit de tant d'années de désordres et de malheurs, rendaient indispensable. Cette tâche était difficile, le Parlement voulut s'en charger; et il avait déja reçu des lettres-patentes du roi, lorsque l'Université s'y opposa, et demanda (1447) qu'il lui fût permis de se réformer elle-même. Sa demande fut écoutée; mais cette bonne résolution ne produisit aucun résultat; et la réforme ne s'opéra que cinq ans après, en 1452, par les soins du cardinal d'Estouteville.

La compagnie, à cette époque, s'écarta de quelques-uns des usages que les préjugés faisaient considérer comme devant être inviolables. Le mariage jusqu'alors avait été regardé comme incompatible avec les sciences, et une coutume absurde privait de leur grade et de leur titre tous les maîtres qui osaient ne pas garder le célibat. Un médecin, nommé Mauregard, fut le premier (1447) qui s'éleva contre cette injuste loi. Il s'était marié, et néanmoins il voulait conserver le titre de régent. Après de longues délibérations, la question fut résolue en sa faveur; mais par un reste de respect pour les anciennes coutumes, on ne lui accorda que le titre de régent honoraire. C'était cependant un pas de fait vers un meilleur or-

---

[1] PASQUIER, *Recherches de la France*, liv. IX, chap. 5 et 37.

dre de choses; et ainsi on arriva peu à peu à ne pas
écarter de l'instruction des hommes d'autant plus
propres à s'y livrer, que leur cœur s'est ouvert aux
plus douces impressions, et qu'ils portent à leurs
élèves une affection dont le germe a pris naissance
dans leurs familles. En même temps, pour accorder
à ceux de ses officiers qui avaient vieilli dans des
emplois auxquels ils avaient consacré leur vie, quelques ressources dans leur vieillesse, l'Université leur
permit de vendre leur charge à un successeur
agréé par elle. L'initiative de cette mesure fut accordée, en 1449, au greffier de l'Université [1]. On dit
même qu'elle fut quelquefois étendue aux professeurs.

On commençait alors à respirer. Après tant et de
si longues calamités, la France avait recouvré une
tranquillité qu'on n'osait plus attendre; et le règne
de Charles VII, qui s'était annoncé sous de si tristes
auspices, était devenu pour le peuple une époque de
félicité. Vingt années avaient suffi pour arracher aux
Anglais toutes leurs conquêtes. La Normandie, la
Guyenne étaient redevenues françaises, et la guerre
active qu'on faisait tous les ans aux ennemis du
royaume, n'était plus considérée comme un événement important, car on était sûr de marcher de victoire en victoire. Des améliorations également notables
s'étaient introduites dans l'administration intérieure.
Ces compagnies armées, dont la guerre autorisait en

---

[1] BULLEUS, *Historia Universitatis*, V, 530.

quelque sorte les ravages, qui ne respectaient ni amis ni ennemis, et que leur férocité avait fait flétrir du nom d'écorcheurs, venaient de disparaître du sol de la France, et avaient été remplacées par des corps régulièrement organisés, qui étaient les protecteurs du peuple au lieu d'en être les tyrans : jamais la France ne s'était trouvée aussi heureuse. L'Université, si long-temps troublée par nos discordes civiles et qui y avait pris tant de part, jouissait d'un repos qui devait produire les plus heureux résultats ; et rien n'aurait éveillé sa sollicitude, si les papes n'avaient fait tous leurs efforts pour renverser le monument élevé, en 1437, à Bourges, par les prélats français. Dix ans s'étaient à peine écoulés depuis que la pragmatique sanction avait été rendue : et Eugène IV, sous le pontificat duquel elle avait été décrétée, ainsi que Nicolas V son successeur, en avaient déja réclamé l'abolition auprès du roi. L'Université, sollicitée d'appuyer leur demande, s'y refusa formellement, fit éclater, pour la défense des libertés ecclésiastiques, un zèle qu'elle déploya d'une manière plus énergique encore par la suite, et envoya au roi une députation pour le prier de maintenir son ouvrage [1]. Le prince lui en sut gré, et en 1451 les Normands ayant voulu, en s'appuyant sur la Charte normande, contester à l'Université le privilége dont jouissaient ses membres de citer devant le tribunal des conservateurs apostoliques et au Châ-

---

[1] BULLEUS, *Historia Universitatis*, V, 543.

telet de Paris tous ceux avec qui ils seràient en contestation. Charles, par une ordonnance du 29 mai
1459, déclara qu'en confirmant la Charte normande,
il n'avait voulu nuire en aucune manière aux priviléges et droits de l'Université parisienne [1].

Cette même année(1451) avait vu naître, entre le
recteur et l'abbé de Saint-Denis, des débats dont la
foire du Lendit était la cause. Cette foire qu'on prétend avoir été instituée par Charles-le-Chauve [2], était
l'occasion d'un congé auquel l'Université toute entière prenait part, et qu'on fut par la suite obligé de
supprimer, à cause des excès qui s'y commettaient.
Elle se tenait entre Paris et Saint Denis, dans un endroit soumis à la juridiction de l'abbé. Là se rendaient
de toutes parts des marchands de parchemin, et le
recteur, en vertu d'un usage immémorial, prélevait sur
chaque botte un droit que nous avons vu (pag. 103)
être de seize deniers parisis. On voulut l'en priver.
Après plusieurs années, toutes marquées par la même
contestation, l'affaire fut portée devant le Parlement, et un arrêt, en date de 1469, donna gain de
cause au recteur, qui continua à jouir de ce droit
jusqu'en 1600, où il cessa d'en faire usage. Ce n'é-
tait pas sans raison que l'Université attachait une
certaine importance à ce prélévement; car il formait

---

[1] Crévier, *Histoire de l'Université*, IV, 163, 243.

[2] Grancolas, *Histoire de la Ville*, *de l'Évéché et de l'Université de Paris*, I, 251. — Le Beuf, *Histoire de la Ville et
du Diocèse de Paris*, I, 142. — Ducange, *Glossaire* V[u]
Indictum. — Félibien, *Histoire de Paris*, II, 883.

à lui seul une partie des revenus du recteur, et ces revenus comme ceux de l'Université étaient fort peu considérables : ils ne se composaient que de taxes appelées *bourses*, d'une valeur de cinq à six sous chacune, et que tous les membres devaient payer.

De semblables difficultés n'étaient cependant pas de nature à troubler la paix dont jouissait l'Université; aussi cette époque fut-elle jugée tout-à-fait propre pour s'occuper de la réforme que depuis long-temps tout le monde invoquait. Le cardinal d'Estouteville était légat en France; élève lui-même de l'Université, il résolut d'accomplir cette œuvre entreprise tant de fois sans succès; et l'année 1452, célèbre dans les fastes universitaires, fut celle où il la mit en exécution [1]. Une circonstance remarquable signala cette réforme, c'est l'intervention pour la première fois du gouvernement dans l'administration intérieure de l'Université. Jusqu'alors ce soin était resté uniquement confié à la puissance ecclésiastique : les papes seuls avaient coutume de donner des lois aux écoles, et ces lois étaient respectées par l'autorité séculière. Charles VII le premier, comprenant l'importance des réglements académiques, voulut que le pouvoir ne restât pas étranger à leur formation, et il adjoignit au cardinal des commissaires, presque tous membres du Parlement, et chargés de coopérer avec lui à la rédaction [2].

[1] PASQUIER, *Recherches de la France*, liv. III, chap. 29.
[2] VELLY, *Histoire de France*, VIII, 260. — BULLEUS, *Historia Universitatis*, V, 577.

Le statut, qui fut leur ouvrage, contenait des règles pour les quatre facultés. Il remettait en vigueur
les anciennes dispositions, en y ajoutant les modifications que l'expérience avait fait juger nécessaires.
Ainsi, dans la faculté de théologie, le temps d'étude
pour pouvoir enseigner fut réduit à cinq ans au lieu
de sept. Les droits excessifs qu'on prélevait dans la
faculté de droit, pour l'obtention des grades, furent
diminués par le légat et taxés à la somme encore considérable de sept écus d'or pour la licence, et de douze
pour le doctorat [1]. Une innovation importante, mais
qui était déja autorisée par un précédent, fut intro-
duite dans la faculté de médecine, c'est la permission
accordée aux médecins de se marier sans perdre les
droits de régence [2]. La faculté des arts fut aussi l'objet de la sollicitude des réformateurs, et elle se porta
principalement sur le choix des maîtres qui devaient
présider à l'instruction première de la jeunesse. Ils s'occupèrent ensuite des pensions, car depuis long-temps
il existait des établissements de ce genre; mais ce fut

---

[1] CRÉVIER, *Histoire de l'Université*, IV, 178.

[2] Vetus statutum quo conjugati a regentia in facultate medi-
cinæ prohibentur, impium et irrationabile reputantes, cum eos
maxime ad ipsam facultatem docendam et exercendam admitti
deceat, corrigentes et abrogantes, sancimus deinceps conjugatos,
si docti et sufficientes appareant, et morum gravitate ornati, ad
regendum in dicta facultate admittendos, nisi eos levitas ad vitium
aliquod indignos reddat, super quo judicium in correctione, facultati relinquimus. PASQUIER, *Recherches de la France*, liv.
IX, chap. 25.

pour condamner et reprocher aux maîtres « les pen-
« sions trop fortes qu'ils exigent, les épargnes misé-
« rables qu'ils peuvent faire sur la quantité ou la
« qualité de la nourriture, et l'accord qui existe entre
« eux pour faire la loi au public, et faire monter les
« pensions à un trop haut prix [1]. » Et afin de maintenir toutes les dispositions de leur statut, ils créèrent
dans la faculté des arts une nouvelle charge; c'est
celle des *censeurs*, institués pour veiller sur la conduite de tous les membres de l'Université, et qu'on
appela d'abord *réformateurs perpétuels* [2].

Le même statut ne se borna pas à réformer la discipline de l'Université; ses soins s'étendirent aussi
aux études, et il régla quels livres devaient être suivis
dans les divers genres d'enseignement. Il s'efforça en
même temps de modérer l'abus des priviléges de
scholarité qu'on avait prostitués au point de les rendre méprisables, et que les magistrats, indignés de
voir souvent les coupables s'en couvrir comme d'une
égide, s'habituaient à ne plus observer.

Il s'était à peine écoulé une année depuis la pro-
mulgation du statut, lorsque la compagnie en fit une
triste expérience. Le prévôt de Paris faisait fréquemment emprisonner des écoliers sans égard pour leur
qualité, et le Châtelet en renfermait plus de quarante,
quand le recteur, sur l'ordre de l'Université, se pré-

[1] CRÉVIER, *Histoire de l'Université*, IV, 186.

[2] VELLY, *Histoire de France*, VIII, 261. — BULLEUS, *Historia Universitatis*, V, 572.

senta chez le prévôt pour les réclamer. Ils lui furent
rendus. Satisfait d'avoir réussi, il revenait avec un
cortége nombreux dans la rue Saint-Antoine, lorsqu'il
fut rencontré par un commissaire accompagné de huit
archers. Une rixe s'élève; les hommes d'armes s'é-
lancent sur les jeunes gens, et, dans la mêlée, un
bachelier en droit est tué, vingt écoliers blessés; le
recteur lui-même courut risque de la vie, et put à
peine s'échapper, car, dans le tumulte, les bourgeois
avaient pris les armes, et les chaînes avaient été ten-
dues dans les rues [1] (11 mai 1453). L'Université
éplorée s'assembla le lendemain pour assister au convoi du malheureux qui avait péri; elle ordonna une
cessation générale de leçons et de sermons, et en
même temps une députation fut envoyée au Parlement pour demander non seulement le châtiment
des coupables, mais encore la mise en cause du prévôt
de Paris. On exigea d'abord qu'elle reprît ses exercices; elle tint ferme, et, le 21 juin, le Parlement, sur
l'ordre du roi, condamna les archers à faire amende
honorable à l'Université, nus en chemise, une torche
ardente à la main, et celui qui avait voulu tuer le
recteur eut le poing coupé; mais le prévôt fut renvoyé
de la plainte [2]. L'Université, peu satisfaite, déclina
alors la juridiction du Parlement, prononça la pri-

---

[1] FÉLIBIEN, *Histoire de Paris*, II.

[2] CRÉVIER, *Histoire de l'Université*, IV, 202. — BULLEUS,
Historia Universitatis, V, 581. — VELLY, *Histoire de France*,
VIII, 292.

vation des droits académiques contre tous ceux qui
porteraient devant cette cour une cause qui intéressât
l'Université ou un de ses corps, et continua de suspendre tous ses exercices et d'empêcher toute prédication; elle fut même tellement inflexible dans sa résolution, que l'évêque de Paris lui ayant demandé,
selon l'usage, un prédicateur pour rendre grace à
Dieu de la conquête de la Guyenne, que le roi venait
de terminer heureusement, elle le refusa. Cet état
d'hostilité contre le Parlement et contre l'évêque de
Paris, qui n'avait pas voulu jeter un interdit sur toute
la ville, subsista long-temps, et ce ne fut que
dans le mois de février de l'année suivante (1454)
que l'Université consentit à rouvrir ses classes et
à permettre les sermons, excepté toutefois dans les
paroisses de Saint-Paul, Saint-Gervais et Saint-Jean-
en-Grève, sur le territoire desquelles l'attentat avait
été commis, et dont la population, à ce qu'il paraît,
avait pris parti pour les archers. Enfin, le calme ne
fut entièrement rétabli que vers la fin de l'année 1454,
par arrêt du Parlement qui portait qu'une colonne
serait élevée sur le lieu où le crime s'était commis,
avec une inscription destinée à en perpétuer le souvenir. Cet arrêt ne reçut jamais d'exécution.

Pendant que ceci se passait, le roi accomplissait
un devoir qu'on n'aurait pas dû rester si long-temps
sans remplir, il faisait revoir le procès de Jeanne
d'Arc et réhabiliter sa mémoire. Si, dans des temps
de trouble et d'anarchie, l'Université, opprimée par
les factions anglaises et bourguignones, avait eu le

malheur de contribuer à sa condamnation, il faut dire à sa louange qu'elle était revenue à des sentiments plus français, et que ce fut un de ses docteurs, Robert Cibolle, l'un des commissaires rédacteurs du statut de 1452, qui le premier écrivit pour la justification de l'héroïne d'Orléans [1].

Le pape Calixte III avait remplacé (1455) Nicolas V. Une bulle de ce dernier pontife, en accordan aux mendiants le pouvoir de confesser, avait réveillé entre eux et l'Université une querelle qu'on pouvait croire éteinte. L'Université vint au secours des ordinaires, s'opposa à la réception de la bulle qu'elle qualifia de subreptice, et écrivit à tous les prélats du royaume pour les exhorter à se joindre à elle et à prendre la défense de leurs droits. Elle ordonna en même temps aux religieux de renoncer à son bénéfice, et, sur leur refus, les exclut de son sein. Ceux-ci en appelèrent au Parlement, qui, après avoir entendu les parties, les renvoya à une époque assez reculée pour prononcer l'arrêt. Pendant ce temps des négociations étaient entamées; les mendiants ayant consenti à ne faire aucun usage de la bulle, ni à s'en prévaloir,

---

[1] Depuis, les affaires de France estant devenues plus calmes par l'extermination des Anglais, maistre Robert Cibolle, docteur en théologie, chancelier de l'Université, par livre exprez escrivit en l'an mil quatre cent cinquante-six, contre tous ceux qui l'avoient déclarée hérétique; j'en ay veu autrefois le livre ès-mains du Feron, ce grand chercheur d'armoiries. PASQUIER, *Recherches de la France*, liv. VI, chap. 5. — LAUNOY, *Regii Navarræ Gymnasii Historia*, pag. 588. — BULLEUS, *Historia Universitatis*, V, 600.

le décret qui avait été prononcé contre eux fut rapporté, et ils furent réintégrés, à la prière du connétable de Richemond, qui les présenta lui-même à
l'Université, en disant : « Messieurs, je vous ramène
« ces bons religieux qui n'étaient pas bien avisés ;
« pourtant je vous les ramène mieux avisés, et je
« vous prie, mes bons seigneurs, que, en faveur
« de moi et pour le bien du pays, il vous plaise de
« les recevoir comme vos suppôts, et de les traiter
« amiablement comme devant [1]. » Mais cet accord ne
devait pas subsister long-temps. Le général des Dominicains le désapprouva, et défendit à ses religieux
de s'y conformer. L'Université se vit donc obligée
de prononcer contre eux un nouveau décret d'exclusion, et cette seconde séparation dura plus d'un an ;
car ce ne fut que l'année d'après, en 1458, qu'ils
se décidèrent enfin à donner satisfaction pleine et
entière à l'Université, dont la conduite avait reçu
l'approbation du gouvernement, qui alors n'était
nullement disposé à rien accorder qui pût favoriser
les prétentions ultramontaines, bien que le pape Calixte eût écrit au roi pour se plaindre de la *présomption criminelle* de l'Université, et le prier de réprimer
son audace.

Une aussi puissante protection encourageait la
compagnie à s'opposer, autant qu'il était en elle, à
l'agrandissement vers lequel tendaient les juridictions
ecclésiastiques extraordinaires, que les tribunaux ci-

---

[1] CRÉVIER, *Histoire de l'Universtié*, IV, 233.

vils avaient toujours vues avec déplaisir. Il y avait
alors un inquisiteur de la foi; mais il avait peu d'influence : une semblable magistrature ne pouvait prendre
racine sur le sol généreux de la France; et les sanglantes exécutions que l'inquisition venait d'ordonner
à Arras contre de prétendus Vaudois, n'avaient
pas peu contribué à inspirer à tout le monde une
horreur invincible pour elle. En vain elle cherchait
à étendre son pouvoir, presque partout on la repous-
sait avec vigueur. Tout récemment (1456) elle avait
fait citer devant son tribunal un docteur en théologie
pour y rendre compte de quelques propositions qu'elle
considérait comme hérétiques. L'Université s'assembla aussitôt, défendit la comparution comme contraire à sa discipline et violant la juridiction qu'elle
a le droit d'exercer sur ses membres. Une si
prompte résistance arrêta l'inquisiteur, il craignit d'engager une lutte avec un corps puissant, renommé surtout pour son attachement aux libertés de l'Église
de France et l'opiniâtreté avec laquelle il savait défendre ses droits. L'Université donnait par là l'exemple d'un noble courage, et, dit Crévier, « il aurait
« été à souhaiter pour les autres pays chrétiens que
« l'on s'y fût opposé avec la même fermeté au pou-
« voir tyrannique de l'inquisition. »

CHAPITRE VII.

Prise de Constantinople par les Turcs. — Influence de cet événement sur les études. — Cours publics de grec à Paris. — Réglements sur les externes. — Pie II et l'Université. — Règne de Louis XI. — Institution de la Saint-Charlemagne. — Attachement de l'Université à la pragmatique sanction. — *Guerre du bien public.* — L'Université est appelée aux conseils du roi. — Fondation des Universités de Nantes et de Bourges. — Décrets contre les mystères, les moralités et la fête du roi des Fous. — L'Université refuse de faire du service militaire. — Invention de l'imprimerie. — Elle est accueillie en France par le recteur Guillaume Fichet. — Guerre contre Charles-le-Téméraire. — Louis XI ordonne aux écoliers bourguignons de sortir de Paris. — Robert Gaguin. — Construction d'une école de médecine. — Première opération de la pierre. — Disputes des réalistes et des nominaux. — L'Université est appelée à garantir la paix faite entre le roi et Maximilien d'Autriche. — Mort de Louis XI.

Un événement de la plus haute importance, qui devait exercer une immense influence sur la civilisation européenne, et donner un essor nouveau aux sciences et aux arts, tout en affligeant la chrétienté, venait d'avoir lieu. C'est la chute de l'empire grec et la prise de Constantinople par Mahomet II (9 mai

I.   18

1453). Depuis long-temps le trône des Césars,
ébranlé par les efforts sans cesse renouvelés des
Turcs, penchait vers sa ruine, et il était facile de
prévoir que bientôt le Croissant remplacerait l'Aigle
sur les rives du Bosphore. C'était en vain que les
pontifes s'étaient levés pour la défense de la croix,
qu'ils avaient sollicité les princes de venger les outrages des infidèles. Leur voix jadis si puissante, et
qui deux siècles auparavant avait transporté sur
les rivages de l'Asie des millions d'hommes, ne re-
tentissait que dans le désert. Personne ne répondit
à leur noble appel, et Constantinople succomba sans
trouver un vengeur. C'était cependant la plus sainte
et la plus noble des causes ; c'était la religion du
Christ écrasée par l'islamisme, qu'il fallait relever
triomphante ; c'était la civilisation étouffée par la
barbarie, qu'il fallait arracher à son anéantissement ;
c'était enfin un devoir sacré, mais qu'on ne voulut
pas remplir, et il était réservé au dix-neuvième siècle
d'acquitter la dette du quatorzième, et de punir tant
d'outrages grossis encore par des outrages nouveaux.

Le seul duc de Bourgogne, Philippe-le-Bon, avait
annoncé des intentions généreuses, mais qui ne produisirent aucun résultat, et le célèbre vœu du faisan
n'avait servi qu'à déployer le faste et la magnificence
de la cour de Dijon [1]. Le roi de France, retenu dans

---

[1] VELLY, *Histoire de France*, VIII, 282. — M. DE BARANTE,
Histoire des Ducs de Bourgogne, VIII, 10.

ses États, qu'il venait à peine de recouvrer, promettait de marcher plus tard à la croisade, et s'occupait alors de marier sa fille avec Ladislas, roi de Hongrie, dont les ambassadeurs, accueillis avec éclat, avaient reçu en passant à Paris (1457) les hommages des corps constitués, et de l'Université qui alla les attendre à la porte Saint-Jacques, et les harangua en latin [1]. Aussi le zèle pour la guerre sainte du fameux Ænéas Silvius, qui, sous le nom de Pie II, avait succédé à Calixte III, était peu goûté, et en 1459, au concile de Mantoue, où Charles VII avait envoyé des ambassadeurs parmi lesquels se trouvait un des plus célèbres membres de l'Université, Thomas de Courcelles, docteur en théologie, les envoyés de Venise disaient au pape : « Vous êtes homme né en pauvreté, « et ne savez ce qu'est une telle besogne que de vou- « loir faire la guerre au Turc. Il est besoin d'atten- « dre la délibération du grand roi [2]. » Plusieurs années d'ailleurs s'étaient écoulées depuis l'événement dont on demandait vengeance, et peu à peu les impressions violentes qu'il avait fait naître s'affaiblissaient. Ce peu d'années, sous un autre rapport, avait déja suffi pour opérer un grand changement. Une multitude de savants, échappés au désastre de Constantinople, et fuyant la domination des Turcs,

[1] VELLY, *Histoire de France*, VIII, 334. — M. DE BARANTE *Histoire des Ducs de Bourgogne*, VIII, 149.

[2] VELLY, *Histoire de France*, VIII, 339.

étaient venus chercher en Europe une autre patrie ;
et en échange de l'hospitalité qu'on leur accordait, ils
offraient leurs lumières, leurs connaissances et leurs
livres. Ce fut pour l'Occident une ère nouvelle ; elle
donna aux arts et aux sciences une direction qu'ils
n'avaient pas ; elle leur fit prendre un essor qui pouvait se ralentir, mais non plus s'arrêter. L'Université de Paris ne resta pas étrangère à ce mouvement,
elle l'accueillit au contraire ; et cette époque est considérée par son historien [1] comme celle de la renaissance des lettres dans son sein. L'étude des langues
anciennes, si nécessaire au développement de l'esprit humain, et qu'elle avait toujours encouragée,
était néanmoins restée languissante. La rhétorique,
si utile pour soumettre l'art d'écrire à des règles certaines, avouées par le bon goût, était à peine connue
de nom, étouffée par l'amour de la philosophie scolastique. L'année 1458 fut celle où de si importantes
améliorations furent introduites dans l'enseignement.
Un de ces illustres fugitifs, dont le nom doit être
sauvé de l'oubli, Grégoire de Tiferne, élève du fameux Chrysolore, le maître du Pogge et de l'Arétin,
vint offrir ses services à l'Université ; elle les accueillit avec empressement, lui assigna cent écus de gages
par an, et il ouvrit alors deux cours publics de grec
et de rhétorique [2].

---

[1] CRÉVIER, *Histoire de l'Université*, IV, 243. — FLEURY,
Du choix et de la conduite des Études, 73.

[2] BULLEUS, *Historia Universitatis*, V, 621.

Ces cours, suivis par un grand nombre d'étudiants dont la plupart n'étaient pas boursiers ni
soumis par conséquent au régime sévère des colléges,
furent (1458) l'occasion de quelques réglements
intérieurs. Il fut défendu, par exemple, d'établir
aucune pension sans la permission de l'Université ; et on enjoignit aux écoliers externes, qu'on
appelait *martinets* ou *galoches* [1], de se loger dans
ces établissements, ou près des colléges ; et plus tard,
en 1463, un décret de la faculté des arts exigea,
comme garantie de leur conduite, qu'ils demeuras-
sent, soit chez leurs parents, soit chez un notable
personnage [2]. Cette même faculté donnait toujours
l'exemple, lorsqu'il s'agissait de faire quelque réforme ou réglement qui pussent être utiles ; c'est
ainsi qu'en 1461 elle avait publié, sur les conditions
requises pour l'admission au baccalauréat, un arrêté
qui contenait cela de remarquable que les honoraires
de chaque examinateur étaient fixés à la modique
somme de deux sous [3].

L'un des principaux acteurs du concile de Bâle,
l'un des plus ardents adversaires de la toute-puissance
pontificale, et le plus redoutable par ses talents, Ænéas
Sylvius, comme nous l'avons dit, était devenu
pape en 1458, sous le nom de Pie II. Approbateur
jadis des libertés ecclésiastiques et des principes de l'É-

[1] Pasquier, *Recherches de la France*, liv. IX, chap. 17.

[2] Crévier, *Histoire de l'Université*, IV, 282.

[3] Crévier, *Histoire de l'Université*, IV, 269.

glise gallicane proclamés dans l'assemblée de Bourges,
il abjura, en ceignant la triple couronne, les sentiments qu'il avait toujours professés, pour en prendre
qui fussent plus conformes à l'intérêt de sa nouvelle
dignité. L'Université, quoiqu'il lui eût notifié son
exaltation par un bref, ne devait donc pas s'attendre
à trouver en lui un protecteur. En effet, elle n'avait
pas varié comme lui dans ses opinions, elle était de-
meurée attachée aux décrets du concile de Bâle, et
la pragmatique sanction était toujours sa loi. Elle
était donc associée, dans l'esprit du pontife, à l'inimitié qu'il portait à la nation qui avait adopté et
qui osait conserver, malgré ses prières, cette pragmatique qu'il avait voulu détruire et qu'il appelait, dans
une bulle de 1460, une *tache flétrissante* pour la
France; inimitié qu'il ne tarda pas à manifester par
la conduite qu'il tint dans la querelle entre Ferdinand
d'Arragon et René d'Anjou, au sujet du royaume de
Naples. Aussi voyons-nous à cette époque l'Université ne pas faire, selon sa coutume, un appel à la puissance ecclésiastique dans une circonstance où il s'a-
gissait cependant de la conservation de ses priviléges.
Ils avaient toujours été un objet d'envie pour la
cour des aides, qui depuis long-temps les attaquait
avec persévérance. Cette cour avait obtenu, en
1459, des lettres-patentes du roi qui lui attribuaient,
exclusivement à tous autres juges, la connaissance des
contestations qui pouvaient s'élever au sujet des impôts, et elle en profita pour faire pleuvoir en quelque sorte les procès sur les membres de l'Université.

Celle-ci prit l'alarme : elle ne voulait reconnaître en matière civile qu'un seul juge, le prévôt de Paris; et l'ordonnance venait la blesser dans ses droits [1]. Pour lutter contre ses adversaires, elle eut recours à ses armes ordinaires, priva des honneurs académiques le président et les conseillers de la cour des aides, qui étaient du nombre de ses membres; ordonna une cessation générale de sermons dans Paris, et fit excommunier, par son conservateur, les fermiers dont elle croyait avoir à se plaindre (20 mars 1460). L'excommunication eut son effet « tellement, disait le pro-« cureur-général dans une requête au roi, qu'ils fu-« rent contraints, pour cette cause, de issir de l'Église « de leur paroisse le jour de Pasques, autrement le « service divin y eût cessé à leur grande honte et vitu-« père [2] ». L'Université, assignée devant le roi et son conseil, fut condamnée à révoquer sa sentence. Elle refusa d'obéir à cette décision, en appela au contraire au jugement des pairs et princes du sang, déclarant que si justice ne lui était pas rendue, les leçons seraient suspendues, les excommuniés réaggravés, et la peine étendue à leurs parents jusqu'à la cinquième génération.

La hauteur de ce langage et la crainte de plus grands désordres obligèrent l'autorité à prendre des ménagements. Des négociations furent entamées, et l'affaire fut de nouveau portée devant le roi, qui était

---

[1] *Priviléges de l'Université*, pag. 96.

[2] CRÉVIER, *Histoire de l'Université*, IV, 261.

alors à Bourges. L'Université insistait surtout sur la confirmation du privilége, en vertu duquel « les sup- « pôts d'icelle ne doivent être traits hors les murs de « la ville de Paris, en cause personnelle, s'il ne leur « plaît. ». Pour terminer tous les différents, le roi commit le maréchal de Lohéac, avec des conseillers au Parlement. Enfin les excommunications furent levées, et, le 27 janvier 1461, l'Université reprit ses exercices. Elle resta néanmoins soumise à la ju- ridiction de la cour des aides pour les affaires de l'impôt; mais on établit près de cette cour un ma- gistrat spécialement chargé de ses intérêts, et qui prit le titre de conservateur [1].

Cette affaire fut la dernière que l'Université eut sous le règne de Charles VII. Six mois après, le 22 juillet 1461, ce prince mourut à Meung-sur-Yèvre, âgé de cinquante-huit ans, emportant avec lui dans la tombe les regrets d'un peuple qu'il laissait dans la prospérité et l'abondance, après l'avoir trouvé écrasé sous le poids des plus horribles calamités. Son oraison funèbre fut prononcée à Saint-Denis par le docteur Thomas de Courcelles, au milieu des larmes et des sanglots des assistants [2]. On aimait à se rappeler la douceur, la bonté du monarque qu'on venait de per- dre; et s'il n'avait pas favorisé les études autant que quelques-uns de ses prédécesseurs, on en rejetait la

---

[1] BULLEUS, *Historia Universitatis*, V, 633.

[2] FLEURY, *Histoire Ecclésiastique*, XXIII. — VELLY, *His- toire de France*, VIII, 385.

faute sur les événements qui avaient agité son règne,
et on disait que la France lui devait de la reconnaissance, ne fût-ce que pour avoir résisté courageuse-
ment aux envahissements de la cour de Rome, et pour
avoir donné la pragmatique sanction que son successeur ne tarda pas à sacrifier aux désirs du pape, en
la faisant servir aux projets de sa politique tortueuse.

Louis XI, à son arrivée à Paris, avait accueilli
l'Université avec bienveillance ; et quoique la compagnie eût dérogé pour cette fois à son usage en ne
sortant pas au-devant du nouveau roi, alléguant
pour excuse l'embarras que causerait la multitude
de ses membres, qui s'élevaient à plus de vingt-
cinq mille [1], ses priviléges n'en avaient pas moins
été confirmés ; et Louis, après son entrée, lui
ayant accordé audience, avait reçu ses députés
avec cette simplicité qui le caractérisait, avait causé
familièrement avec eux, en leur racontant l'histoire
de son exil à la cour de Bourgogne, et les dangers
auxquels il n'avait échappé, disait-il, que par la protection du bienheureux saint Charlemagne, pour lequel il avait une vénération particulière, et dont quinze
ans après, en 1479, il ordonna qu'on célébrerait la
fête par une cessation générale des travaux ; fête que
depuis l'Université a observée et observe encore
régulièrement tous les ans comme celle de son fondateur [2].

[1] VELLY, *Histoire de France*, VIII, 395.
[2] CRÉVIER, *Histoire de l'Université*, IV, 276, 386.

Mais cette affabilité et ces belles promesses ne devaient recevoir d'exécution qu'autant qu'elles s'accor-
deraient avec les vues du monarque. Il ne tarda
pas à les violer, et à contraindre, malgré leurs
remontrances, les membres de l'Université à payer le
droit de quatrième sur le vin de leur cru, en ayant
soin toutefois de se faire autoriser par une bulle du
pape Pie II. Ce pontife lui était tout dévoué, il espérait obtenir de la complaisance du nouveau prince
l'abolition de cette pragmatique sanction qu'il avait
vainement demandée à son père. Le roi abondait assez
dans son sens ; le désir de disposer, par le moyen du
pape, des évêchés et abbayes, dont la nomination était
alors soumise à l'élection [1], et la nécessité de mettre
la cour de Rome dans ses intérêts, pour assurer à la
maison d'Anjou la possession du royaume de Naples
que lui disputait Ferdinand d'Arragon, lui parurent
un équivalent convenable, et la pragmatique sanction
fut offerte en sacrifice. Un bénédictin bourguignon,
Jean Goffredy, évêque d'Arras, la porta à Rome, où
le peuple la traîna dans les rues. Le chapeau de cardinal fut sa récompense.

Pie II, qui abandonnait si facilement aux volontés
du roi les priviléges d'une Université qu'il n'aimait
pas, manifesta bientôt après, d'une manière plus évidente encore, son animadversion contre elle. Dans une
bulle de 1462, il s'était élevé avec virulence contre les

M. DE BARANTE, *Histoire des Ducs de Bourgogne*, VIII,
308.

cessations que l'Université ordonnait quelquefois ; il lui contesta ce pouvoir qu'elle tenait de la puissance pontificale ; il voulut que ces cessations ne pussent empêcher les mendiants de prêcher dans les églises, et en même temps il accordait aux religieux le droit de se conférer entre eux les grades académiques [1]. C'était frapper l'Université dans un endroit bien sensible ; mais, heureusement pour elle, la mésintelligence commençait déja à se mettre entre le roi et le pape. En effet, depuis que ce dernier avait obtenu ce qu'il désirait, l'abolition de la pragmatique, il ne s'embarrassait plus de tenir ses promesses ; et Louis, confus de s'être laissé ainsi tromper, céda alors, mais par dépit, aux représentations réitérées du Parlement et de l'Université invariablement attachés à cette Charte religieuse, et ordonna qu'elle continuerait d'être observée en France.

Cependant Pie II la considérait comme abolie, et en conséquence il agissait presque despotiquement, citant, à tout propos les Français en cour de Rome. L'Université en souffrait plus que personne, elle voyait sans cesse les règles établies pour la collation des bénéfices, violées, et ses suppôts traînés devant une juridiction étrangère. Le 22 mai 1463, elle adressa des représentations au roi [2], et joignit ses plaintes à celles du Parlement et

---

[1] CRÉVIER, *Histoire de l'Université*, IV, 285. — FÉLIBIEN, *Histoire de Paris*, II, 849.

[2] BULLÉUS, *Historia Universitatis*, V, 655.

de la ville. Le roi les écouta favorablement, et, le 24 mai de la même année, il enjoignit à son procureur-général de poursuivre tous ceux qui s'autoriseraient des bulles apostoliques, lui ordonna d'appeler de ces bulles au futur concile après les avoir communiquées à *aucuns de l'Université*, et après avoir pris leur avis. Il demanda ensuite au Parlement de faire dresser un mémoire, « avec le conseil d'aucuns notables « hommes tant de ladite Université que autres [1], » où seraient exposés les moyens de remédier au mal. Enfin, le 17 février 1464, le roi, dans une assemblée solennelle, où assistèrent les députés de l'Université, rendit plusieurs ordonnances, toutes rédigées dans les principes les plus gallicans et les plus opposés aux prétentions du Saint-Siége, et dans lesquelles il était surtout défendu de porter aucune atteinte aux droits résultants « des libertés de l'Église de « France, ordonnances royales, et pragmatique sanc- « tion. »

Le rusé monarque savait se plier aux circonstances, et rechercher l'appui, quand il en avait besoin, de toutes les classes de la nation. Ce n'était pas sans motifs qu'il s'était rendu aux vœux du Parlement et de l'Université; il voulait, par cette concession, s'attacher des partisans, à l'aide desquels il pût résister à l'orage qui paraissait se former contre lui. Depuis quatre ans qu'il était monté sur le trône, bien des plaintes s'étaient élevées contre son administra-

---

[1] BULLEUS, *Historia Universitatis*, V, 666.

tion, et la plupart des princes du sang, le duc de
Berri son frère, les ducs d'Orléans, de Bourbon, Dunois, etc. avaient pris les armes contre lui, dans l'intérêt, disaient-ils, du bien public, dont cette guerre
retint le nom. Mais le peuple ajoutait peu de foi à
leurs discours, et l'on croyait que les États du royaume,
qui n'avaient pas été convoqués depuis le règne de
Charles VI, pouvaient seuls pourvoir aux embarras
du gouvernement; aussi chantait-on partout une
ballade dont le refrain était :

> Qui peut donner bon conseil maintenant?
> Qui? vraiment qui? les trois États de France [1].

Cette ligue devenait de jour en jour plus formi-
dable. L'héritier de Bourgogne, Charles, comte de
Charollais, en était l'ame. Il s'était avancé à la tête
d'une armée sous les murs de Paris, et la bataille
de Montlhéri, où Louis commandait en personne,
avait laissé la querelle indécise; néanmoins elle
avait disposé l'esprit du roi à la douceur, tous ses
efforts tendaient à se rendre le peuple favorable.
Non content de restituer à l'Université ses priviléges, qu'il s'était fait un jeu de ne pas observer,
il appela dans son conseil six de ses membres, concurremment avec six conseillers au Parlement et six
bourgeois de Paris [2].

---

[1] M. DE BARANTE, *Histoire des Ducs de Bourgogne*, VIII,
482.

[2] VELLY, *Histoire de France*, IX, 58.

Cependant les princes, rassemblés au château de
Beauté, avaient investi la ville, et des tentatives furent faites en leur nom auprès de l'Université, du
Parlement et des bourgeois, pour les attirer dans
leur parti. Leurs propositions ne furent pas tout-à-
fait rejetées ; une députation, composée de l'évêque
de Paris, de conseillers au Parlement, de membres
de l'Université, se rendit auprès d'eux [1] ; lorsque
tout-à-coup le roi revint de Normandie où il était,
rompit la négociation, et punit de l'exil quelques-uns
de ceux qui y avaient prêté l'oreille.

Toutes ces choses montraient au roi quel était
l'esprit public ; elles l'engagèrent à conclure une
paix devenue nécessaire, et il fit à Conflans (30
octobre 1465) un traité dans lequel il abandonnait la Normandie à son frère à titre d'apanage. Ce
traité ne tarda pas à être rompu ; le roi s'en excusa
auprès de l'Université, dans une lettre du 13 février
1466, sur ce que la Normandie faisait partie du domaine de la couronne, et qu'il n'avait pas le droit
d'en disposer [2].

Mais les faveurs que le prince prodiguait dans le
moment des dangers n'étaient pas de longue durée ;
et l'instant d'après, ceux même qu'il en avait le plus
accablé se retrouvaient auprès de lui sans la moindre
influence. L'Université, dont il avait tout fait pour

[1] M. DE BARANTE, *Histoire des Ducs de Bourgogne*, VIII,
510. — VELLY, *Histoire de France*, IX, 50.

[2] CRÉVIER, *Histoire de l'Université*, IV, 306.

se concilier l'affection, avait vu avec peine deux universités nouvelles s'établir à une époque très-rapprochée.
L'une, celle de Nantes, était fondée en 1460 par le
duc François de Bretagne ; mais comme elle était située hors du royaume, elle n'avait pas le droit de
s'en plaindre. L'autre était celle de Bourges, pour ·
laquelle le pape Paul II, successeur de Pie, avait
donné en 1463 des lettres d'érection. Celle-là excita
les craintes des maîtres de Paris ; et comme le roi
venait (1464) de confirmer par des lettres-patentes
la bulle du pape, ils formèrent opposition à son
enregistrement [1]. Leurs efforts furent infructueux.
Le roi, qui venait de dissoudre cette ligue qui l'a-
vait si long-temps fait trembler, ne croyait plus
avoir besoin de ménager l'Université parisienne ; les
bulles du pape reçurent donc leur exécution, et
Bourges eut une université (1469) [2]. Elle ne tarda

[1] Pasquier, *Recherches de la France*, liv. IX, chap. 37.

[2] Ad laudem divini nominis, et fidei sacræ dilatationem, ipsius-
que civitatis et totius ducatus Bituricensis utilitatem, gloriam et
honorem, ex matura et accurata nostri magni concilii delibera-
tione ; in civitate Bituricensi, generale studium, ad instar alio-
rum generalium nostri regni studiorum, per præsentes institui-
mus et erigimus, tam in theologia et jure canonico, quam in
medicina et artibus, et alia qualibet licita et approbata facultate.
Utque rector, doctores et magistri, regentes, baccalaurei, et alii
studentes ibidem et eorum officiarii et servitores, omnibus privilegiis, libertatibus, immunitatibus, aliis que regni nostri Uni-
versitatum generalibus studiis, concessis et concedentis utantur
et gaudeant.

Actum Parisiis in parlamento, penultimo die martis, anno Domini 1469, ante Pascha. Pasquier, *Recherches de la France*,
liv. IX, chap. 39.

pas à devenir très-florissante pour l'étude du droit, et elle avait à peine un siècle d'existence, qu'elle s'honorait déja d'avoir formé nos plus illustres jurisconsultes, Alciat, Duaren, Baudoin, Hotman, Cujas.

Ce n'était pas sans raison que l'Université s'alarmait de ces nouvelles institutions. Elle se rappelait les craintes que trente ans auparavant l'université de Caen lui avait fait concevoir, et que le temps n'avait fait que réaliser. Elle redoutait que cette multiplicité ne portât atteinte à sa splendeur, et ne vînt tarir les sources qui chaque année lui versaient tant d'écoliers; aussi redoublait-elle de soins et de zèle pour améliorer les études, et ôter aux élèves toutes les distractions qui auraient pu les en détourner. En même temps qu'elle proscrivait dans les écoles les représentations de pièces de théâtre, qui, sous le nom de *mystères* ou *moralités*, étaient de véritables farces où la religion et la morale étaient souvent outragées, elle ouvrait ses colléges, qui jusqu'alors n'avaient été occupés que par des boursiers, à tous les écoliers indistinctement; et, sous le règne de Louis XI, il y avait déja, dit-on [1], dix-huit colléges qui étaient fréquentés de cette manière par dix ou douze mille écoliers [2]. Cet usage, qui d'abord avait été peu imité, remontait à l'an 1396. Il avait été introduit dans le collége de Navarre par Pierre De-

---

[1] BULLEUS, *Historia Universitatis*, V, 857.

[2] M. DE BARANTE, *Histoire des Ducs de Bourgogne*, XII, 158.

la paroisse, chef des grammairiens [1], et à partir de cette époque cette maison avait reçu, indépendamment des boursiers, des écoliers qui y étaient logés et nourris moyennant pension, et des externes.

Peu de temps s'était écoulé depuis que l'Université avait défendu la représentation d'aucun mystère ou moralité, lorsque la faculté des arts fut obligée (1470) de porter un décret pour abolir une fête chère aux écoliers, pour lesquels elle était une occasion de désordre, et qui n'offrait pas moins de scandale que d'indécence. C'était la Fête du Roi des Fous [2]. Cette fête, qui n'était que la continuation d'une première, appelée fête des sous-diacres, ou diacres saouls, se célébrait avec une extrême licence. On élisait un évêque des fous, qu'on menait processionnellement à l'église, où l'on parodiait les cérémonies les plus saintes. Tous les acteurs de ces fêtes se livraient, dans le temple même de la Divinité, aux actions les plus extravagantes et les plus obscènes. Couverts d'habits de masques, et barbouillés de suie, ils se répandaient ensuite dans les rues, insultaient les passants, et donnaient le spectacle de mille scènes aussi répréhensibles que dégoûtantes [3].

Des fêtes semblables avaient lieu dans diverses autres parties de la France, sous les noms bizarres

[1] LAUNOY, *Regii Collegii Navarræ Historia*, pag. 104.

[2] BULLEUS, *Historia Universitatis*, V, 690.

[3] DULAURE, *Histoire de Paris*, II, 226. — VOLTAIRE, *Dictionnaire philosophique*, art. KALENDES, et ANE.

I.   19

de fête de l'âne, des sots, de l'abbé Cornard, etc. etc.
Dans la fête de l'âne, qui se célébrait à Beauvais, on
couvrait cet animal d'une mitre et d'une chape, et
on le conduisait processionnellement à la cathédrale
en chantant :

> Eh ! sire âne, ça chantez,
> Belle bouche rechignez,
> Vous aurez du foin assez
> Et de l'avoine à planter.

et tous les assistants, au lieu de kyrie eleïson, répé-
taient hi han [1].

Tous ces abus ne purent pas être détruits par une
première injonction ; et nous verrons l'Université
renouveler souvent ses défenses, avant de pouvoir
les extirper entièrement.

Malgré toutes ces réformes utiles, les études alors,
loin d'éprouver quelque amélioration, avaient peut-
être décliné. Si le désir de s'instruire était resté
aussi vif, les résultats étaient moins satisfaisants.
L'Université avait perdu tous ces hommes célèbres
qui, par leurs travaux et leurs connaissances, avaient
fait sa gloire. Les Gerson, les d'Ailly, les Clémengis étaient descendus dans la tombe; Thomas de
Courcelles venait de mourir (1469) ; et ils n'a-
vaient laissé personne pour les remplacer. Les espérances pour l'avenir, que leurs talents avaient fait
concevoir, s'étaient évanouies avec eux. Les sciences,

---

[1] Duvernet, *Histoire de la Sorbonne*, I, 215.

les lettres, loin de suivre le mouvement qu'ils leur avaient imprimé, devaient encore rester engourdies jusqu'au règne de François Ier, que les écrivains ont signalé à la reconnaissance des hommes comme en étant le restaurateur. L'Université l'avait bien senti, et ses efforts pour ranimer les études languissantes sont une marque de sa sagesse et de sa prévision : mais sans cesse sa bonne volonté était entravée par des obstacles que les événements politiques faisaient naître, contre lesquels elle était obligée de lutter, et qui absorbaient une partie de ses soins.

Depuis que le roi avait terminé la *guerre du bien public*, et apaisé les orages qui avaient troublé les commencements de son règne, l'Université avait pu s'apercevoir que maintenant qu'on n'avait plus besoin d'elle, elle devait peu compter sur la faveur du trône [1] ; elle se trouvait alors, ainsi que la France, dans une situation assez embarrassante relativement à l'objet de son culte et de son attachement, la pragmatique sanction. Devait-on la considérer comme abolie ? D'un côté, le roi l'avait bien révoquée; mais de l'autre, l'ordonnance n'avait jamais été enregistrée, et en outre elle n'avait jamais reçu en France aucune exécution depuis que la mésintelligence avait éclaté entre le roi et le pape. Dans cette perplexité, l'Université, pour savoir à quoi s'en tenir sur la collation des bénéfices, prit le parti de recourir au roi. Ce prince était en pleine négociation avec le Saint-

---

[1] BULLEUS, *Historia Universitatis*, V, 682.

Père, et, à la suggestion de l'évêque d'Évreux, maître Jean Balue, qui possédait toute sa confiance, il venait de promettre une seconde fois l'abolition de la pragmatique [1]; aussi sa réponse à l'Université ne fut-elle pas décisive; mais, comme il prévoyait qu'elle ne goûterait probablement pas ses nouveaux projets, il lui ordonna d'un ton fort aigre de ne plus se mêler à l'avenir des querelles qui pourraient s'élever dans l'État, menaçant de toute sa colère ceux qui oseraient contrevenir à ses ordres; et, afin que la compagnie n'eût à sa tête que des gens qui lui fussent dévoués, il exigea qu'un commissaire royal assistât toujours aux élections du recteur, parce qu'il n'est pas juste, disait-il, de disposer de la fille, sans que le père en soit instruit [2].

Menacée dans ses franchises, ayant tout à redouter de l'influence ultramontaine, l'Université implora la protection de Dunois, qui l'accueillit avec bienveillance et lui promit d'employer tous ses efforts pour la conservation de ses priviléges que le roi se montrait toujours très-disposé à ne pas respecter. En effet, peu de temps auparavant, ce prince avait ordonné que tout ce qu'il y avait à Paris d'hommes en état de porter les armes depuis seize ans jusqu'à soixante, fussent enrôlés en brigades, de quelque état et condition qu'ils fussent, et cela sans exception; car les nobles et les gens d'église n'étaient

[1] VELLY, *Histoire de France*, IX, 11.

[2] CRÉVIER, *Histoire de l'Université*, IV, 313.

pas non plus dispensés de cette milice [1]. Le recteur de l'Université, Guillaume Fichet, osa désobéir, il invoqua les priviléges immémoriaux de l'Université, l'intérêt de sa conservation, gravement compromise par une telle mesure qui tendrait à éloigner d'elle une multitude d'étudiants, et il rappela les promesses du roi, qui, dans la guerre du bien public, s'était engagé à ne jamais lui faire porter les armes [2]. Tout absolu qu'était Louis XI, il paraît que ces observations ne furent pas sans efficacité; car, dans une revue montant à quatre-vingt mille hommes [3] et passée le 14 septembre 1467, on vit apparaître les bannières du parlement, du châtelet, de la cour des comptes, de la cour des aides, et soixante-sept bannières des métiers; mais nulle part on ne vit la bannière de l'Université, qui en compensation offrit une messe par semaine [4].

A cette même époque Paul II, qui tenait toujours fortement à terminer enfin l'affaire de la pragmatique sanction, venait d'envoyer en France deux légats dont l'un était le fameux cardinal Balue, qui voulait mériter le chapeau qu'il venait d'obtenir. Les principales difficultés dans leur entreprise devaient venir du Parlement et de l'Université. Les légats se

---

[1] M. DE BARANTE, *Histoire des Ducs de Bourgogne*, IX, 45.

[2] FÉLIBIEN, *Histoire de Paris*, II, 858. — M. DE BARANTE, *Histoire des Ducs de Bourgogne*, VIII, 504.

[3] CHRONIQUE DE JEAN DE TROYES, année 1467. — DULAURE, *Histoire de Paris*, III, 620.

[4] CRÉVIER, *Histoire de l'Université*, IV, 317.

partagèrent la tâche. On sait assez comment le procureur-général Jean de Saint-Romain arrêta coura-
geusement Balue en s'opposant, malgré la destitution
dont on le menaçait, à l'enregistrement des lettres
d'abolition de la pragmatique.

L'autre légat, qui était ce Bénédictin dont nous
avons déjà parlé, Jean Goffredy, que, depuis la cruelle
procédure tenue dans son évêché contre les Vaudois,
on nommait le *Diable d'Arras* [1], agit plus adroite-
ment auprès de l'Université, et voulut d'abord se la
rendre favorable par des promesses bienveillantes.
Mais à peine l'objet de sa mission fut-il connu, que
l'Université, assemblée sous la présidence du même
recteur Guillaume Fichet, s'éleva avec force contre
les prétentions de la cour de Rome, en appela au
futur concile, fit enregistrer son opposition au
Châtelet [2], et adressa au roi une députation pour
lui représenter « que si on abolissait la pragmatique
« sanction, on verrait bientôt s'écouler à Rome le
« peu d'argent qui restait dans le royaume appauvri;
« que seraient gens non lettrés ni ecclésiastiques,
« comme on a jà vu, pourvus aux bénéfices, et que
« le peu d'honnêteté ecclésiastique et discipline régu-
« lière qui est demourée en aucuns lieux, périrait ».
Cette démarche était hardie, et l'Université, comme
on voit, se montrait digne de seconder le Parlement
dans la défense de nos libertés. Ces deux corps

---

[1] M. DE BARANTE, *Histoire des Ducs de Bourgogne*, X, 91.

[2] M. DE BARANTE, *Histoire des Ducs de Bourgogne*, IX, 51.

étaient animés du même esprit, et se prêtaient un secours mutuel toutes les fois que les circonstances l'exigeaient. C'est ainsi que deux ans après, en 1469, le roi ayant voulu ériger un nouveau Parlement à Poitiers, celui de Paris s'opposa à une érection qui devait lui préjudicier, et l'Université joignit ses efforts aux siens.

Un homme, dont nous avons déja eu occasion de citer le nom dans deux circonstances qui font le plus grand honneur à son caractère et à sa fermeté, Guillaume Fichet, rendit, en 1470, à la France, aux lettres et à l'Université un service qui aurait dû sauver son nom de l'oubli. L'imprimerie venait d'être découverte à Mayence, et cette invention, qui devait causer une révolution sur le globe, était due au moins en partie à un écolier *de la très-glorieuse Université de Paris*, Scheffer, qui y étudiait en 1419, comme il le dit lui-même. C'est en vain que les inventeurs avaient conçu le projet de renfermer entre eux le secret de leur art: des troubles survenus, en 1462 à Mayence, les forcèrent de se séparer, et ils se réfugièrent dans diverses villes de l'Allemagne. Ulric Gering, de Constance, Martin Krantz et Michel Friburger, de Colmar, furent les premiers qui recueillirent ces intéressantes notions. Déja ils s'étaient rendus habiles dans cet art précieux, lorsqu'ils furent appelés à Paris, en 1470, par Guillaume Fichet et un docteur allemand nommé Jean de la Pierre [1], et éta-

---

[1] *Mémoires de l'Académie des Belles-Lettres*, XIV et XVII· — M. DE BARANTE, *Histoire des Ducs de Bourgogne*, XII, 169

blis par leurs soins dans les bâtiments même de la
Sorbonne, où ils imprimèrent, dans le cours des années 1470, 1471 et 1472, plusieurs ouvrages parmi
lesquels on remarque le *Psautier* en latin, la *Bible*,
Salluste et la *Rhétorique* de Fichet [1].

Les deux derniers imprimeurs quittèrent Paris en
1477, Ulric Gering fut le seul qui s'y fixa. En 1483,
il quitta le collége qu'il avait habité jusqu'alors pour
aller demeurer dans la rue de Sorbonne, où il continua d'exercer son art jusqu'en 1508, deux années
avant sa mort [2]. Il légua sa fortune en mourant aux
deux colléges de Sorbonne et de Montaigu, et il paraît que cette fortune était considérable, puisque la
Sorbonne, pour sa moitié seulement, eut, sans comprendre les effets mobiliers et créances du testateur,
huit mille cinq cents francs d'argent comptant, qui
servirent à fonder deux chaires de théologie et quatre
bourses nouvelles [3].

La découverte de l'imprimerie, en mettant à la
portée de tous les hommes les résultats des connaissances humaines, en les popularisant en quelque
sorte, devait leur faire prendre un essort dont les
bornes sont inconnues. Jusqu'alors, en effet, l'instruction était entravée par une multitude d'obstacles.

---

[1] DULAURE, *Histoire de Paris*, III, 458.—ROEDERER, *Louis XII
et François I*, ou *Mémoires pour servir à l'histoire de leur règne*.
Paris, 1825, Bossange, I, 316.

[2] DUVERNET, *Histoire de la Sorbonne*, I.

[3] BULLÆUS, *Historia Universitatis*, V, 919. — VELLY, *Histoire de France*, VIII, 404.

La difficulté de se procurer des manuscrits, quoique,
dit-on, dix mille écrivains y travaillassent dans les
seules villes de Paris et d'Orléans [1], leur cherté,
étaient, pour la plupart des étudiants, des obstacles
insurmontables, et les germes les plus heureux se
trouvaient souvent étouffés faute d'aliments. Les manuscrits étaient dans ce siècle tellement rares, qu'en
1432, lors du concile de Bâle, les pères qui le composaient furent obligés d'emprunter de l'abbé de
Cluny divers ouvrages de saint Augustin, saint Ambroise, saint Fulgens, qui leur manquaient, offrant
de donner caution et de payer le transport de ces
volumes [2]; et leur importance était telle que, sous
le règne de Louis XI, ce prince ayant voulu faire
faire une copie de l'ouvrage d'un médecin arabe
nommé Rhazès, la faculté de médecine ne consentit
à le prêter au président Vanderiesche, qui le demandait au nom du roi, que moyennant un cautionnement de cent écus d'or et un gage de douze marcs
de vaisselle d'argent [3]. Cette valeur excessive qu'on
attachait aux manuscrits les rendait inaccessibles à
la plupart des savants, et lorsque l'imprimerie fut
venue changer cet état de choses en leur permettant
d'acquérir les livres qui leur manquaient, tout le
monde s'empressa de célébrer l'utilité de cette découverte. Les poésies de Jehan Molinet l'attestent :

[1] Velly, *Histoire de France*, VIII, 405.

[2] Velly, *Histoire de France*, VIII, 69.

[3] Crévier, *Histoire de l'Université*, IV, 337.

J'ai vu grant multitude
De livres imprimez
Pour tirer en estude
Povres mal argentez.
Par ces novelles modes
Aura maint écolier
Décrets, Bibles et Codes
Sans grant argent bailler[1].

Ces heureux résultats cependant étaient dus à des membres de l'Université de Paris; mais c'est à peine si les noms de deux hommes de bien, qui, pressentant les besoins de leur siècle, appelèrent à Paris les premiers imprimeurs, ont pu survivre à leurs bienfaits, et dans leur patrie, là où l'on aurait dû leur élever des statues pour consacrer leur mémoire et l'offrir à la vénération universelle, on ignore encore que l'introduction en France de la découverte de Guttemberg et les premiers encouragements accordés à l'art sublime de la transmission de la pensée ont été donnés par l'Université, par cette compagnie qu'on considérait comme la mère et le dépôt de toutes les sciences; alors que dans ce siècle, encore obscurci par d'absurdes préjugés, les corps judiciaires persécutaient les imprimeurs.

Au moment où elle rendait à la France un service aussi éminent, le roi toujours défiant et ombrageux, croyant voir des ennemis dans ceux de ses membres qui appartenaient aux nations avec lesquelles il était

[1] *Recollection des Merveilles advenues de notre temps.*

en guerre, prenait à leur égard des mesures rigoureuses, jusqu'alors inusitées, et qui affligeaient l'Université en même temps qu'elles lui portaient un grand
préjudice. Depuis la guerre du bien public, dont le
comte de Charolais avait été un des chefs, la haine
la plus violente avait éclaté entre eux, et l'élévation
de Charles-le-Téméraire sur le trône de Bourgogne
n'avait pas contribué à l'affaiblir. Les efforts conti-
nuels des deux rivaux tendaient sans cesse à entourer
son adversaire d'embarras, à lui enlever ses partisans,
à lui susciter des ennemis. Le roi surtout en voulait
au duc de Bourgogne, parce qu'il savait que c'était
autour de lui que se ralliaient tous les mécontents,
et qu'il était l'ame de toutes les intrigues à l'aide
desquelles on s'efforçait, en invoquant le nom de son
frère le duc de Guyenne, de troubler le royaume.
L'animosité que se portaient les deux princes, mais
que la crainte de leur puissance empêchait d'éclater
ouvertement, se manifestait sur-tout dans leurs
alliances, et le protégé de l'un était sûr d'avoir
l'autre contre lui. L'Angleterre, à cette époque,
était agitée par des troubles civils; la fille du roi
René, la tante de Louis XI, l'épouse de Henri VI
de la maison de Lancastre, l'illustre Marguerite
d'Anjou enfin, chassée de son royaume par Édouard
d'Yorck, dont Charles avait épousé la sœur, avait
été forcée de chercher un refuge à la cour de France.
La fortune ne lui fut pas long-temps contraire, et
lui rendit bientôt la couronne qu'on venait de lui
arracher. Le célèbre comte de Warwick, qu'on sur-

nomma *le Faiseur de rois*, ayant battu le Prétendant Édouard, le contraignit à son tour d'abandonner l'Angleterre et de se retirer auprès de son frère de Bourgogne. Marguerite retourna dans ses États, et, lors de son passage à Paris, en 1470, l'évêque et l'Université sortirent au-devant d'elle et la haranguèrent : elle leur promit sa protection ; mais les événements l'empêchèrent d'effectuer ses promesses, car une subite et étonnante révolution vint lui enlever pour toujours le trône et la liberté.

Ces événements, dans lesquels le roi et le duc Charles avaient des intérêts opposés, augmentèrent encore la mésintelligence entre eux, et enfin Louis, croyant le moment favorable à sa vengeance, déclara en 1471 la guerre aux Bourguignons. Soupçonneux comme à son ordinaire, et s'effrayant des gens même qui exerçaient les professions les plus paisibles, il exigea (20 janvier 1471) que tous les membres de l'Université, sans aucune distinction, lui prêtassent serment de fidélité, parce qu'il y en avait parmi eux un assez grand nombre, surtout dans la nation de Picardie, qui étaient sujets du duc de Bourgogne. Ce serment n'ayant pas calmé ses inquiétudes, huit jours après, il envoya un sauf-conduit pour tous les écoliers qui voudraient sortir de Paris. Cette précaution était presque un ordre. Un grand nombre obéirent ; et à peine étaient-ils dehors, qu'une ordonnance confisqua leurs biens [1]. Ce n'était point ainsi

---

[1] BULLEUS, *Historia Universitatis*, V, 692.

qu'avaient agi les princes ses prédécesseurs dans des circonstances à peu près semblables. Ils avaient su concilier le soin de leur sûreté avec les égards dus aux sciences et aux lettres, et on n'avait pas encore vu blesser d'une manière aussi ouverte les principes les plus simples de l'équité ; mais, sous un prince tel que Louis XI, il fallait que l'équité et la justice pliassent devant son intérêt et sa volonté. Aussi ne s'en tint-il pas là, et, malgré les prières de la compagnie, le greffier de l'Université fut destitué pour la même cause, plusieurs maîtres arrêtés et jetés dans les prisons.

Néanmoins, pour ne pas trop heurter un corps qui avait tant d'influence, et afin de faire quelque chose qui lui fût agréable, il refusa peu de temps après à un nouvel ordre religieux, les Observantins, la permission de s'établir à Paris, parce que, dit-il, cette nouveauté tournerait au préjudice de l'Université. Ceux-ci ne se rebutèrent pas de cet échec. Quinze ans après, en 1485, ils revinrent à la charge, et, aidés de la protection de la duchesse de Beaujeu, ils obtinrent de Charles VIII la faveur que Louis XI leur avait refusée, après toutefois que l'Université eut consenti à se désister de l'opposition qu'elle avait précédemment formée.

Cette bienveillance apparente que le roi affectait quelquefois pour l'Université, ne paraissait jamais aussi vive que dans le moment où il avait quelque chose à craindre. Cette guerre qu'il avait entreprise contre Charles-le-Téméraire continuait toujours, et

le duc venait d'entrer en Picardie au commencement
de l'année 1472, en semant l'effroi partout sur son
passage. Roye, Nesle avaient été emportées d'assaut,
et les prisonniers accrochés aux arbres des environs,
figuraient, selon ce prince, les fruits de l'arbre de
la guerre [1]. Beauvais, assiégé par une armée nombreuse, courait risque d'éprouver le même sort, et le
roi, pris au dépourvu, n'avait aucune armée à opposer à son terrible adversaire. Dans ces circonstances
critiques, Louis, chez lequel la superstition égalait
l'habilité, crut devoir se confier dans la bonté du
ciel, et appeler sa bénédiction sur ses armes; il fit
demander à l'Université le secours de ses prières, on
se conforma à ses désirs; et il fut ordonné que,
pendant tout le temps que durerait la guerre, l'Université ferait célébrer chaque jour une messe pour le
succès des armes du roi [2].

Le sire de Gaucourt, gouverneur de Paris, était
l'homme que Louis employait toujours auprès de l'U-
niversité lorsqu'il voulait en obtenir quelque chose.
Ce chevalier avait sur elle un grand ascendant, dû
à la reconnaissance qu'elle lui portait pour les services qu'il lui avait rendus en plusieurs circonstances,
en employant son crédit pour elle, et tout récemment encore dans l'affaire de la pragmatique sanction.
La question de son abolition ou de sa conservation,
déjà tant de fois agitée, n'avait pas encore été réso-

---

[1] M. DE BARANTE, *Histoire des Ducs de Bourgogne*, X, 6.
[2] CRÉVIER, *Histoire de l'Université*, IV, 350.

lue définitivement, et elle éprouvait des variations subordonnées aux événements et à la politique du roi. Depuis peu de temps un nouveau prince de l'Église occupait la chaire pontificale, c'était Sixte IV, et il ne mettait pas moins d'empressement que ses prédécesseurs à détruire une loi que la cour de Rome considérait comme attentatoire aux droits de la tiare et à l'omnipotence spirituelle du vicaire de Jésus-Christ. Louis XI alors était assez disposé à faire des concessions, car il avait besoin du pape pour qu'il s'opposât au mariage de son frère le duc de Guyenne avec la fille de son ennemi le duc de Bourgogne, union que Louis voulait empêcher, parce qu'elle devait augmenter la puissance déja si redoutable de Charles-le-Téméraire, et lui donner un point d'appui au milieu du royaume. Le prix de la complaisance du pontife devait être l'abolition de la pragmatique sanction, et le droit d'appeler en cour de Rome dans toutes les affaires ecclésiastiques ; Sixte IV l'accepta.

Cet accord excita les murmures des cours souveraines et du clergé français [1]. Il blessait aussi l'Université, d'abord dans son attachement invariable aux libertés de l'Église de France, ensuite dans le droit qu'elle avait de ne pouvoir être jugée ailleurs qu'à Paris. Elle résolut de s'opposer à son enregistrement au parlement, et même d'en appeler au futur concile [2]. Ses

---

[1] VELLY, *Histoire de France*, IX, 242.

[2] CRÉVIER, *Histoire de l'Université*, IV, 353.

efforts ne furent pas sans succès, et elle fut dans
cette occasion puissamment servie par les circonstances. Elles étaient bien changées en effet, la mort venait de débarrasser le roi de son frère, et avec lui
s'étaient évanouies toutes les craintes que son mariage aurait pu lui causer : il n'avait plus besoin du
pape, il ne tenait plus par conséquent à accomplir
ses promesses, et la pragmatique sanction échappa
pour la seconde fois à la haine du Saint-Père.

L'Université avait donné dans cette affaire une
nouvelle preuve de son dévouement aux franchises
cléricales; et ce dévouement était si grand, qu'elle
avait proposé d'imposer une contribution de douze
deniers sur tous ses membres, maîtres et écoliers [1],
pour suffire aux frais de l'opposition. Cette offre
généreuse ne devint pas nécessaire : mais elle était
une manifestation énergique des sentiments qui ani-
maient le corps universitaire; car l'Université était
toujours pauvre, et sa pauvreté était même telle qu'elle
n'avait jamais pu parvenir à posséder en propre un lieu
de réunion pour ses assemblées générales. De temps
immémorial elle les tenait dans le couvent des Mathurins, et, à l'époque où elle s'imposait si généreusement des sacrifices pour la défense des libertés ecclésiastiques, les Mathurins lui adressaient, par
l'organe de leur général, le docteur Robert Gaguin,
une demande afin d'obtenir d'elle des secours pour
réparer leur couvent qui tombait en ruines. L'ora-

---

[1] BULÆUS, *Historia Universitatis*, V, 703.

teur, pour se concilier la bienveillance de l'Université, élevait jusqu'aux nues sa gloire et sa réputation, et félicitait son ordre de l'honneur qu'il avait de lui offrir un asile, honneur qui rejaillissait sur lui. « Trois « édifices publics, disait-il, sont surtout célèbres dans « cette ville : le temple auguste où est honorée la mère « de Jésus-Christ ; le palais, qui est le domicile de la « loi et de nos rois, et le collége des Mathurins, qu'il- « lustre votre nom bien plus que le nôtre ; et je ne « sais pas même si ce dernier ne l'emporte pas pour « la célébrité sur les deux autres, qui ne sont connus « que des Français ; au lieu que les Mathurins sont à « cause de vous renommés dans tout le monde chré- « tien [1] : » ce langage fut, à ce qu'il paraît, bien accueilli, car nous voyons les nations de France et de Normandie accorder pour les réparations, l'une dix-huit, l'autre trente écus d'or.

Au reste, les louanges qu'on donnait à l'Université étaient justement méritées, et ce n'était pas à tort qu'on vantait sa célébrité dans le monde chrétien. De toutes les parties de l'Europe, les familles les plus illustres s'empressaient d'y envoyer leurs enfants ; les plus puissants princes eux-mêmes ne dédaignaient pas de le faire, et en 1473 on avait vu le roi faire arrêter un neveu de l'empereur Frédéric d'Allemagne, alors étudiant à Paris [2], pour se venger du duc de Bourgogne, qui, au mépris de la foi jurée, avait fait

[1] CRÉVIER, *Histoire de l'Université*, IV, 347.

[2] M. DE BARANTE, *Histoire des Ducs de Bourgogne*, X, 82.

prisonnier le duc René de Lorraine, dont il convoitait les États.

Le rang des écoliers qui de toutes parts venaient suivre à Paris leurs études, leur grand nombre, donnaient nécessairement chaque année de l'extension à tous les genres d'enseignement. Jusqu'en 1472, une des quatre facultés, la faculté de médecine, n'avait pas encore eu d'écoles spéciales, et on ignore même où les professeurs faisaient leurs leçons : on sait seulement qu'ils avaient coutume de s'assembler sous le porche de l'église Notre-Dame [1]. Ce fut cette année, sous le décanat de Guillaume Bazin que fut construite, rue de la Bucherie n° 15, la première école de médecine. Mais cet édifice était loin de présenter les commodités convenables, il n'avait pas d'amphithéâtre ; et ce ne fut que cent cinquante ans après, en 1618, que pour la première fois on en fit élever un ; il fut rebâti en 1744, et il servit à la faculté jusqu'en 1776, où l'école fut abandonnée [2]. Deux années s'étaient à peine écoulées depuis la construction d'une école de médecine, lorsqu'eut lieu une découverte importante dans les annales de l'art de guérir, c'est la première opération de la pierre : elle se fit en 1474 sur la personne d'un archer condamné à mort ; l'opération réussit, et le patient reçut non seulement sa grace, mais encore une gratification du roi [3].

[1] BULLEUS, *Historia Universitatis*, V, 860.

[2] DULAURE, *Histoire de Paris*, III, 466.

[3] VELLY, *Histoire de France*, IX, 324.

Les progrès que des maîtres habiles faisaient faire à la science, amenaient à Paris une jeunesse nombreuse, dont la présence était souvent signalée par des désordres. Les gens paisibles se plaignaient de leur turbulence, et des querelles intestines entre des étudiants de mœurs et de patrie différentes dégénéraient bien fréquemment en scènes sanglantes. Il fallait porter un remède à ces excès; la faculté des arts s'en chargea et rendit un décret sévère. Les coupables furent privés des droits académiques s'ils étaient maîtres, et battus de verges s'ils étaient écoliers, et il fut défendu aux maîtres de pension, sous peine d'être obligés de fermer leurs établissements, de laisser sortir leurs élèves pendant la nuit.

Si le nombre des élèves était considérable, celui des maîtres l'était aussi; il paraît même qu'il avait cessé d'être en rapport avec celui des écoliers; de sorte qu'un grand nombre de ceux qui en portaient le titre n'en exerçaient véritablement pas les fonctions. Cependant ils se présentaient aux distributions qui se faisaient tous les mois au collége de Navarre: on résolut de les en exclure, et un décret de la faculté des arts statua qu'on n'y admettrait dorénavant que les régents qui enseignaient dans les écoles de la rue du Fouare, qui, dans l'origine, étaient les seules, et les régents *d'honneur*, titre qu'on accordait aux chefs des colléges et des pensions [1].

---

[1] BULLEUS, *De Patronis quatuor nationibus*, 164, 170.

Au milieu de cet amour universel pour les études, de cette foule de maîtres et d'écoliers, il était difficile que la diversité des opinions n'engendrât pas fréquemment des disputes théologiques ou métaphysiques, vers lesquelles la direction scolastique donnée à l'étude de la philosophie portait tous les esprits. Souvent les propositions les plus inintelligibles étaient avancées et combattues avec une extrême chaleur; et ces inepties, enfants d'une métaphysique grossière, dont la raison seule aurait dû faire justice, étaient quelquefois proscrites par des maîtres qui eux-mêmes ne les entendaient pas. C'est ainsi que la faculté de théologie avait censuré en 1465 une proposition qui avait fait grand bruit dans les écoles de la rue du Fouare, et dans laquelle on soutenait « que tout homme est une infinité d'hommes, et « qu'une infinité d'hommes n'ont qu'une même ame; « que tout homme ne sera jamais corrompu, quoi-« que quelquefois l'homme doive être corrompu, et « que chaque partie de l'homme est homme [1]. » Toutes ces absurdités avaient réveillé le goût des disputes, et on vit se ranimer alors une querelle qui depuis quatre cents ans divisait les universités, dont l'origine remontait à celle de l'Université de Paris, dans laquelle elle avait pris naissance, mais que depuis long-temps on pouvait considérer comme éteinte. Cette querelle était celle des *réalistes* et des *nominaux*. Les premiers soutenaient que tous les objets classés

[1] VELLY, *Histoire de France*, IX, 115.

sous une désignation commune formaient une nature identique, dont la division en individus ne dé-
truisait pas l'unité : ainsi, par exemple, la nature
humaine, malgré la multitude des hommes, était
aussi indivisible que la nature divine qui reste unique dans la Trinité. Les nominaux au contraire rejetaient ce système, prétendaient qu'il n'était qu'une
création de l'esprit et non une *réalité*, que c'était
une classification purement *nominale;* et que détruire
les individus pour les confondre avec des êtres généraux, c'était porter atteinte au libre arbitre de
l'homme. [1].

Cette doctrine, fondée dans le onzième siècle par
Roscelin, avait été professée par Abailard, et depuis,
les plus illustres membres de l'Université de Paris,
Buridan, Ockam, Gerson, d'Ailli, Clémengis en avaient
embrassé les principes. Mais comme ils avaient voulu
renverser une opinion établie, et que leur langage
paraissait contraire au dogme de la Trinité, ils furent
considérés dans les écoles comme des novateurs, et
plusieurs fois ils virent des persécutions s'élever contre
eux.

Néanmoins les disputes paraissaient assoupies, lorsque, sous le règne de Louis XI, elles se renouvelè-
rent avec force, et agitèrent toutes les universités de
France, de Flandre et d'Allemagne. L'université de
Louvain s'était déclarée réaliste, et l'ardeur de la

---

[1] D'Argentré, *Collect. judic. de novis Erroribus.* — M. de Barante, *Histoire des Ducs de Bourgogne*, XII, 162.

controverse était telle qu'elle envoya à Paris, en
1470, Pierre de Rive, son plus fameux bachelier,
muni de la signature de ses docteurs, pour soutenir
thèse contre les nominaux. Henri de Zomoren défendait leur cause : le combat fut long et douteux,
et le jugement renvoyé au pape [1]. Henri de Zomoren
se rendit à Rome, et il était, dit-on, sur le point
de faire condamner ses adversaires, lorsque ceux-ci
eurent recours à l'autorité du roi. Son confesseur,
Jean Boucard, évêque d'Avranches, était réaliste; il
fit croire au prince que l'autorité royale était compromise par ces disputes scolastiques, et que l'intérêt
de la religion et le sien propre exigeaient son intervention [2]. Le roi, qui était porté à ne point aimer
tant de chaleur parmi tout ce peuple d'écoliers [3], rendit, le 1er mars 1474, une ordonnance dans laquelle
il condamnait la doctrine des nominaux comme vaine
et stérile, défendait la lecture des livres d'Ockam, de
Buridan, de Pierre d'Ailli, etc. etc., et enjoignait à
l'Université de Paris et autres écoles du royaume de
se conformer à cet édit. Le Parlement fut chargé de
l'enregistrer, de le publier, et de le faire transcrire
sur les registres de l'Université ; et on ne put dorénavant recevoir de grades sans avoir juré de l'obser-

[1] M. DE BARANTE, *Histoire des Ducs de Bourgogne*, XII,
164.

[2] CRÉVIER, *Histoire de l'Université*, IV, 362.

[3] M. DE BARANTE, *Histoire des Ducs de Bourgogne*, XII,
165.

ver. L'exclusion de l'Université, et même la peine du bannissement, fut prononcée contre les infracteurs, et on ordonna la saisie de tous les livres des nominaux, qui furent enchaînés dans les bibliothèques [1].

Cette ordonnance et la rigueur qu'elle déployait, donnaient des armes à la raillerie. On se riait de la crainte qu'inspiraient les nominaux ; et, à propos de toute cette affaire, le général des Mathurins, Robert Gaguin, écrivait à Guillaume Fichet, alors à Rome : « Ce sont querelles ridicules, mais qui dégénèrent « parfois en scènes de gladiateurs ; la chose en est « venue au point qu'on a exilé et relégué les nomi- « naux comme des lépreux ; si bien que le roi Louis « vient d'ordonner que les livres de leurs plus célè- « bres auteurs restent sous clefs et enchaînés dans « les bibliothèques, pour qu'il n'y soit plus regardé, « et afin de prévenir le crime d'y toucher. Ne di- « riez-vous pas que ces pauvres livres sont des furieux « ou des possédés du démon, qu'il a fallu lier pour « qu'ils ne se jettent pas sur les passants [2] ? »

Ces défenses durèrent sept années ; puis en 1481 la secte des nominaux reprit toute sa liberté. Le roi, qui, à la sollicitation de l'évêque d'Avranches, s'était montré si rigoureux, en donna lui-même l'ordre ; et une lettre du prévôt de Paris, Jean d'Estouteville, adres-

---

[1] VELLY, *Histoire de France*, X, 24. — LAUNOY, *Regii Navarræ Gymnasii Historia*, cap. XI.

[2] CRÉVIER, *Histoire de l'Université*, IV, 364. — M. DE BARANTE, *Histoire des Ducs de Bourgogne*, XII, 168.

sée à l'Université, le lui annonça en ces termes : « A
« M. le recteur, et à MM. de notre mère l'Université
« de Paris. — M. le recteur, je me recommande à
« vous et à MM. de notre mère l'Université de Paris
« tant que je puis. Le roi m'a chargé de faire déclouer
« et défermer tous les livres des nominaux, qui jà
« pièça furent scellés et cloués par M. d'Avran-
« ches ès colléges de ladite Université de Paris, et
« que je vous fisse savoir que chacun y estudiât
« qui voudrait : et pour ce je vous prie que le fassiez
« savoir par tous lesdits colléges. M. notre maître Be-
« ranger vous en parlera de bouche plus au long, et
« des causes qui meuvent le roi à ce faire : en priant
« Dieu, MM., qu'il vous donne bonne vie et longue.
« Écrit au Plessis du Parc le 29ᵉ jour d'avril. Votre
« fils et serviteur, signé d'Estouteville [1]. Cette nouvelle
disposition du roi fut accueillie avec acclamation, et
elle produisit les effets ordinaires ; les nominaux
n'étant plus persécutés ne tardèrent pas à tomber
dans l'oubli.

Le roi, qui n'avait jamais beaucoup favorisé les
études ni l'Université, et qui ne tenait compte des
savants qu'autant qu'ils pouvaient lui être utiles [2],
paraissait cependant vouloir, sur la fin de son règne,
les accueillir et les encourager plus qu'il n'avait jamais fait ; et lui qui s'était toujours montré si jaloux

[1] Crévier, *Histoire de l'Université*, IV, 292.

[2] M. de Barante, *Histoire des Ducs de Bourgogne*, XII,
158.

de ses droits, ne craignait pas de les laisser fléchir
lorsqu'il y entrevoyait quelque chose de profitable.
Après la mort de Faust et Guttemberg, Scheffer,
leur associé, pensant que les livres qu'ils imprimaient
ne pourraient nulle part mieux se vendre qu'à Paris,
en avait envoyé une certaine quantité à un écolier
de son pays, nommé Herman Stateren, qu'il avait
chargé de les vendre. Cet écolier vint à mourir, et le
fisc voulut s'emparer de ses biens et effets par suite
du droit d'aubaine. L'Université y mit opposition;
elle prétendait qu'une partie des livres était déja vendue à divers écoliers; et, quant aux autres, elle re-
quérait, dans l'intérêt de la science, qu'ils fussent
vendus publiquement et à Paris. L'affaire fut renvoyée
au Parlement qui statua que les livres vendus seraient
remis à ceux qui en justifieraient; et que, quant aux
autres, ils appartenaient au roi. Néanmoins Louis, en
considération de la peine qu'avaient prise Scheffer et
ses associés pour « l'art et industrie de l'impression
« d'écritures, » ordonna que deux mille quatre cent
vingt-cinq écus d'or leur seraient payés [1].

Le roi n'en était pas pour cela moins méfiant ni
soupçonneux. Les moindres choses lui inspiraient des
craintes, et il croyait voir partout des partisans de
son ennemi le duc de Bourgogne. Dominé par ces
idées, il ordonna à l'Université de ne nommer à l'a-
venir à ses dignités que des *regnicoles*, et força le

---

[1] M. DE BARANTE, *Histoire des Ducs de Bourgogne*, XII,
171.

recteur Corneille Houdendick, qui était flamand, à
se démettre de ses fonctions, en menaçant l'Université
de suspendre tous ses priviléges jusqu'à ce qu'elle eût
choisi un autre chef [1]. Une pareille défense était
très - préjudiciable à l'Université qui comptait dans
son sein une foule d'hommes de mérite, appartenant
à plusieurs nations différentes, et qu'il aurait fallu
exclure de toutes les charges : aussi ne put-elle pas
subsister ; et peu de temps après, lorsque le duc de
Bourgogne fut mort, elle recouvra la liberté qu'elle
avait toujours eue pour l'élection de ses dignitaires.

Cette variation dans les volontés du monarque,
cette incertitude dans laquelle il tenait les droits acquis, et qui était toujours le résultat de sa politique,
se faisait sentir jusque dans les lois fondamentales du
royaume. Depuis vingt ans qu'il était monté sur le
trône, on ignorait encore ce qu'on devait penser de
la pragmatique sanction. Tantôt il l'avait observée,
tantôt il l'avait violée, selon que son intérêt exigeait
qu'il fût bien ou mal avec la cour de Rome. Enfin,
en 1478, après l'assassinat commis à Florence aux
pieds des autels par les Piazzi sur la personne de
Julien de Médicis, le roi, qui s'était déclaré pour les
Florentins que Sixte IV poursuivait de ses armes et de
ses excommunications, pour avoir pendu l'archevêque
de Pise, un des assassins, crut ne devoir plus ménager le pontife, et il convoqua à Orléans une assemblée générale de l'Église de France, pour recevoir

---

[1] CRÉVIER, *Histoire de l'Université*, IV, 373.

les requêtes et doléances de l'Université [1], annonçant en même temps qu'il allait rétablir la pragmatique, et défendant de porter aucun argent à Rome; mais il n'y fut rien conclu, et les prélats se bornèrent à la vaine cérémonie d'en appeler du pape mal conseillé, au pape mieux conseillé, et au futur concile.

Néanmoins l'Université applaudit à la résolution qui avait été prise; et, pour témoigner aux députés qu'elle avait envoyés à l'assemblée d'Orléans, la satisfaction qu'elle éprouvait de leur conduite, elle leur accorda à leur retour une gratification de cinq livres chacun [2]. Une telle récompense était bien modique; mais le peu de richesses que possédait la compagnie, ne lui permettait pas de faire de grandes libéralités: aussi tous les maîtres étaient-ils faiblement rétribués; et un statut de cette même année (1478) nous apprend que les censeurs nommés conformément aux réglements du cardinal d'Estouteville, ne recevaient que trois écus de gage par an, et ceux du recteur, comme nous l'avons vu plus haut, étaient loin d'être considérables.

La dignité rectorale, cette magistrature temporaire dont la durée était à peine de trois mois, était pour l'Université une source continuelle de cabales et de querelles qui se renouvelaient à chaque élection [3].

---

[1] BULLEUS, *Historia Universitatis*, V, 732. — M. DE BARANTE, *Histoire des Ducs de Bourgogne*, XII, 21.

[2] CRÉVIER, *Histoire de l'Université*, IV, 384.

[3] L'élection du recteur se faisait autrefois, ores de mois en mois, ores de six en six semaines; police que Simon, cardinal de

Plusieurs partis, qui chacun avaient un candidat à soutenir, se formaient dans le sein de la compagnie ; et
le désir de l'emporter était si vif, que souvent on faisait venir de trente ou quarante lieues les suppôts
qu'on savait être favorables à sa cause [1]. Toutes ces
brigues remplissaient de troubles l'Université : souvent
le recteur sortant refusait de reconnaître son successeur, gardait en sa possession le sceau de la compagnie, et par là enhardissait les faussaires. Un événement de ce genre en avait fait découvrir un en 1478 ;
déja il avait scellé plusieurs actes et perçu des honoraires, lorsque l'Université le traduisit devant l'official,
qui, pour toute peine, le condamna à faire amende
honorable aux maîtres assemblés [2].

Sainte-Cécile, légat en France, réforma comme abusive et achemi-
nement de desbauches, et reduisit de trois en trois mois par ses
bulles dont la teneur était telle :

Simon miseratione divina cardinalis titulo sanctæ Cæciliæ, pres-
byter apostolicæ sedis legatus, universis præsentes litteras inspecturis, salutem. Nos diligentius attendentes, quod usus ille, qui-
nimo abusus reprobatus et damnosus, et longis retro temporibus
introductus, videlicet quod rector Universitatis parisiensis, sin-
gulis mensibus, vel sex eligatur hebdomades, turbationem studii,
et incentivum invidiæ ministrabat, illum duximus· abolendum :
statuentes et ordinantes quod rector hujusmodi, quater in anno,
eligeretur.

Datum apud Nogentium super Sequanam, calend. octobris
(1280) pontificatus domini Nicolai papæ tertii, secundo. PAS-
QUIER, *Recherches de la France*, liv. IX, chap. 22.

[1] CRÉVIER, *Histoire de l'Université*, IV, 391.

[2] BULLEUS, *Historia Universitatis*, V, 748.

Ce n'était pas seulement la première dignité de la
république académique qui était ainsi l'objet de tant
de brigues : toutes les places étaient également en-
viées, mais surtout celle de chancelier de l'Église
de Paris, qui conférait des droits assez importants.
L'évêque en avait investi un docteur en droit, Ambroise de Cambrai, fils de l'ancien premier président
du Parlement ; mais la faculté de théologie attaquait
cette nomination, sous prétexte que cette dignité ne
pouvait être conférée qu'à un théologien [1]. Déja l'affaire avait été successivement déférée à divers tribunaux ecclésiastiques, lorsqu'enfin elle fut portée devant le Parlement qui repoussa les prétentions de la
faculté de théologie, et maintint dans sa place le
candidat élu. S'il faut en croire les écrits contemporains, ce candidat aurait été peu digne de ce triomphe.
On disait qu'il avait été forcé de quitter la France à la
suite d'un meurtre, pour se dérober aux poursuites
qu'on dirigeait contre lui ; et que retiré à la cour de
Rome pendant son exil, il y était devenu référen-
daire du pape Calixte III, et qu'en cette qualité il
avait fabriqué de fausses dispenses, pour autoriser
Jean V, comte d'Armagnac, qui fut depuis dépouillé
par Louis XI, à épouser sa propre sœur [2].

Quoi qu'il en soit, l'Université dans cette affaire
avait pris le parti d'Ambroise de Cambrai contre la

---

[1] HEMERAI, *De Academia parisiensi*, pag. 87.

[2] M. DE BARANTE, *Histoire des Ducs de Bourgogne*, VIII,
211.

faculté de théologie, dont elle voyait avec déplaisir
les idées d'envahissement ; elle l'avait appuyé de
tout son crédit; et après l'heureuse issue de l'affaire
au parlement, elle crut devoir rendre des actions de
grace au chancelier Guillaume de Rochefort, pour
le zèle qu'il avait déployé dans cette circonstance,
en défendant les droits de ses facultés. Robert Gaguin, chargé de lui en témoigner toute sa reconnaissance, implora en même temps sa protection pour la
conservation des priviléges académiques. « Depuis
« vingt-deux ans, dit-il, à peine pouvons-nous jouir
« de quelque repos, à peine quelqu'un d'entre nous
« a-t-il pu obtenir le plus petit bénéfice sans un fa-
« tigant et difficile procès. Les bénéfices sont donnés
« par les évêques à leurs neveux et à des parents sou-
« vent très-incapables : de là le dépeuplement de
« notre Université. De douze mille étudiants qu'elle
« comptait autrefois, à peine lui en reste-t-il aujour-
« d'hui la dixième partie [1] ; et les gens de lettres,
« pour qui cette ville devrait être un asile de tranquil-
« lité pour s'y livrer à l'étude, en sont continuelle-
« ment tirés par des évocations importunes. »

Ces plaintes cependant paraissent exagérées;
Louis XI, comme nous l'avons fait remarquer, avait
changé de système à son égard, et le 14 avril 1478
il avait rendu à Arras une ordonnance dans laquelle
il déclarait vouloir « que tous les priviléges et im-
« munités octroyés à l'Université par ses prédéces-

---

[1] CRÉVIER, *Histoire de l'Université*, IV, 410.

« seurs rois de France fussent gardés et entretenus
« notamment en l'article de ne tirer en fait de pro-
« cès, hors les murailles de la ville de Paris, les vrais
« régents, écoliers et officiers de l'Université, avec
« inhibition de comprendre l'Université en matière
« onéreuse, sous des clauses générales, si spécialement
« ladite Université n'y est nommée [1]. » L'exemple du
prince avait été suivi par les courtisans, et l'Université comptait à la cour plusieurs protecteurs
puissants et dévoués : l'un de ceux qui lui avaient
donné le plus de marques de bienveillance, était le
gouverneur de Paris, le sire de Gaucourt. Il mourut en 1481, et l'évêque de Marseille fut nommé
pour le remplacer. Des calamités publiques signa-
lèrent les premiers temps de son administration ;
l'hiver fut rude, et la disette excessive [2] : le peuple
murmurait, et des placards séditieux furent affichés
contre le gouvernement. L'évêque s'en prit aux écoliers
de l'Université ; mais ils furent justifiés par Robert
Gaguin, qui allégua « que *de pareilles insolences*
« *convenaient bien mieux à la canaille qui mou-*
« *rait de faim qu'à des jeunes gens bien éle-*
« *vés* [3], » et le prélat demanda que des députés de
l'Université fussent envoyés aux conseils pour délibérer sur les moyens à prendre pour soulager le
peuple.

[1] *Priviléges de l'Université*, pag. 24.
[2] FÉLIBIEN, *Histoire de Paris*, II, 874.
[3] CRÉVIER, *Histoire de l'Université*, IV, 403.

Ces marques d'une grande considération n'étaient cependant pas le terme où l'on dut s'arrêter, et bientôt après l'Université fut appelée à jouer un rôle qui doit donner la plus haute idée de son importance. Charles-le-Téméraire était mort en 1477 sous les murs de Nanci, et avec lui s'était éteinte cette maison de Bourgogne qui si long-temps avait fait trembler les rois de France. Charles laissait une fille; mais Louis, invoquant les principes de la législation féodale, s'était emparé de la Bourgogne à titre de succession masculine, et ses armées s'avançaient vers la Flandre et le Luxembourg. Marguerite, pour résister à un si redoutable adversaire, avait besoin d'un protecteur, et Maximilien d'Autriche, fils de l'empereur Frédéric, devint son époux. Quatre années d'une guerre opiniâtre s'étaient écoulées sans pouvoir enlever au roi aucune de ses nouvelles possessions, lorsque les deux partis fatigués convinrent d'une paix dont le mariage du dauphin avec la fille de l'archiduc d'Autriche devait être le prix. En faveur de cette union, le roi renonçait à toutes ses prétentions sur les domaines de la maison de Bourgogne, et ne se réservait, à titre de dot de la jeune princesse, que les comtés d'Artois et de Bourgogne, comprenant Mâcon, Auxerre, Salins, Bar-sur-Seine, etc., etc. Mais Maximilien, accoutumé à ne pas se fier à la parole de Louis, exigea des garanties, et les promesses de ce que la France avait de plus respectable. Les princes du sang, les bonnes villes, les États du royaume donnèrent leurs scellés et leurs serments; il demanda ensuite celui de l'Université de Paris [1]. La compagnie convoquée (1483) donna son consentement, approuva l'union projetée entre le dauphin et *Damoiselle* Marguerite d'Autriche ; et, en cas de contravention de la part du monarque, elle s'engagea, par les sérments les plus solennels, à se déclarer pour Maximilien, et à l'aider de tout son pouvoir ! Le recteur de l'Université était alors Villiers-de-l'Ille-Adam.

Ce furent là les derniers efforts de la politique de Louis XI. Deux mois après le mariage de son fils, le 30 août 1483, ce prince mourut âgé de soixante-un ans, au château de Plessis-lès-Tours, peu regretté de ses sujets. Son règne, en effet, avait été pesant, sa volonté était toujours sa loi, les impôts, considérablement accrus, étaient exigés avec rigueur, et quelques actes d'une justice expéditive avaient rendu son nom à la fois odieux et terrible. Sans cesse occupé des soins de sa politique, il avait peu favorisé les sciences et les arts, et si, sur la fin de sa vie, il avait paru leur accorder quelque protection, les gens de lettres ne lui en avait pas su beaucoup de gré, parce que les caprices de sa volonté rendaient toujours ses bienfaits précaires.

---

[1] BULLEUS, *Historia Universitatis*, V, 757. — M. DE BARANTE, *Histoire des Ducs de Bourgogne*, XII, 298. — VELLY, *Histoire de France*, X, 55.

CHAPITRE VIII.

L'Université avait vu disparaître, avec un sentiment de satisfaction, un monarque devant lequel tout le monde tremblait. Elle espérait reprendre, sous son successeur, cette influence et ce pouvoir moral qu'elle avait si long-temps exercés sur les esprits, et auxquels

Louis XI avait porté une si vive atteinte. Les lettres, cependant, paraissaient devoir peu espérer de la protection de Charles VIII. L'éducation de ce jeune prince, qui montait sur le trône à peine âgé de quatorze ans, avait été fort négligée. Son père, qui l'avait fait élever loin de sa personne, renfermé dans le château d'Ambroise, ne s'était occupé en aucune manière de lui donner les connaissances nécessaires à un roi; il avait même défendu qu'on lui enseignât le latin. « Je ne veux pas, « disait-il en plaisantant, qu'il en sache d'autres pa- « roles, sinon : *Qui nescit dissimulare, nescit re- « gnare*; c'est tout ce qu'il faut de latin à un prince [1]. » Cependant il avait fait composer, pour son instruction, un petit volume qu'il intitula : *Le Rosier des Guerres*: c'était un recueil des meilleures maximes sur la politique, la science de la guerre, l'art de gouverner les hommes et de les rendre heureux.

Malgré les lacunes et les défauts d'une telle éducation, le nouveau roi, ou plutôt sa sœur, la dame de Beaujeu, qui tenait pendant sa minorité les rênes du gouvernement, était porté à favoriser les lettres et l'Université, et, dès les commencements de son règne, dans les États-généraux qui furent tenus en 1484, il s'était empressé de confirmer tous ses privilèges. L'Université s'en montra reconnaissante, et peu de temps après le duc d'Orléans (depuis Louis XII), qui s'efforçait alors d'enlever à la dame de Beaujeu

---

[1] M. DE BARANTE, *Histoire des Ducs de Bourgogne*, XII, 254.

le gouvernement du royaume pendant la minorité du
roi, étant venu demander à l'Université [1] son appui,
en faisant valoir les soins qu'il s'était donnés sous
Louis XI pour la conservation de la pragmatique
sanction, l'Université refusa de seconder les projets
du prince [2].

Cette bienveillance, que le jeune roi montrait aux
gens de lettres dès son avènement au trône, ne se
démentit jamais pendant le cours de son règne. Souvent il se faisait un plaisir d'assister à leurs leçons,
d'honorer l'Université de sa présence, et, dans ces occasions, il ne dédaignait pas d'accepter les cadeaux
d'usage, qui étaient un bonnet d'écarlate et des gants
violets que la compagnie avait coutume d'offrir aux
princes qui la visitaient [3].

Une protection aussi marquée ralliait à l'Université les hommes et les corps avec lesquels elle s'était
autrefois trouvée en opposition. Le Parlement, dont
souvent elle avait décliné la compétence, était devenu son défenseur; et cette cour, que l'Université
s'était efforcée long-temps de ne considérer que comme
sa sœur et non sa maîtresse, mettait tout en usage
pour maintenir ses droits et conserver la paix dans
son sein. Grace à son intervention conciliatrice, une

[1] ROEDERER, *Louis XII et François Ier*, ou *Mémoires pour
servir à l'histoire de leur règne*. Paris, 1825, Bossange. I, 326.

[2] BULLEUS, *Historia Universitatis*, VII, 767. — VELLY,
Histoire de France, X, 214.

[3] LAUNOY, *Regii Navarræ Gymnasii Historia*, 195.

division qui s'était élevée entre l'Université et la Faculté de théologie, au sujet d'un docteur que cette
dernière refusait d'admettre, venait d'être apaisée
par le Parlement devant lequel l'affaire avait été portée, lorsqu'il rendit, en 1487, un bienfait bien plus
signalé encore à la compagnie, en prenant auprès
du roi la défense des maîtres au sujet des bénéfices
qui leur étaient affectés en vertu de leurs priviléges [1],
et que les prélats contestaient toujours.

Ces priviléges en matière de bénéfice, qu'elle tenait de la munificence du Saint-Siége, étaient vus par
le clergé ordinaire, qui les considérait comme un empiétement sur ses droits, d'aussi mauvais œil que
ceux en matière d'impôts, qu'elle devait à la libéralité de nos rois, l'étaient par la cour des aides. Des
querelles fréquentes s'étaient de tous temps élevées
entre elle et les fermiers généraux, qui regardaient
toutes les exemptions comme faites à leur préjudice. Sans cesse ils s'efforçaient d'y porter atteinte,
soit en torturant le texte des lois, soit en voulant en priver tels ou tels des clients de l'Université; mais ils trouvaient constamment la compagnie
prête à défendre ses membres. Ces luttes duraient
depuis des siècles; et presque toujours l'Université
en était sortie victorieuse. Sous le règne du dernier
roi cependant, elle avait éprouvé quelques échecs,
et le gouvernement despotique et arbitraire du
monarque ne lui avait laissé d'autres armes que

---

[1] BULLÆUS, *Historia Universitatis*, V, 775.

le silence. Ces avantages avaient enhardi ses adversaires, ils continuèrent d'aller en avant ; mais les
temps étaient changés. Les bontés de Charles VIII
avaient rendu à l'Université le sentiment de ses forces, elle avait repris toute son énergie ; et, pour
arrêter les entreprises de ses adversaires qui la pous-
saient vivement, elle eut recours, en 1488, à une
mesure vigoureuse dont depuis long-temps elle n'a-
vait pas fait usage, elle ordonna une cessation générale de sermons. Le Parlement s'entremit encore
dans cette affaire, et fit appeler le recteur. Il refusa
de comparaître, envoya à sa place une députation,
et l'Université resta inébranlable, rejetant toutes les
propositions qui lui furent faites jusqu'à ce qu'on
eût reconnu ses droits. Enfin l'intervention du roi
put seule rétablir la concorde. Charles, après avoir
pris connaissance de l'affaire et entendu les parties,
rendit, à la grande satisfaction de l'Université, qui
tenait toujours à n'avoir que le roi pour juge, une
ordonnance qui détermina quels seraient les clients
de l'Université qui devaient être associés à ses priviléges. Ce furent, outre les maîtres et écoliers,

Quatorze bedeaux,
Quatre avocats et deux procureurs au Parlement,
Deux avocats et un procureur au Châtelet,
Vingt-quatre libraires,
Quatre parcheminiers,
Quatre marchands de papier,
Sept fabriquants de papier (trois à Troyes, quatre
à Corbeil),

Deux enlumineurs,

Deux relieurs,

Deux écrivains,

Un messager pour chaque diocèse [1].

Cette ordonnance, dans laquelle éclata de nouveau la prédilection que le roi portait à l'Université, en traçant ainsi des limites précises, termina toutes les querelles qui existaient de temps immémorial avec la cour des aides. Les fermiers-généraux, que l'Université, suivant son usage, avait retranchés de son sein pendant les débats, ne tardèrent pas à être réintégrés.

Pour se rendre digne de tant de faveurs, l'Université s'occupait d'introduire dans sa discipline intérieure toutes les améliorations désirables. L'esprit turbulent de ses écoliers et même des maîtres, avait été bien des fois le sujet de plaintes graves : c'était surtout dans les nombreuses fêtes scolastiques que des scènes de désordres, occasionnées par l'extrême licence de ces jours, exigeaient une sévère répression. Un réglement, porté par la faculté des arts en 1488, défendit les danses, les chansons et les déguisements. Les comédies, qui la plupart du temps n'étaient qu'un cadre où venaient se placer les allusions les plus grossières, ne furent pas interdites; mais on exigea qu'elles fussent d'abord visitées par le principal, afin, porte le réglement, « qu'il n'y reste ni trait mordant et sa-

[1] *Ordonnance du 20 mars* 1489. — CRÉVIER, *Histoire de l'Université*, IV, 447.

« tyrique, ni rien de déshonnête qui puisse offenser
« un homme de bien [1] ». L'exécution de ce statut,
destiné à arrêter les écarts d'une jeunesse licencieuse,
fut prescrite rigoureusement; des peines sévères étaient
portées contre les contrevenants. S'ils étaient écoliers,
ils devaient être frappés de verges dans la cour du
collége par quatre régents, en présence du recteur et de
leurs camarades assemblés au son de la cloche; s'ils
étaient maîtres, on les privait pendant deux années
de la régence [2].

Les censeurs étaient chargés de faire exécuter ce
réglement; mais quelque dures qu'en fussent les dispositions, elles étaient encore insuffisantes contre des
jeunes gens, dont la plus grande partie n'était pas
soumise à la surveillance immédiate des maîtres, et
qu'il devenait presque impossible de contenir. Aussi,
bientôt après, fut-on obligé de leur défendre d'aller
sur le pré-aux-clercs, qui était devenu comme leur
champ de bataille; et, en 1489, on leur interdit de
marcher désormais en tête des processions, parce qu'ils
y portaient presque toujours le trouble.

Malgré ces désordres inévitables, l'Université,
soutenue par les encouragements que lui donnait le
monarque, reprenait chaque jour plus de splendeur.
Les belles-lettres qu'elle avait si long-temps négligées
mais qu'elle avait accueillies sous le règne de Louis XI,
commençaient à renaître. Des professeurs étrangers,
enfants de la terre classique de la littérature, étaient

[1] BULLEUS, *Historia Universitatis*, V, 785.
[2] CRÉVIER, *Histoire de l'Université*, IV, 436.

venus nous enseigner les préceptes de la poétique et
de la rhétorique : l'Université les avait admis avec
reconnaissance. « Elle a toujours tenu, disait Erasme,
« le premier rang dans le genre d'études (la philo-
« sophie et la théologie) auquel elle s'est consacrée,
« et néanmoins elle est avide de s'étendre et de s'a-
« grandir à quelque prix que ce puisse être du côté
« des humanités, et elle reçoit par rapport à cet objet
« quiconque se présente [1] ». Bientôt des Français,
prenant pour modèles les Grégoire de Tiferne et les
Hiéronyme de Sparte, se firent comme eux une réputation méritée dans ce genre d'enseignement, et
on nous a transmis comme dignes d'être conservés
les noms des Tardif, des Montjoie, des Ferrabot, des
Jean Texier communément appelé Ravisius Textor,
et de plusieurs autres, qui les premiers secondèrent
l'élan que voulait prendre la littérature. Ce changement dans les études, tout entier à l'avantage des
belles-lettres, donna une nouvelle illustration à l'Université, et devint un des principaux titres de gloire
de Paris, dont on fit à cette époque le blason avec
cette acrostiche :

Paisible donfaine,
Amoureux vergier,
Repos sans danger,
Justice certaine,
Science hautaine,
C'est Paris entier [2].

[1] CRÉVIER, *Histoire de l'Université*, IV, 438.
[2] DULAURE, *Histoire de Paris*, IV, 443.

Ces résultats avantageux, ces progrès rapides que faisait l'Université vers une meilleure direction dans les études, et qui prenaient leur source dans la faveur que lui accordait le gouvernement, ne l'empêchaient pas cependant de s'opposer aux actes du pouvoir, lorsqu'ils lui paraissaient contraires à ses droits et aux franchises de la nation. On craignait en 1489 la guerre avec Henri VI, roi d'Angleterre, et le besoin d'argent se faisait sentir : la régence qui ne voulait pas assembler les états-généraux, dont on redoutait l'investigation, imagina d'imposer un décime sur le clergé. Le Parlement à qui on demanda de donner son approbation à cette taxe, refusa de l'accorder, et le premier président la Vacquerie, si célèbre par la noble énergie qu'il avait déployée sous Louis XI, vint lui-même, à la tête de sa compagnie, déclarer au roi qu'une semblable taxe ne pouvait être consentie que par le clergé lui-même, et que si les imposés poursuivis par les commissaires venaient s'adresser au Parlement pour demander des surséances, « la cour, qui devait justice à quiconque la « réclamait, ne pourrait se dispenser de les accorder[1].» Le roi, désespérant de vaincre la magistrature, voulut au moins, pour donner de la force à sa volonté, obtenir la sanction du pape. C'était alors Innocent VIII, qui avait succédé en 1483 à Sixte IV. Le pontife se hâta, par une bulle, d'établir, sous le vain prétexte de faire la guerre aux Turcs, un décime

---

[1] VELLY, *Histoire de France*, X, 330.

sur tout le clergé français, sans en excepter personne.
L'Université par conséquent s'y trouvait comprise, et,
malgré ses priviléges, on voulut la faire payer : elle s'y
refusa, s'assembla le 13 septembre 1491, et le recteur
Guillaume Capel interjeta appel du pape mal conseillé
au pape mieux conseillé et au futur concile, défendant
en même temps à tous ses suppôts, sous peine d'être
retranchés ignominieusement du corps et déclarés
violateurs de leurs serments, de prendre aucune part
à l'affaire du décime, soit en l'exigeant, soit en le
recevant, soit même en le payant [1]. Elle se fondait
principalement dans son refus sur ce que cette imposition était levée non pas dans l'intérêt de la chrétienté, mais uniquement au profit du roi et de la
chambre apostolique. Elle reprochait de plus au pape
de recevoir une pension du sultan Bajazet pour garder
son frère Zizim, que les chevaliers de Malte avaient
fait prisonnier.

L'acte d'appel avait été traduit en français et affi-
ché aux portes de toutes les églises ; mais comme
les légats du pape en France ne se relâchaient en
aucune manière de leurs prétentions, et qu'ils avaient
lancé des excommunications contre tous les opposants,
la faculté de théologie déclara nulles leurs censures,
ajoutant qu'étant rendues au mépris d'un appel légi-
timement interjeté, on ne devait pas les craindre, et
qu'elles ne privaient pas les appelants des bienfaits
de la religion.

---

[1] CRÉVIER, *Histoire de l'Université*, IV, 455.

Cette vigueur réussit, et la compagnie eut lieu de s'applaudir de sa conduite ; car les prélats, commissaires du Saint-Siége, déclarèrent qu'ils n'avaient pas eu l'intention de comprendre dans le paiement du décime les vrais membres de l'Université. Elle avait suivi, dans cette circonstance, l'exemple que lui avait donné le Parlement de Paris, dont en toute occasion elle paraissait rechercher la protection et l'appui. Aussi, loin de contester alors sa juridiction, elle se soumettait à ses arrêts. En 1491, deux prétendants au rectorat avaient été élus à la fois, et cette concurrence, qui autrefois aurait été jugée par l'Université, fut soumise à la décision de la cour, qui, avant faire droit, rendit une ordonnance très-sage portant que pendant la durée des débats, pour que l'Université ne fût pas privée d'un chef, l'ancien recteur continuerait ses fonctions [1]. Ce réglement ne passa pas sans difficultés, les procureurs de la nation de France qui, en vertu d'un ancien usage, prétendaient remplacer le recteur toutes les fois qu'il était absent, s'y opposèrent long-temps ; et ce ne fut que dans le seizième siècle, vers 1580, que se terminèrent les contestations [2].

L'influence du Parlement sur l'Université avait le plus heureux effet, car elle tendait toujours à rétablir l'harmonie souvent troublée entre les facultés. Il était de règle que l'appel des jugements d'une fa-

---

[1] BULLEUS, *Historia Universitatis*, V, 808.
[2] CRÉVIER, *Histoire de l'Université*, VI, 360.

culté devait être soumis à l'Université entière; mais
les théologiens refusaient d'y consentir, parce que,
disaient-ils, « il n'y a pas égalité, car les facultés de
« médecine et de droit ne font qu'une tête; mais ès-
« arts il y a quatre têtes, selon les quatre nations;
« que si en droit et en médecine il y a quatre dé-
« putés, ès-arts il y en a huit [1]. » Et pour trancher
tous ces débats, l'usage s'introduisit de porter les
affaires devant le Parlement. En même temps que
la cour acquérait cette autorité, elle avait toujours
soin de réclamer les lumières de la compagnie, et
d'invoquer sa décision dans les affaires où elle avait
besoin d'être éclairée, tels que les procès d'astrologie
judiciaire, et elle ne procédait jamais sans avoir
requis l'avis de la faculté de théologie. Cette faculté
était toujours consultée dans toutes les matières qui
intéressaient l'Église. En 1497, elle venait de renouveler les décrets qu'elle avait jadis portés contre les
adversaires d'une doctrine dont elle s'était de tout
temps constituée la protectrice, la doctrine de l'immaculée conception; l'Université s'était rangée à son
avis, et un réglement sévère obligeait, par serment,
tous les membres à soutenir cette croyance, sinon ils
étaient chassés et considérés comme des païens et des
publicains [2].

La résistance que l'Université avait déployée dans
l'affaire du décime, en se rangeant à l'avis des corps

---

[1] Crévier, *Histoire de l'Université*, IV, 418.
[2] D'Argentré, *Collect. Judic. de novis erroribus*, I, 340.

judiciaires, aurait pu avoir pour elle un fâcheux résultat, en lui faisant perdre les faveurs du monarque;
heureusement elle n'en souffrit aucune atteinte. Le
roi même semblait l'entourer de plus de considération que jamais. En 1492 il lui avait fait annoncer
officiellement, par un de ses gentilshommes, la naissance d'un de ses enfants. Peu de temps après il
sollicitait, pour un évêque qu'il protégeait, la recommandation de l'Université auprès du nouveau pape
(Alexandre VI), qui venait de monter sur la chaire
de saint Pierre, et, par une sorte de réciprocité,
il exemptait du droit d'aubaine les suppôts de l'Université qui appartenaient à des nations étrangères,
et leur accordait le droit de disposer de leurs biens
par testament, parce que, porte l'ordonnance,
« sans cela la compagnie verrait diminuer le nombre
« de ses suppôts, et le royaume son éclat et sa
« splendeur. »

Ce furent à peu près là les derniers bienfaits de
Charles VIII. Engagé l'année suivante par les instances du pape et les prières de Ludovic Sforce,
duc de Milan, à exercer les droits de sa maison sur
le royaume de Naples, et à l'enlever à Ferdinand d'Arragon qui le possédait, il passa en Italie, à la tête
d'une armée. Des succès rapides furent suivis de revers plus prompts encore. Charles, abandonné de ses
alliés, joué par le pape et le duc de Milan sur la foi
desquels il était entré en Italie, aurait vu finir cette
expédition fameuse par une triste captivité, si la victoire de Fornoue, remportée, le 6 juillet 1495, avec

une poignée d'hommes sur l'armée des confédérés, n'était venue lui ouvrir les routes de la France. De retour dans ses États et guéri de la manie des conquêtes, le roi, dont la santé avait souffert de grandes altérations pendant la campagne d'Italie, s'occupa de l'administration intérieure du royaume et d'extirper un grand nombre d'abus. Par ses ordres, les coutumes des diverses provinces françaises furent rédigées par écrit [1]; le grand conseil, jusqu'alors ambulatoire, reçut une organisation stable et fixe, et le clergé lui-même devint l'objet de ses investigations. Il résolut de l'arracher à l'ignorance dans laquelle croupissait un grand nombre de ses membres, et de lui donner une existence indépendante de la cour de Rome. Dans ce but, il adressa à l'Université un décret, en date du 11 janvier 1498 [2], dans lequel il la consultait sur la question de savoir :

Si le pape est obligé d'assembler tous les ans un concile général ?

Si, dans le cas où il s'y refuserait, et où néanmoins il y aurait nécessité, les princes séculiers seraient en droit de l'assembler eux-mêmes, et s'il représenterait alors l'Église universelle ?

Enfin si l'Église de France, sur le refus du pape, pourrait, après l'avoir sommé de le faire, s'assembler d'elle-même et former un concile ?

---

[1] VELLY, *Histoire de France*, X, 532.

[2] D'ARGENTRÉ, *Collect. Judic. de novis erroribus*, I. — VELLY, *Histoire de France*, X, 532. — CRÉVIER, *Histoire de l'Université*, IV, 479.

L'Université répondit affirmativement à toutes ces questions ; et le roi, irrité de la mauvaise foi du pontife et de la conduite qu'il avait tenue à son égard, les aurait probablement sanctionnées, lorsque la mort vint le frapper, le 14 avril 1498, dans le château d'Ambroise.

Le nouveau roi qui montait sur le trône, était ce duc d'Orléans, qui plus tard mérita le nom de *Père du Peuple*; mais qui alors n'était connu que par sa légèreté, ses intrigues et les troubles qu'il avait excités en France en voulant s'emparer de la régence, et dont il avait été puni par une dure captivité. Le diadême développa dans ce prince des qualités qu'on n'osait pas espérer. Il pardonna généreusement à tous ses ennemis, et dès le commencement de son règne il voulut réprimer les abus qui existaient dans l'État. L'armée, les monnaies, les corps judiciaires, furent les objets de sa sollicitude. Le tour de l'Université vint ensuite, mais la réforme fut plus difficile à opérer. La compagnie, entourée de la faveur de Charles VIII, avait vu, pendant la vie de ce prince, augmenter encore ses priviléges; et quoique plusieurs d'entre eux présentassent de graves abus, néanmoins leur ancienneté les avaient rendus chers aux écoles, et elles ne pouvaient souffrir qu'on voulût y porter la main. Louis XII, dès le mois de juillet 1498, avait confirmé purement et simplement, suivant l'usage, les priviléges existants; mais le mois suivant, par un

---

¹ *Priviléges de l'Université*, pag. 33.

édit en date du 31 août, il dérogea à ses premiers
actes ; et, voulant satisfaire aux vœux que les États-
Généraux de Tours avaient manifestés quatorze ans
auparavant, il ordonna que les priviléges scolastiques, dont on jouissait autrefois pendant toute la vie,
seraient dorénavant réduits au temps nécessaire pour
faire les études ; que le renvoi devant les juges conservateurs ne pourrait plus avoir lieu en tout état
de cause, mais seulement avant l'instruction des procès ; et qu'enfin on ne pourrait citer devant ces
mêmes juges les individus qui demeureraient à plus
de quatre journées de chemin de Paris [1].

L'Université s'opposa de toutes ses forces auprès
du Parlement à l'enregistrement d'une ordonnance
qui portait une atteinte si grave à ses droits. Les
ordres réitérés du roi ayant obligé les magistrats
de passer outre, elle ordonna, le 1er juin 1499, une
cessation générale de leçons et de sermons. Le même
jour le recteur fut assigné par huissier à comparaître
devant le Parlement présidé par le chancelier : il fit
défaut, et un arrêt enjoignit à l'Université de révoquer dans trois jours les cessations, sans quoi la cour
y pourvoirait. L'Université tint ferme, et les prédicateurs, chargés en son nom de notifier au peuple
sa résolution, la dépeignirent sous des couleurs propres à émouvoir la multitude, en la représentant
comme opprimée. Tout Paris était dans l'agitation.

---

[1] BULLEUS, *Historia Universitatis*, V, 33, 274. — *Priviléges
de l'Université*, pag. 27.

I.

On avait les yeux fixés sur l'Université, on attendait avec anxiété ce qu'elle allait faire, et on redoutait l'issue de la querelle que le grand nombre de ses écoliers pouvait rendre sanglante. Déja des placards injurieux avaient été affichés contre le chancelier Gui de Rochefort, chargé de faire exécuter les. ordres du roi ; un cœur traversé de deux poignards avait été peint sur sa porte [1] ; et le prévôt de Paris et le chevalier du guet, en déployant, comme dans un moment de danger, des forces imposantes, n'avaient pas peu contribué à augmenter la stupeur générale. On disait que le roi s'avançait à la tête de sa maison militaire pour combattre les séditieux, et leur infliger un châtiment exemplaire ; et tous ces discours augmentaient la consternation. Dans ces circonstances l'Université prit le parti d'envoyer au roi, qui était à Corbeil, une députation pour fléchir sa colère. Les députés furent reçus avec dureté ; le cardinal d'Amboise leur répondit qu'ils mériteraient une punition qui servît d'exemple, s'ils n'avaient affaire à un maître qui aimât à pardonner : « Retournez, ajouta-t-il, vers « ceux qui vous ont envoyés ; faites que tout rentre « dans le devoir, effacez par une conduite irrépro- « chable le souvenir de votre faute, et ne craignez « point après cela de manquer de priviléges [2]. » Le roi, lorsqu'ils vinrent prendre ses ordres, ne leur fit pas un meilleur accueil. « Allez, leur dit-il, et sa-

---

[1] VELLY, *Histoire de France*, XI, 5o.
[2] VELLY, *Histoire de France*, XI, 5t.

« luez de ma part les honnêtes gens qui sont parmi
« vous, car pour les mauvais je n'en tiens aucun
« compte. Ils m'ont taxé moi-même dans leurs ser-
« mons.... Ah ! je les enverrai bien prêcher ailleurs [1]. »
L'effet suivit de près la menace. Thomas Varvet et
Jean Standonc, qui dans leurs sermons avaient laissé
échapper quelques paroles déplacées, furent envoyés
en exil.

Louis vint ensuite à Paris ; il traversa le quartier
de l'Université à la tête de sa garde et des gentilshommes de son hôtel, armés de toutes pièces, et la
lance en arrêt. Il se rendit dans cet appareil au Parlement, où il ordonna une nouvelle publication de
l'ordonnance. Il devenait impossible de résister sans
se rendre coupable de rébellion envers l'autorité
royale. L'Université céda, et elle céda pour toujours,
car depuis lors elle ne fit plus usage des cessations
dont elle s'était servie pendant tant de siècles [2].

Quoique peu porté, comme on voit, à favoriser
l'Université, le roi ne permettait cependant pas
qu'on enfreignît ceux de ses priviléges qui étaient légitimes. C'est ainsi que le prévôt des marchands,
ayant voulu faire contribuer à une taxe imposée sur
la ville, les médecins, les libraires, etc. etc., il échoua
dans son projet, et, sur la requête de l'Université,
Louis XII rendit en 1513 une ordonnance pour les
affranchir de la taxe, renouveler leurs franchises, et

[1] VELLY, *Histoire de France*, XI, 51.
[2] CRÉVIER, *Histoire de l'Université*, V, 14.

exempter en outre les livres de tous droits de péage dans quelque lieu qu'on les transportât [1].

L'exil de Standonc, déterminé par la cessation des leçons dont nous venons de parler tout-à-l'heure, était moins la punition de son attachement aux libertés universitaires, que de sa résistance opiniâtre dans une autre affaire à laquelle le roi prenait le plus vif intérêt. C'était la rupture de son mariage avec Jeanne de France, fille de Louis XI, afin de pouvoir épouser Anne de Bretagne, ancien objet de ses affections, et alors veuve de Charles VIII. Il avait demandé l'avis des plus célèbres théologiens et jurisconsultes, et ils lui avaient été favorables; mais jamais il ne put obtenir la voix de Standonc, qui lui disait avec une liberté amère : « Il ne vous est point « permis d'épouser la femme de votre frère. » Le mariage n'en fut pas moins cassé par le pape Alexandre VI, sur le fondement qu'il n'y avait pas eu liberté de la part des époux, et que la princesse était inhabile à avoir des enfants. Le roi épousa ensuite Anne de Bretagne, mais il se souvint de Standonc. Néanmoins son exil ne dura pas long-temps; un an après l'arrêt fut rapporté.

Le nom de ce docteur rappelle les services qu'il rendit à l'instruction publique. Né dans la classe la plus pauvre, domestique dans la maison de Sainte-Geneviève, le jour il travaillait pour vivre, et la nuit il montait au clocher étudier au clair de la lune. Il

---

[1] *Priviléges de l'Université*, pag. 107.

s'éleva, par son mérite et sa persévérance, à tous les grades académiques, et parvint enfin au rectorat en 1485. Nommé principal du collége de Montaigu, c'est là surtout qu'il déploya tous ses talents.

Fondé en 1314 par l'archevêque de Rouen, Aicelin de Montaigu [1], ce collége depuis lors avait perdu sa fortune et ses titres ; tous ses bâtiments tombaient en ruine, et à peine lui restait-il onze sous de rente lorsque Standonc en devint le chef. Aidé des richesses et du crédit de plusieurs personnes puissantes, il fit faire les réparations nécessaires, fonda une chapelle, rassembla une bibliothèque, et augmenta jusqu'à quatre-vingt-quatre le nombre des bourses qui ne devaient être accordées qu'à des artiens ou des théologiens. Les réglements qu'il donna à cette maison destinée à recevoir les écoliers les plus pauvres pèchent peut-être, comme l'a remarqué Érasme [2], par leur extrême sévérité. Du pain, des légumes, des œufs, des harengs, jamais de viande, voilà la nourriture. De plus, les écoliers auxquels on avait donné le nom de *Capettes*, et qui portaient une sorte de vêtement nommé *cuculle* [3], devaient s'occuper eux-mêmes de tous les ouvrages de la maison, même les plus grossiers, balayer, faire la cuisine, les dortoirs, etc. etc. Aussi Rabelais l'appelle le collége de pouillerie : « et trop mieux, dit-il, sont traictés les

---

[1] Voyez plus haut, pag. 121.

[2] ÉRASME, *Colloquium*, ιχθυσφαγειν.

[3] PASQUIER, *Plaidoyer contre les Jésuites.*

« forcés entre les Maures et les Tartares, les meur-
« triers en la prison criminelle : voire même les chiens
« en la maison [1]. » Mais ce régime et ces travaux ne
purent se soutenir long-temps, et par intérêt pour la
santé des élèves il fallut bientôt l'adoucir.

A part les tribulations que l'Université venait d'é-
prouver au commencement du règne de Louis XII,
elle jouit de la tranquillité la plus parfaite sous ce
prince, dont tous les soins se dirigeaient vers l'Italie,
pour la conquête du duché de Milan. Cette tranquillité permit à la compagnie de s'occuper de son intérieur et de faire des réglements qui eussent un but,
soit d'économie, soit d'utilité pour les études. La nation de France avait déja donné l'exemple à cet égard,
en restreignant ses dépenses, et en fixant, dans un
statut assez curieux, les frais qu'on devait faire dans
certaines occasions. Le jour de Saint-Guillaume sa
fête, par exemple, l'office devait être célébré par un
prélat. Deux écus d'or sont alloués pour son dîner.
Si c'était un jour gras, il devait se composer de deux
chapons, deux lapereaux, deux perdrix, deux bé-
casses. Si c'était maigre, un brochet, une carpe,
une anguille, plus deux quartes de vin et une quarte
d'hypocras [2]. A peu de distance de là (en 1503) la
faculté des arts, voulant rétablir la splendeur de ses
écoles, avait porté un réglement très-sévère tendant
à réprimer l'excessive indulgence des examens : « car,

---

[1] RABELAIS, *Gargantua*, liv. I, chap. 37.
[2] CRÉVIER, *Histoire de l'Université*, V, 31.

« disait le recteur qui présidait, on reçoit des igno-
« rants, des bouviers, qui non-seulement ne con-
« naissent pas Aristote, mais qui n'entendent pas
« même les premiers éléments de la langue latine :
« on juge que nous ressemblons à ceux que nous ne
« faisons pas difficulté d'admettre dans notre corps ;
« en conséquence on abrège nos priviléges, et les
« bons souffrent pour les mauvais ; » et, pour que ce
réglement fût rigoureusement observé, et ne restât
pas sans efficacité, on ordonna son insertion sur le
livre du recteur, et la nation de France le fit graver
sur pierre et placer dans ses écoles [1].

Le soin qu'apportait l'Université à toutes ces améliorations avait ramené le roi vers elle, et sa conduite, dans un événement qui affligea Paris en 1499,
l'avait tout-à-fait rétablie dans l'esprit du prince. Le
pont Notre-Dame s'était écroulé avec les maisons
qu'il supportait [2], et, pendant le temps nécessaire à
sa reconstruction, il devenait indispensable d'établir
un bac pour servir à la communication des deux
rives de la Seine. Les moines de Saint-Germain s'y
opposèrent, il fallut un arrêt du Parlement pour
les y contraindre. L'Université au contraire, faisant
au malheur public le sacrifice de ses propriétés, ouvrit aux chevaux et aux voitures le pré aux Clercs,
et permit même qu'on y déposât les matériaux et
les décombres. Ce généreux empressement avait été

[1] Crévier, *Histoire de l'Université*, V, 40.
[2] Félibien, *Histoire de Paris*, II, 896.

apprécié. Louis XII avait pris des gens de lettres
une idée tout autre que celle que leur turbulence
lui avait d'abord donnée ; dans toutes les occasions
il les protégeait et leur témoignait les plus grands
égards [1]. Pendant sa première expédition en Italie
(1502), il confirma les priviléges de l'Université
de Pavie, voulut assister aux leçons des professeurs
de cette école de droit fameuse ; et, lorsque le célèbre jurisconsulte Jason se présenta pour le recevoir, il le fit passer le premier, en lui disant, « je
« ne suis plus roi ici, vous êtes le seul qu'on y doive
« respecter [2]. » Sa bienveillance ne s'en tint pas à de
simples égards, et ses expéditions produisirent toujours cet heureux effet qu'elles attirèrent en France,
et fixèrent dans l'Université des hommes de mérite,
qui contribuèrent puissamment à avancer l'époque
qu'on considère comme celle de la renaissance des
lettres [3]. Indépendamment de cet avantage, ces conquêtes avaient donné au roi le goût des études de
l'antiquité ; il se plaisait à la lecture des écrivains de
la Grèce et de Rome, et disait avec douleur que « les

[1] Louis XII protégea les lettres avec plus de goût et de simplicité que Louis XI : il ne connaissait ni le faste ni le caprice ; il
fit rechercher les bons écrits de l'antiquité ; il enrichit sa bibliothèque. Ce fut lui qui amena d'Italie Paul Émile pour en faire
son historiographe. GAILLARD, *Histoire de François I*, VI, 312.

[2] VELLY, *Histoire de France*, XI, 172.

[3] ROEDERER, *Louis XII et François I*, ou *Mémoires pour
servir à une nouvelle histoire de leur règne*. Paris, Bossange,
1825. I, 314.

« Français qui avaient fait d'aussi grandes choses
« que ces deux peuples, avaient toujours manqué
« d'historiens pour les transmettre à la postérité : »
aussi cherchait-il à multiplier partout les ouvrages
des bons auteurs; et les guerres d'Italie le mirent à
même d'enrichir, des dépouilles des bibliothèques de
Milan et de Naples [1], sa bibliothèque de Blois, d'où
les livres se répandirent et se propagèrent dans toutes
les écoles françaises.

Ce fut en quelque sorte le seul avantage que
nous retirâmes de nos campagnes ; car, à peine les
Français avaient-ils préludé à leur expédition par
quelques succès, que les princes même qui les avaient
appelés, redoutant leur puissance et excités par
les intrigues et l'or de Ferdinand-le-Catholique, ab-
jurèrent leurs serments et se joignirent aux Espagnols,
imitant l'exemple que leur donnait le chef de la
chrétienté, Alexandre VI.

Plusieurs années, signalées par une alternative de
revers et de succès, s'étaient écoulées sans avoir pu
lasser la constance du roi, lorsque le pape mourut
empoisonné, dit-on, par le breuvage qu'il destinait
aux cardinaux dont il voulait se défaire, abandonnant
ainsi, à l'âge de soixante-onze ans, la triple couronne qu'il
avait souillée pendant dix années par ses débauches et
ses forfaits. Le cardinal de la Rovère, Jules II, venait
d'enlever la tiare, après le court pontificat de Pie III
(1503), au cardinal d'Ambroise, premier ministre de

---

[1] VELLY, *Histoire de France*, XI, 540.

Louis XII, qui déja s'en croyait possesseur; et, pour dédommager son compétiteur, le nouveau pape l'avait créé légat perpétuel du Saint-Siége en France. Cette nouvelle dignité, ajoutée à celle de ministre du roi, alarma l'Université : elle craignit que le représentant du pontife ne portât atteinte aux droits que possédaient ses gradués sur les bénéfices, et elle s'opposa à l'enregistrement de la bulle qui lui conférait ses pouvoirs. C'était la seconde fois que l'Université se trouvait compromise avec le cardinal. L'année d'avant, elle s'était également opposée à un décime qu'il voulait établir au nom d'Alexandre VI sur tous les biens du clergé, et elle avait été soutenue par le procureur-général et le chapitre de Paris, qui refusèrent de payer une imposition que l'Église gallicane n'avait pas ordonnée; déclarant que les excommunications pour cause de refus n'avaient aucune valeur [1]. Dans cette nouvelle circonstance, le Parlement écouta et accueillit les plaintes de l'Université, et les bulles furent rejetées. Mais les ordres réitérés du roi lui ayant commandé de passer outre, il obéit, sous la réserve toutefois d'une clause expresse, relative au maintien de la pragmatique; et l'Université, pour témoigner au Parlement sa reconnaissance de son attachement à nos institutions, décréta qu'une messe solennelle serait célébrée en son honneur [2].

La faculté de théologie était l'ame de ces résolutions

[1] BULLEUS, *Historia Universitatis*, VI, 6, 11.
[2] CRÉVIER, *Histoire de l'Université*, V, 44.

énergiques, et elle ne manquait jamais de résister
avec vigueur à tout ce qui pouvait porter atteinte
aux libertés et aux droits des écoles et du clergé.
C'est ainsi qu'elle avait toujours défendu avec persévérance les ordinaires contre les attaques réitérées des
religieux mendiants. Ceux-ci, que la faveur pontificale
avait enivrés, se considéraient comme les membres
les plus utiles de l'Église ; leurs prétentions étaient
souvent empreintes de l'orgueil le plus révoltant, et,
en 1505, l'Université fut obligée de condamner cette
proposition soutenue par un Jacobin, «qu'un religieux
« mendiant hérétique, et connu pour tel par l'évêque,
« peut néanmoins confesser les fidèles et leur donner
« l'absolution [1]. » Cet esprit exclusif d'envahissement,
qui formait le caractère propre de ces ordres monastiques, excitait fréquemment, même entre eux, des
scènes scandaleuses, que l'Université en plusieurs circonstances avait condamnées, et dont le cardinal
d'Amboise, pendant le temps de sa légation, voulut
empêcher le retour, en procédant à une réforme complète dont l'Université avait depuis long-temps fait
sentir la nécessité. Les Jacobins furent les premiers
qui fixèrent l'attention du légat ; mais ils refusèrent
de se soumettre, armèrent douze cents écoliers qui se
trouvaient dans leurs maisons, se retranchèrent dans
leur couvent de la rue Saint-Jacques, et y soutinrent
un siége contre le prévôt de Paris, qui fut obligé de
les en chasser à force ouverte [2].

---

[1] Bulleus, *Historia Universitatis*, VI, 25.
[2] Velly, *Histoire de France*, XI, 136.

A l'époque où la faculté de théologie s'établissait
la conservatrice des libertés de l'Église gallicane,
une autre des facultés, la faculté de médecine, ter-
minait par un accommodement des débats subsistant
depuis près de deux siècles entre elle et le corps
des chirurgiens de Paris. Il y avait alors deux classes
de chirurgiens; les chirurgiens de robe longue, ainsi
nommés à cause de leur costume, et la communauté
des barbiers, qui ne pouvait pratiquer que ce qu'on
appelait la petite chirurgie.

La réunion des premiers en corps, sous le nom de
confrérie de Saint-Côme et de Saint-Damien, remonte
à l'an 1260 selon les uns, 1278 selon les autres, et
est due à Jean-Pitard, chirurgien de Saint-Louis [1].
Ils existaient déjà depuis long-temps, lorsque,
pour prévenir les abus qui s'étaient glissés dans l'exercice de la chirurgie depuis que les médecins l'avaient
abandonnée, un édit de Philippe-le-Bel, de l'an 1311,
ordonna que nul homme ou *femme* ne pourrait se
livrer à cet art, sans en avoir obtenu la permission
(*licentiam operandi*) du chirurgien du roi au Châtelet, et sans avoir prêté serment entre les mains du
prévôt de Paris [2]. En cas de contravention, leurs

---

[1] *Histoire Littéraire de la France*, XVI, 96. — DULAURE,
Histoire de Paris, III, 4.

[2] Edicto præsenti statuimus, ut, in villa et vicecomitatu parisiensi, nullus chirurgicus, nullave chirurgica, artem chirurgiæ,
seu opus, exercere præsumat, seu se immiscere publice, vel oc-
culte, in quacumque jurisdictione seu terra, nisi, per magistros
chirurgicos juratos, licentiam operandi in arte prædicta merue-

enseignes devaient être brûlées devant leurs maisons, et eux-mêmes punis de la prison [1].

Le roi Jean rendit un édit semblable en 1352; et, en 1370, ils obtinrent du roi Charles V l'exemption du guet, en considération de la nature de leur profession. Mais ils ne faisaient pas encore partie de l'Université, et ce ne fut que vingt ans après, en 1390, qu'ayant sollicité son intervention contre des charlatans qui exerçaient sans titre, l'Université fit droit à leur supplique, qui était conçue dans les termes les plus humbles : « M. le recteur, et vous tous, nos « très-excellents seigneurs et maîtres, nous qui som- « mes vos humbles écoliers et disciples, venons vous « supplier le plus humblement qu'il nous est possible... » et elle leur accorda sa protection, en les admettant dans son sein, non comme licenciés ou maîtres en chirurgie formant une cinquième faculté, mais seulement comme des écoliers (*tanquam scholares*) de la

---

rint obtinere. Quiquidem, modo præmisso examinati, et approbati per chirurgicum nostrum Castelleti nostri, antequam officii sui administrationem attingant, juramentum præstare teneantur coram præposito parisiensi nostro, de hujusmodi officio fideliter exercendo. *Édit du 31 novembre* 1311. — Pasquier, *Recherches de la France*, liv. ix, chap. 30.

[1] Banneriasque omnium chirurgicorum prædictorum non approbatorum et juratorum ut præmittitur, post publicationem hujus edicti, domibus eorum appositas, coram domibus eisdem publice comburi, personas eorum capi, et in Castellatum nostrum parisiensem adduci, et tamdiu teneri, quousque nobis fuerit legitime emendatum. *Édit du 31 novembre* 1311. — Pasquier, *Recherches de la France*, liv. ix, ch. 30.

faculté de médecine, ainsi qu'il résulte d'une délibération universitaire du 5 mars 1516 [1].

Quarante-six ans après la première époque dont nous venons de parler, l'Université, sur leur demande expresse, réitéra, en 1436, leur admission dans la compagnie au même titre, leur accordant la jouissance de ses priviléges, pourvu qu'ils fréquentassent habituellement les leçons des docteurs en médecine, qui, pour s'assurer de leur assiduité, exigèrent par un statut de 1457, qu'ils se fissent inscrire sur un registre spécial.

Jusque là, la paix n'avait pas été troublée entre les médecins et les chirurgiens, lorsque ces derniers, ne se bornant pas à l'exercice de leur profession, se mêlèrent de faire de la médecine. Par là ils causaient un préjudice considérable aux médecins. Ceux-ci résolurent de s'en venger, jetèrent les yeux sur la communauté des barbiers, qui était contenue dans des limites très-restreintes, et s'efforcèrent de lui donner plus d'extension, en augmentant les connaissances de ceux qui en faisaient partie et leur donnant des leçons d'anatomie. Les chirurgiens s'en plaignirent, en 1491, à la faculté de médecine, qui, après avoir trainé les choses en longueur, finit, en 1494, par porter un décret autorisant un de ses membres à enseigner publiquement l'anatomie et la chirurgie aux barbiers [2]; et enfin la

---

[1] Pasquier, *Recherches de la France*, liv. ix, chap. 3o. — Crévier, *Histoire de l'Université*, V. 96.

[2] Placuit facultati (porte le registre) quod barbitonsores haberent unum de magistris facultatis qui legat eis Guidonem et alios

faculté, statuant sur une requête présentée par le
lieutenant du premier barbier, « à nos seigneurs les
« doyens et maîtres de la faculté de médecine en
« l'Université de Paris », et délibérée par la communauté, en son hôtel, rue de la Verrerie, les admit,
en 1506, au nombre de ses disciples.

Cette protection, accordée à la communauté des
barbiers par les médecins de Paris, indisposa les chirurgiens de robe longue, cependant ils sentirent,
dans leur propre intérêt, la nécessité de ne pas se
faire une ennemie de la faculté de médecine; et, le
30 janvier 1507, conduits par l'un d'eux, maître Philippe Roger, ils se présentèrent devant elle, *ayant
tous le bonnet au poing*, pour déclarer qu'ils se considéraient toujours comme leurs disciples. « Sachez,
« messieurs, dit l'orateur en terminant, que jamais
« nous ne pensâmes nier que nous soyons vos écoliers :
« nous nous confessons tels et l'avons toujours
« fait, et si nous avions songé le contraire, nous
« nous irions coucher pour le désonger [1] ». Néanmoins, la concorde ne fut pas parfaitement rétablie
avec la faculté, et nous verrons ces débats se renouveler plusieurs fois par la suite. Les deux corps
de chirurgiens subsistèrent concurremment jusqu'en
1656, époque où ils se confondirent ensemble. Enfin,

auctores verbis latinis, eis exponendo aliquando verbis familiari-
bus et gallicis secundum suam voluntatem. PASQUIER, *Recherches
de la France*, liv. IX, chap. 31.

[1] CRÉVIER, *Histoire de l'Université*, V, 63.

en 1743, une déclaration du roi supprima définitivement la communauté des barbiers-chirurgiens, et exigea qu'à l'avenir tous les aspirants fussent lettrés.

Ces débats n'étaient pas les seuls qui agitassent l'Université, et de vives contestations s'étaient élevées au sujet d'un legs fait à la compagnie tout entière, entre la faculté des arts et les trois facultés supérieures. Celles-ci voulaient que dans le partage la faculté des arts ne comptât que pour une voix, tandis qu'elle prétendait compter pour quatre, comme renfermant les quatre nations. Ces disputes sur la question de savoir si les nations devaient être considérées à l'égal des facultés duraient depuis long-temps, et se perpétuèrent plus d'un siècle encore, de telle sorte que pour les terminer il fallut changer le mode des délibérations de l'Université. Vers le milieu du dix-septième siècle, les affaires qui intéressaient tout le corps ne furent plus portées à l'assemblée générale, mais renvoyées au *tribunal académique*, présidé par le recteur, et composé des trois doyens et des quatre procureurs. Par là fut reconnue et consacrée implicitement l'existence légale des nations. Mais si cette innovation fut favorable à la faculté des arts, dont elle sanctionnait les droits, elle fut préjudiciable à l'Université, dont elle enleva une portion de la force et de l'énergie, en rompant l'unité qui avait jusqu'alors existé entre toutes ses parties, et détruisit cette confiance dans le sentiment de leurs forces qu'avaient tous ses membres; confiance qu'ils puisaient aux assemblées générales.

Tout en s'occupant de ces détails intérieurs, l'Université cependant ne restait pas étrangère aux événements politiques. Ils ne nous étaient pas alors favorables. Depuis que Jules II avait ceint la triple couronne, nous n'avions éprouvé que des revers. Oubliant qu'il était le père commun des fidèles, et plus guerrier que pontife, Jules, à la tête de ses armées, était un ennemi d'autant plus redoutable, qu'il faisait servir les foudres de l'Église d'auxiliaires à ses projets. Secondé par Ferdinand le Catholique, il avait conçu le dessein de rendre à l'Italie son ancienne splendeur, de chasser tous les étrangers qui venaient jusque dans son sein se disputer ses dépouilles, et de lui faire reprendre sa place au rang des nations. Déja le royaume de Naples, si rapidement conquis, nous était enlevé ; et, à la tête des Espagnols, Gonsalve de Cordoue, surnommé *le Grand Capitaine*, nous arrachait nos dernières possessions, lorsque l'Italie septentrionale, agitée par les mêmes convulsions, déploya contre la France l'étendard de la guerre. Gênes, depuis si long-temps française, cédant aux intrigues du Saint-Siége, se révolta ; et nous étions menacés de perdre en Italie le peu qui nous restait. Dans ces circonstances il devenait nécessaire de rétablir, par un coup d'éclat, la réputation des armes françaises. Louis passa lui-même les Alpes, et les Génois battus vinrent implorer sa clémence (1507). Ces triomphes excitèrent une joie universelle, et l'Université s'empressa d'en rendre graces à Dieu par une procession solennelle. Mais ce n'était que le prélude de plus

I.

23

grands événements. Le roi revint en France pour se préparer à punir les alliés qui l'avaient abandonné. Unissant ses ressentiments à ceux de l'empereur Maximilien, il déclara la guerre à la république de Venise, traversa une seconde fois les monts, et la victoire d'Agnadel, remportée le 14 mai 1509, sur des forces bien supérieures, vint augmenter l'enthousiasme de la patrie.

De tels succès alarmèrent les puissances italiennes, et bientôt on vit éclore une nouvelle ligue. Constant dans sa haine contre la France, Jules II en était l'ame. Non content de ne pas observer les préceptes du sacerdoce, ce pontife, qu'on appelait ironiquement *Sa Malignité* [1], ne savait pas davantage respecter le droit des gens. L'ambassadeur français fut emprisonné par ses ordres, et par un abus coupable des choses les plus saintes, appelant au secours de sa politique les armes spirituelles de l'Église, il lança contre Louis XII des bulles d'excommunication, l'accusant de cruauté, de perfidie, le déclarant proscrit et déchu de tous ses droits. Louis chercha un appui dans le clergé national, et, au mois de septembre 1510, il convoqua à Tours une assemblée de l'Église gallicane. Là il fut décidé que les censures lancées par la cour de Rome contre le roi et le royaume étaient nulles et de nul effet, et qu'on ne devait, pendant tout le temps que durerait la querelle, faire passer aucun argent à Rome. En même temps les cardinaux attachés au

[1] VELLY, *Histoire de France*, XI, 396.

parti français quittèrent la cour de Jules contre lequel ils étaient déja indisposés, et, à la requête de Louis et de Maximilien, ils convoquèrent, pour la réformation de l'Église et de son chef, un concile général à Pise, pour le 1er septembre 1511, en exécution d'un décret du concile de Constance, qui prescrivait tous les dix ans la tenue d'un concile, et ils y citèrent le pape à comparaître.

L'Université de Paris fut invitée à envoyer ses députés à ce concile [1], qui, convoqué malgré le Saint-Père, et mollement soutenu par Maximilien, ne tarda pas à aller mourir de langueur à Lyon, où il avait été transféré, se contentant de déclarer le pape « artisan de discordes et de troubles, homme pervers, « endurci dans le crime et incorrigible », qui de son côté se vengeait de ces invectives par des anathèmes redoublés contre ses ennemis. La part la plus active que prit l'Université aux opérations du concile, fut la réfutation d'un ouvrage de Cajetan, qui lui fut demandé par les Pères du concile eux-mêmes.

Thomas Vio, surnommé Cajetan, du nom de sa patrie, était un dominicain exclusivement dévoué à la puissance pontificale. Les doctrines ultramontaines contenues dans un ouvrage, où il attaquait les principes et les décisions des conciles de Constance, de Bâle et de Pise, furent déférés à l'Université par les membres de cette dernière assemblée, « afin qu'elle

---

[1] FLEURY, *Histoire Ecclésiastique* XXI, liv. CXXI. — BULLEUS, *Historia Universitatis*, VI, 47.

« envoyât son jugement doctrinal, pour qu'à l'aide de
« ses sages conseils ils puissent procéder dans cette
« affaire, et traiter l'écrivain de la façon que mérite
« son audace. » Le roi lui-même, dans une lettre du
15 février 1512, adressée à l'Université, joignit ses instances à celle des Pères du concile. « Nous vous prions
« très-acertes, disait-il, que vous, receu ledit livre, le
« visitiez et examiniez diligemment, et le confutiez par
« raison, es points et articles esquels il vous semblera
« être contre vérité, si n'y veuilliez faire faute, et
« vous nous ferez service très-agréable en ce faisant. »
La réfutation fut faite par ordre de l'Université, par
Jacques Almain, docteur en théologie [2], dans son
ouvrage intitulé : *De l'autorité de l'Église et des
Conciles, contre Thomas Cajetan.*

Convoqué en haine du pape et pour affaiblir sa
puissance, le concile de Pise ne remplit pas le but
qu'on s'était proposé ; il s'évanouit en quelque sorte
devant le concile de Latran que Jules s'était empressé
d'indiquer à Rome pour contrebalancer l'effet d'une
assemblée qu'il redoutait, et l'Europe le vit disparaître sans presqu'il eût donné de signe d'existence.
L'attention publique était alors fixée sur des événements qui devaient nécessairement amener des changements politiques. Jules, après avoir remué toute la
chrétienté, agité tous les ressorts de la politique,
armé tour à tour les uns contre les autres l'empereur,

---

[1] CRÉVIER, *Histoire de l'Université*, V, 80.
[2] LAUNOY, *Regii Navarræ Gymnasii Historia*, 239.

les rois de France, d'Espagne, et les républiques italiennes, pour les faire servir à ses projets, était mort
le 21 février 1514, à l'âge de soixante et onze ans,
laissant la tiare au cardinal de Médicis qui fut pape
après lui sous le nom de Léon X, et dont le souvenir rappelle tout à la fois le siècle des beaux arts
et celui des calamités de l'Église, ébranlée sous son
règne par une révolution qui faillit la renverser.

La mort de Jules avait été suivie de celle de la reine
de France, Anne de Bretagne, enlevée à trente-six ans
à la tendresse de son mari. Le roi ne resta pas long-
temps dans le veuvage. L'amour avait serré ses premiers liens, la raison d'État forma les seconds, Ma-
rie d'Angleterre, sœur de Henri VIII, devint son
épouse, et la main de cette princesse fut le gage de
la réconciliation des deux nations entre lesquelles
une rupture était sur le point d'éclater. Mais cette
union ne devait pas être de longue durée, la mort
du roi suivit de près son mariage, et Louis XII
descendit dans la tombe le premier de janvier 1515,
à peine âgé de cinquante-trois ans, emportant avec
lui le surnom si touchant de Père du peuple.

Avec ce prince avait commencé le seizième siècle,
si fertile en événements dans l'histoire de l'esprit humain. Il devait être l'aurore de la régénération intellectuelle du monde civilisé ; il devait voir enfin se
développer les germes que l'Europe possédait depuis
long-temps dans son sein. Ces précieux résultats,
dont nous recueillons aujourd'hui les fruits, signalent
cette époque à l'attention de tous les lettrés, qui

l'ont déja saluée d'un cri de reconnaissance en décernant au prince qui seconda leurs efforts, le titre pompeux de Restaurateur des lettres. Cependant à côté de l'auréole brillante qui environne la mémoire de François Ier, doit se placer une gloire plus modeste, et dont la renommée pour avoir moins d'éclat n'en mérite pas moins la reconnaissance de tous les hommes. Cette gloire, c'est celle de l'Université. En effet, l'élan que prit l'intelligence humaine sous le règne du vainqueur de Marignan, fut moins une révolution spontanée due au génie d'un seul homme, que la conséquence inévitable et facile à prévoir, vers laquelle tendait depuis long-temps la direction générale imprimée aux études. Aussi peut-on dire, sans vouloir rien enlever à la gloire de François Ier, qu'il se mit à la tête du mouvement qui s'opérait, mais que l'Université l'avait préparé.

Cette compagnie célèbre, entourée de la faveur des rois, était depuis des siècles en possession de former l'élite de la jeunesse française, et la vénération universelle la décorait unanimement du titre de *Mère des sciences*.

Société permanente, et dont le commencement remontait à l'origine de la monarchie, elle possédait un corps de doctrine puisée aux sources les plus pures, dans son amour ardent pour la religion et pour ses rois, et dont ses docteurs confiaient la défense et la conservation aux soins des docteurs qu'ils avaient formés. Toujours ils furent fidèles à ce noble mandat, et si l'on en excepte les temps déplorables où l'Angleterre s'asseyait sur les fleurs de lys, et où l'Université n'était plus que l'ombre d'elle-même, toujours les rois trouvèrent en elle une auxiliaire prompte et dévouée.

Quoique formant dans l'État un corps qui avait ses lois, ses statuts, son chef, jamais elle ne chercha à s'éloigner de la grande famille. Fille aînée des rois de France, elle resta constamment soumise à ses pères; jamais on ne la vit obéir aux ordres d'un chef étranger, séparer ses intérêts de ceux de la patrie, et se ranger sous les bannières ultramontaines. Elle n'oubliait pas qu'avant tout elle était française, que l'espoir des générations futures reposait sur elle, et qu'elle était investie de l'honorable tâche de former des citoyens. Elle sut dans tous les temps se montrer digne de ce noble ministère; et si, dans des moments de prospérité, elle demandait à la France opulente des priviléges et des exemptions pour ses élèves, on la vit, à des époques désastreuses, résignée et soumise, offrir à la patrie en danger le sacrifice de ses droits les plus chers.

Sans doute elle ne fut pas exempte de passions, mais, les siennes au moins n'offraient aucun danger, et elle n'était pas tourmentée par la soif des richesses et le besoin de tout envahir. Après une existence de huit siècles, après avoir compté au nombre de ses élèves les hommes les plus illustres et les plus puissants, elle ne songea en aucune manière à profiter de leur reconnaissance. Satisfaite de ses utiles mais modestes travaux, elle ne désirait ni la fortune ni les honneurs, et le seizième siècle la retrouva dans l'état ou le douzième l'avait laissée, aussi pauvre sous François Ier que sous Philippe-Auguste.

Dans cette longue période, cependant, les événements lui auraient été favorables si elle avait eu de l'ambition. Son existence, comme on a pu le voir, était devenue toute politique, et les changements que nous avions fait entrevoir s'étaient accomplis. Sous la dynastie des Valois, elle avait exercé sur les événements une influence marquée. Indépendamment de la puissance que devaient lui donner ses lumières, sur des hommes à moitié barbares, d'autres motifs concouraient encore à ce but. La féodalité n'était pas tellement détruite qu'elle ne dût plus inspirer de craintes aux rois. Les grands apanages donnés aux membres de la famille royale en avaient fait des vassaux puissants, et, malgré les fleurs de lys qui décoraient leurs armes, on les avait vus, en plusieurs circonstances, s'unir même aux étrangers contre leur suzerain. De plus en plus cependant, le sceptre acquérait de la force, et cette force il la devait à l'habileté des conseillers de la couronne. Ce n'étaient pas des hommes appartenant à de nobles familles, car ils n'auraient pas servi d'instruments contre les membres de leur ordre; mais c'étaient des hommes sans aïeux, et qui, pour titres de noblesse, n'avaient que leur mérite et leur instruction. L'Université à presque tous était leur mère, et elle avait un peu participé à leur puissance, parce que les rois respectaient une compagnie qui leur fournissait leurs plus dévoués serviteurs. Tous les princes qui se succédèrent suivirent la même ligne : Charles V, Charles VI, Charles VII, Louis XI eurent des ministres plébéiens, et le dernier de ces monarques, en entourant sa personne de gens qui n'avaient d'autre recommandation que leur capacité, contribua plus qu'aucun autre à répandre le goût des études.

Cependant l'époque de la décadence du pouvoir de l'Université était arrivée, et Louis XI en était cause. Ce prince avait porté un coup mortel aux restes de la puissance féodale ; désormais elle n'était plus à craindre, le roi était devenu absolu. L'Université resta toujours un objet de sollicitude pour l'autorité ; mais, dès ce moment, son influence diminua graduellement. En effet, la diffusion des lumières répandues dans toutes les classes de la société, enleva à la compagnie une partie de l'ascendant qu'elle avait jusqu'alors exercé. En outre, les grands seigneurs, en se rapprochant de la cour, cherchèrent dans la faveur du monarque un dédommagement à l'indépendance qu'ils avaient perdue. De rivaux qu'ils étaient autrefois, ils devinrent ses courtisans, ses conseillers ; et, lorsqu'ils ne furent plus à craindre, le trône choisit parmi eux ses ministres, et n'alla plus les chercher dans les rangs de la bourgeoisie. Par là l'Université vit peu à peu s'éclipser une partie du rôle brillant qu'elle était accoutumée à remplir ; elle ne prit plus que peu de part aux affaires de l'État, et la concentration de tout le pouvoir entre les mains des rois, en faisant considérer comme une atteinte portée à leur autorité la moindre tentative pour s'immiscer dans les affaires, acheva de lui enlever le peu qui lui restait de son caractère politique, et elle se renferma dans le cercle de ses travaux.

Ce changement cependant, qui commença à devenir sensible sous François 1er, n'ôte aucun intérêt aux époques qui nous restent à décrire. L'abolition de la pragmatique sanction, les fureurs de la ligue, les débats mémorables de l'Université avec un ordre fameux, les jésuites, perpétués pendant deux siècles, et dans lesquels elle déploya une persévérance et une énergie remarquables, la part qu'elle prit aux chefs-d'œuvre du grand siècle, son influence sur la direction philosophique du dix-huitième siècle, sa dispersion à une époque d'anarchie, son rétablissement sous un gouvernement nouveau, ordonné par un homme qui ambitionnait toutes les gloires, sont des événements assez importants pour donner à l'Histoire de l'Université un intérêt puissant et non moins vif que celui que peut inspirer le tableau des temps où elle avait une existence politique.

FIN DU TOME PREMIER.

TABLE

DES

CHAPITRES CONTENUS DANS CE VOLUME.

———

FIN DE LA TABLE ET DU PREMIER VOLUME.

www.ingramcontent.com/pod-product-compliance
Lightning Source LLC
Chambersburg PA
CBHW071617270326
41928CB00010B/1671